国际语言学前沿丛书
Trends in Contemporary Linguistics

胡建华　主编

Quantification
in
Chinese

汉语量化现象研究

冯予力　著

上海教育出版社
SHANGHAI EDUCATIONAL
PUBLISHING HOUSE

国际语言学前沿丛书
Trends in Contemporary Linguistics

主　编　胡建华（中国社会科学院）

编　委

（按姓氏音序排列）

作 者 简 介

冯予力,香港城市大学语言学博士,现为复旦大学英文系副教授。

研究领域为形式语义学,语义–语用界面研究及跨语言对比,尤其关注量化词语义–语用特点、事件语义、语气词意义等议题。主持有关量化研究的国家社科项目 2 项及有关语义–语用界面研究的教育部人文社科项目 1 项。曾获上海市哲学社会科学优秀成果奖二等奖、香港语言学学会杰出博士论文等荣誉。出版专著《语言、逻辑与意义:论语言中数量表达的语义刻画》,近年来在《中国语文》、《当代语言学》、《外语教学与研究》、《外国语》、《当代修辞学》、*Language and linguistics*、*Lingua* 等期刊发表多篇论文,并为《中国大百科全书》(语言文字卷)、*Oxford research encyclopedia of linguistics*、*Encyclopedia of Chinese language and linguistics* 等权威学术百科全书撰写语义学条目。

本书是国家社会科学基金青年项目结项成果

（项目编号 16CYY001）

本书研究受国家社会科学基金重大项目资助

（项目编号 22&ZD295）

走"兼通世界学术"之路

——"国际语言学前沿丛书"总序

胡建华

现代语言学,自改革开放以来,在我国已有了很大的发展。今日中国的现代语言学研究,大多借助国际上流行的某一语言学理论、方法或通用术语系统而展开。但是,这并不意味着我国的语言学研究已经可以构成或代表国际语言学主流。我们现有的一些所谓与国际"接轨"的研究,为国际主流语言学理论做"注解"的多,而真正能从根本上挑战国际主流学术观点的少;能提出既可以涵盖汉语语言事实,又能解释其他语言现象,并为国际语言学界所关注,进而跟随其后做进一步研究的理论框架的,则更少,或者竟至于无。在这种情况下,国内语言学界就会时不时地出现一种声音:国际语言学现有的理论和方法都不适合用来研究汉语,我们应该发展有本土特色的语言学;由于汉语与印欧语等世界其他语言有很大的不同,所以在印欧语等其他语言基础上建立起来的语言学理论自然无法用来描写、分析汉语。实际上,这种声音以及与之相类似的观点,不仅在语言学界经常浮现,而且在其他的研究领域历来也都有一定的市场。比如,针对中国的社会研究,以前也曾有过这样一些声音,对此,郭沫若曾经发表过以下意见:

> 只要是一个人体,他的发展,无论是红黄黑白,大抵相同。
> 由人所组成的社会也正是一样。
> 中国人有一句口头禅,说是"我们的国情不同"。这种民族的偏见差不多各个民族都有。

　　然而中国人不是神,也不是猴子,中国人所组成的社会不应该有什么不同。

　　我们的要求就是要用人的观点来观察中国的社会,但这必要的条件是需要我们跳出一切成见的圈子。①

　　郭沫若的这番话同样适用于中国语言学。语言学的研究对象是人类语言,汉语是人类语言的一种,人类语言的本质特性在汉语中也一样会有所体现。因此,只要跳出一切成见的圈子,也一样可以使用探索人类语言本质特性的理论、思想和方法来观察、描写、分析中国的语言。

　　改革开放四十多年来,国内语言学界经常纠结于借鉴国外语言学理论与创建本土特色理论的矛盾之中,而争论到最后往往变成理论"标签"之争,而非理论本身的实质性问题之争,更与具体问题解决与否,以及解决方案是否合理、是否符合科学精神,没有太大关系。科学理论的建设,最重要的是要讲可证伪性(falsifiability)和理论的一致性(consistency)。这两个特性决定了任何一种科学理论对真相的探索和认知永远都在路上。科学探索的目标当然是揭示自然事物或现象的真相,但科学理论的这两个特性决定了科学理论只能不断逼近真相,但却无法穷尽对真相的全部认知。因此,科学对真相的探索从来都是尝试性的,对很多问题的认知也仅是初步的或阶段性的,更具体、更深入的探索只能留待科学理论的进一步发展和进步。科学从不也绝不妄称自己掌握了事物的全部真相,只有巫术才会狂妄地宣称自己可以把握真相的整体或全部。不以可证伪性和理论的一致性来衡量学术研究,而偏执于中西理论站位之争,实际上就是不知道何为学术研究。这一点,王国维在一百多年前就讲过:"学之义不明于天下久矣。今之言学者,有新

---

　　① 郭沫若,《自序》,载郭沫若著《中国古代社会研究》,商务印书馆,2011 年,第 3 页。

旧之争,有中西之争,有有用之学与无用之学之争。余正告天下曰:学无新旧也,无中西也,无有用无用也。凡立此名者,均不学之徒,即学焉而未尝知学者也。"①

王国维认为,那些以为西学会妨碍中学或中学会妨碍西学的顾虑,都是"不根之说"。他认为"中国今日实无学之患,而非中学、西学偏重之患"。对于有用之学与无用之学之争,王国维的观点是:"凡学皆无用也,皆有用也。"他指出,"物理、化学高深普遍之部"似乎看不到有什么用,但"天下之事物,非由全不足以知曲,非致曲不足以知全。虽一物之解释,一事之决断,非深知宇宙、人生之真相者不能为也"。因此,"事物无大小、无远近,苟思之得其真,纪之得其实,极其会归,皆有裨于人类之生存福祉。己不竟其绪,他人当能竟之;今不获其用,后世当能用之。此非苟且玩愒之徒所与知也。学问之所以为古今中西所崇敬者,实由于此"。②

学术之争仅在是非真伪,不在其他。这一点,王国维早在1905年就已指出,他说:"学术之所争,只有是非、真伪之别耳。于是非、真伪之别外,而以国家、人种、宗教之见杂之,则以学术为一手段,而非以为一目的也。未有不视学术为一目的而能发达者。学术之发达,存于其独立而已。"③

对于新学旧学之争、中学西学之争、有用之学与无用之学之争,王国维在一百多年前,在当时国家各方面都非常落后的历史条件下,就具有如此清醒而到位的认识,令人钦佩! 对于以上诸问题,实际上,及至今日仍有不少学者都远达不到王国维当年的认识水平。王国维在《国学丛刊序》一文结尾时说,他上面讲的这些道

---

① 王国维,《国学丛刊序》,原刊于《国学丛刊》,1911年2月;转引自谢维扬、房鑫亮主编《王国维全集》(第14卷),浙江教育出版社、广东教育出版社,2009年,第129页。
② 王国维,《国学丛刊序》,原刊于《国学丛刊》,1911年2月;转引自谢维扬、房鑫亮主编《王国维全集》(第14卷),浙江教育出版社、广东教育出版社,2009年,第131—132页。
③ 王国维,《论近年之学术界》,原刊于《教育世界》,1905年第93号;转引自谢维扬、房鑫亮主编《王国维全集》(第1卷),浙江教育出版社、广东教育出版社,2009年,第125页。

理，"其理至浅，其事至明。此在他国所不必言，而世之君子犹或疑之，不意至今日而犹使余为此哓哓也"①。一百多年过去了，王国维大概怎么也想不到，他所讲的这些至浅之理、至明之事，在现在这个人工智能正迅速发展的高科技时代，我们仍然需要继续"为此哓哓"。可见，消除固有的成见是一件多么不容易的事情。

在世人眼里，王国维是国学大师，也是"旧营垒"的学究，但实际上，他更是一位跨越古今中外、学术思想前进并具有科学精神的世界学者。郭沫若曾明白地指出，王国维的著作"外观虽然穿的是一件旧式的花衣补褂，然而所包含的却多是近代的科学内容"②。而梁启超则更是认为，王国维"在学问上的贡献，那是不为中国所有而是全世界的"③。

在中国近代学术史上，王国维所取得的学术成就、所做出的学术贡献少有人可比，正如郭沫若所盛赞的那样，"他遗留给我们的是他知识的产品"，就"好像一座崔巍的楼阁，在几千年来的旧学的城垒上，灿然放出了一段异样的光辉"④。

王国维之所以能取得这样巨大的成就，与他以海纳百川的胸怀主动"兼通世界学术"是分不开的。王国维年轻时曾说，"异日发明光大我国之学术者，必在兼通世界学术之人，而不在一孔之陋儒"⑤。王国维的这段话指向一条发明光大我国学术的道路，而这条道路也正是王国维所坚持的治学之道。王国维的这段话曾极大

① 王国维，《国学丛刊序》，原刊于《国学丛刊》，1911 年 2 月；转引自谢维扬、房鑫亮主编《王国维全集》（第 14 卷），浙江教育出版社、广东教育出版社，2009 年，第 132—133 页。
② 郭沫若，《自序》，载郭沫若著《中国古代社会研究》，商务印书馆，2011 年，第 4 页。
③ 梁启超，《王静安先生墓前悼词》，原刊于《国学月报》，1927 年第 2 卷第 8、9、10 号合刊；转引自谢维扬、房鑫亮主编《王国维全集》（第 20 卷），浙江教育出版社、广东教育出版社，2009 年，第 200 页。
④ 郭沫若，《自序》，载郭沫若著《中国古代社会研究》，商务印书馆，2011 年，第 4 页。
⑤ 王国维，《奏定经学科大学文学科大学章程书后》，原刊于《教育世界》，1906 年第 118—119 号；转引自谢维扬、房鑫亮主编《王国维全集》（第 14 卷），浙江教育出版社、广东教育出版社，2009 年，第 36 页。

地影响了毕业于清华的夏鼐。他把这段话用毛笔抄录在他的自存本《考古学论文集》的扉页背面,作为自勉的座右铭①。夏鼐之所以能够成为荣膺中外七个院士称号的一代学术大师,与他能够"兼通世界学术"不无关系。夏鼐是学术视野十分开阔的考古学家和历史学家,他"善于把多方面学问紧密地结合起来","具备优越的外国语文的条件,在与国外著名学者保持广泛联系的同时,经常涉猎大量新出版的外国书刊,因而通晓国际学术界的各种研究成果和学术动态,善于从世界范围和多学科角度考虑中国考古学问题,既能追求现代的国际水平,又能发掘中国固有的学术传统"②。

王国维那个时代的学者,对世界学术的了解和把握,对国外先进理论的追求,远超出现在一般学人的想象。王国维不仅熟读康德、叔本华、尼采,广泛涉猎西方逻辑学、心理学、教育学、伦理学、美学、文艺学等领域,还翻译过心理学、教育学、伦理学、动物学、世界图书馆史、法学、欧洲大学史等学术著作或教科书。更让许多人想不到的是,他甚至还认真研读过与他的学术专攻似乎没有什么直接关系的《资本论》。据王国维的学生姜亮夫回忆,他在清华国学研究院求学期间,曾于某日晚七时半去他的老师王国维家,请老师为他修改他给云南会馆出的一刊物填的一首词③。王国维为姜亮夫改词改了近两个小时,在他改词时,姜亮夫"侧坐藤制书架侧榻上","顺手翻看两本书,其中一本是德文版《资本论》,只见书里面用好几色打了记号"。姜亮夫回忆道:"静安先生看了看我说:'此书是十多年前读德国人作品时读的。'这事在我脑中印象很

---

① 姜波在《夏鼐先生的学术思想》(《华夏考古》2003年第1期)一文中的注(第112页)中提到:"1998年,王世民先生在整理夏鼐文稿时,在夏鼐《考古学论文集》扉页背面上,发现了夏鼐用毛笔书写的一段话,全文如下:'王国维少年时曾说过:异日发明光大我国之学术者,必在兼通世界学术之人,而不在一孔之陋儒,固可决也。'"
② 王仲殊、王世民,《夏鼐先生的治学之路——纪念夏鼐先生诞生90周年》,刊于《考古》2000年第3期,第83页。
③ 姜亮夫于1926年10月入清华国学研究院求学,王国维1927年6月2日于颐和园昆明湖自沉,因此姜亮夫很有可能是在1927年6月前的某天去的王国维家。

深，我当时感到先生不仅学问广博，而且思想也是非常前进。"[①]

王元化的《思辨录》中有一篇题目为《王国维读〈资本论〉》的文章，对王国维读《资本论》这件事发表了以下看法：

> 读傅杰为《集林》组来的姜亮夫文稿，发现姜20年代在清华读国学研究院时，有时在课后去王国维家，向王问学。他曾在王的书案上，见有德文本的《资本论》。陈寅恪在国外留学时也于20年代初读过《资本论》。这些被目为学究的老先生，其实读书面极广，并非如有些人所想象的那样。40年代我在北平汪公岩老先生家，就看到书架上有不少水沫书店刊印的马列主义文艺理论中译本，那时，他已近80岁了。光绪年间，汪先生以第一名考入广雅书院，是朱鼎甫的高足。晚清他从广雅书院毕业出来后，教授过自然科学，还做过溥仪的化学老师。那时的学人阅读面极广，反而是后来的学人，各有所专，阅读也就偏于一隅，知今者多不知古，知中者多不知外。于是由"通才"一变而为鲁迅所谓的"专家者多悖"了。[②]

据陆晓光考证，王国维读《资本论》的时间应该是在1901年至1907年他集中精力"读德国人作品"的那五六年间，与姜亮夫去清华园王国维家中请教的1926年或1927年相距并非是"十多年"，而是二十多年[③]。因此，王国维读《资本论》的时间不仅比1928年郭大力、王亚南翻译《资本论》早了至少二十年，也比李大钊在日本留学期间读日语翻译本《资本论》早了约十年[④]，甚至比陈寅恪

---

① 姜亮夫，《忆清华国学研究院》，载王元化主编《学术集林》（卷一），上海远东出版社，1994年，第242页。另，"静安"是王国维的字。
② 王元化，《王国维〈资本论〉》（1994年），载王元化著《思辨录》，华东师范大学出版社，2017年，第242页。
③ 陆晓光认为姜亮夫的叙述当有语误（陆晓光，《王国维读〈资本论〉年份辨》，原刊于2011年6月13日《文汇报·文汇学人》专版；转引自陆晓光著《王元化人文研思录》，华东师范大学出版社，2015年，第415页）。
④ 陆晓光，《王国维读〈资本论〉年份辨》，原刊于2011年6月13日《文汇报·文汇学人》专版；转引自陆晓光著《王元化人文研思录》，华东师范大学出版社，2015年，第415页。

在 1911 年读《资本论》还要早几年①。据此来看,王国维很可能是目前所知中国第一个读《资本论》的人。

王国维在马克思主义尚未在中国广泛传播之前就已经认真研读过德文版《资本论》这件事,值得我们反思。王国维、陈寅恪这些"被目为学究的老先生",之所以"读书面极广",归根结底是因为他们是具有终极关怀精神的学者。他们做学问不是为稻粱谋,而是为"深知宇宙人生之真相"。今日之中国,现代学术的发展和进步十分迅速,相关研究也取得了巨大的成果,这自然与学术研究的高度专门化不无关系。但另一方面,也正如王元化所言,过度专门化的后果就是,学者的阅读"偏于一隅,知今者多不知古,知中者多不知外",从而使学术视野受到了一定程度的限制,因此也很难产生具有独立精神的自由之思想,无法形成中国学术的"思想市场"②。

要建立中国学术的"思想市场",就需要有更多的学术研究者秉承终极关怀之精神,从而对"宇宙人生之真相"深入地感兴趣;而从事具体的学术研究,则需要从根本上破除狭隘的门户之见,不囿于学科限制,不被各种偏见所束缚,以开放的姿态批判性地吸收人类思想中一切有价值的东西。郭沫若曾指出,即便是国学,也一样需要放到更为广阔的范围内,以开放的学术视野进行研究,因为只有"跳出了'国学'的范围,然后才能认清所谓国学的真相"③。他还指出,如果有一些研究,"外国学者已经替我们把路径开辟了,我们接手过来,正好是事半功倍"④。显然,这些道理同样适用于

---

① 陈寅恪在《对科学院的答复》(陈寅恪口述,汪篯记录,1953 年 12 月 1 日;载《陈寅恪集·讲义及杂稿》,生活·读书·新知三联书店,2009 年第 2 版,第 464 页)中提到,他"在宣统三年时就在瑞士读过《资本论》原文"。因此,陈寅恪读《资本论》的时间是 1911 年。

② "思想市场"(the market for ideas)是 1991 年诺贝尔经济学奖获得者罗纳德·哈里·科斯(Ronald H. Coase)使用的一个术语,参看罗纳德·哈里·科斯的论文"The market for goods and the market for ideas",刊于 *American Economic Review*(Vol. 64, No. 2, 1974, pp. 384 – 391),以及罗纳德·哈里·科斯、王宁著,徐尧、李哲民译《变革中国:市场经济的中国之路》,中信出版社,2013 年。

③ 郭沫若,《自序》,载郭沫若著《中国古代社会研究》,商务印书馆,2011 年,第 5 页。

④ 郭沫若,《自序》,载郭沫若著《中国古代社会研究》,商务印书馆,2011 年,第 6 页。

中国语言学研究。研究汉语,也需要跳出汉语的范围,在世界语言的范围内,从人类语言的角度对相关问题做深入的思考。对于汉语研究中的具体问题,如果海外学者已经开辟了路径,我们同样没有理由置之不理,以闭门造车的态度和方式从头做起。

改革开放四十多年来,中国语言学不断走向世界,虽然取得了很大的成绩,但也不可避免地存在一些问题。这些问题的总体表现,就是"在学术命题、学术思想、学术观点、学术标准、学术话语上的能力和水平同我国综合国力和国际地位还不太相称"①。中国语言学要解决这些问题,就必须立足于中国语言学研究之实际,继续以开放的心态去审视、借鉴国际语言学前沿理论,坚持走"兼通世界学术"之路。若是以封闭的心态搞研究,关起门来"自娱自乐",则根本没有出路。

上海教育出版社策划出版"国际语言学前沿丛书",就是希望以"开窗放入大江来"的姿态,继续鼓励"兼通世界学术"之研究,通过出版国际语言学前沿论题探索、前沿研究综述以及前沿学术翻译等论著,为国内学者搭建一个探讨国际语言学前沿论题和理论的学术平台,以发展中国语言学的"思想市场",从而不断推动我国语言学科学研究的深入和发展。

王国维曾在《哲学辨惑》一文中写道:"异日昌大吾国固有之哲学者,必在深通西洋哲学之人无疑也。"②我们认为王国维的话同样适用于中国语言学。中国语言学的发明光大,一定离不开对国际语言学的深入了解;而异日发明光大我国之语言学者,一定是既能发扬我国学术传统,又能"兼通世界学术"并善于从人类语言的本质特性和多学科的角度深入探究中国语言学问题之人。

2021 年 6 月 21 日于北京通州

---

① 习近平,《在哲学社会科学工作座谈会上的讲话》,人民出版社,2016 年,第 15 页。
② 王国维,《哲学辨惑》,原刊于《教育世界》,1903 年 7 月第 55 号;转引自谢维扬、房鑫亮主编《王国维全集》(第 14 卷),浙江教育出版社、广东教育出版社,2009 年,第 9 页。

目　　录

图 示 目 录

表 格 目 录

序　章

本书关注汉语量化现象及其理论解释,回溯量化研究的发展脉络,梳理汉语特色量化现象和经典议题,并剖析这些现象和议题的重要理论意义,以促进构建更普适的自然语言量化理论。本书以"都""各""每""大部分"等成分的意义分析为切入点,考察这些量化成分的句法表现、语义贡献及语用限制,探索:为什么一方面很多研究认为这些成分表数量(或者说量化关系),而另一方面又有一些研究对这些成分提出了非量化的分析?这些研究中提到的量化关系(及相关逻辑性质)与非量化的概念(如最大化、加合、程度高、极小义、强化义、任选义等)之间到底有什么联系和区别?量化逻辑关系与量化成分的多重用法(如表示全量的"都"可以有表未料、排他等各类用法)之间到底呈什么关系?是否有可能在量化逻辑的框架内对看似不涉及数量的用法(如表未料的用法)加以合适的解释?基于语言事实厘清上述问题之后,本书对相关的量化成分也提出了较为细致的意义刻画。

　　在量化成分个案研究的基础上,本书亦初步尝试构建量化的概念空间,探索量化理论研究的内部解释视角与类型学的语义地图理论视角之间可能的融合方式,以量化理论的研究成果驱动相关现象的类型学考察,亦促进后续更多类型学考察来进一步验证量化理论的解释力,从而更有效地揭示自然语言量化范畴的内在机制,为量化研究中的核心问题提供启示。这个核心问题是:自然语言量化范畴到底是一个独立的、与生俱来的、由逻辑思维驱动的意义范畴,还是一个出于表达的需要由其他实义范畴衍生出来的意义范畴?

在展开具体的讨论之前,先简要介绍量化的概念以及本书的主要内容。

0.1 何谓量化

量化(quantification),按照字面意思,指的是针对各类实体(包括常见的物质实体以及更抽象的事件实体)的数量化。量化本质上是一个逻辑学概念,主要指的是用量化算子约束命题中的变量的过程,例如 $\forall(x)\varphi$ 中,$\forall$ 作为全称量化算子约束变量 x,而 $\forall(x)\varphi$ 的逻辑要求为:对于命题 φ 中的变量 x 的所有赋值而言,φ 都为真。

在逻辑学研究中有两个经典量化算子,即全称量化算子 $\forall$ 和存在量化算子 $\exists$。亚里士多德的三段论推理其实阐释的就是和这两个量化算子有关的命题间的演推关系。在自然语言研究中,最常提到的全称量化成分当数 *all*,而最常提到的存在量化成分当数 *some*,一个典型的证据是,三段论推理的例句往往就包含这两个限定词。上述经典量化算子和相关的语言表达涉及"全部""有""无"(即"有"或"存在"的否定)等量化概念。除了"全部"和"无"这两个极端的量化概念以外,量化还包括与"多""少"有关的居间量化概念(参考 Peterson 2000),在语言中的体现包括 *many*、*most*、*few*、"很多"、"大部分"、"很少"等。居间量化概念往往涉及对数量程度的价值判断,例如占到何种程度的比例或者说达到何种程度的数量可以按某种标准被判断为"多"。此外,量化当然还包括表达具体数量或数量范围的基数式(cardinal)数量概念,如"两个"、"超过两个"、*more than three but fewer than ten* 等。

从上面所提到的量化概念以及与之相关的表达中,我们可以明显感受到这些与数量有关。有时候,语言表述看似不表达数量,但也与量化这一抽象概念有关。一个典型的例子是汉语"只","只"表达的意思是排除,关于(1)一个可能的解读是:在所有相关的文学体裁中,"我"看小说,但不看别的(如报告文学、科普作品等)。从这个解释就不难看出,"只"的意义贡献中也包括全称量化,其排除操作是相对于(语境中)全部的文学体裁而言的,只有对相关体裁范围中的所有种类进行了量化操作之后,才能得到所需的排除义解读。

(1)我只看小说。

又例如,汉语中表示"实现"和"完成"的动态助词"了₁",其用法也可以从针对时间的存在量化这一角度加以理解。(2)中,"凤姐洗了手"的"了"表示在过去存在一个时间段,而这个时间段中发生了"凤姐洗手"的事件。

(2)凤姐洗了手,换了衣裳,问他换不换。

此外,语言交际中经常出现的情态成分,其意义解释也与量化密不可分。(3)中的"可能"和"一定"两个情态副词表达的是认识情态,表达的是针对相关命题的知识和信念。显然,相比"一定","可能"对命题真实性的信心和把握较低,而这种信念上的强弱可以用不同的量化算子加以表征。一般,我们运用可能世界的概念来刻画情态成分的意义,对于(3a)而言,所谓"可能",就表示在那些与言者所知的情况相容的可能世界中,存在一个世界 w_1,在 w_1 里"他"正躲在房间偷着乐这件事情为真;而(3b)中的"一定"则指:对于那些与言者所知的情况相容的可能世界而言,在所有世界里,"他"正躲在房间偷着乐这件事都为真。由此可见,两个情态成分在信念强度上的差异是通过针对可能世界的存在量化和全称量化来区分的。

(3)a. 他可能正躲在房里偷着乐呢。

b. 他一定正躲在房里偷着乐呢。

上述三例说明语言中的量化现象是相当普遍的,有时候指逻辑学经典量词在语言中的体现,有时候指更广义的量化概念的体现,此外,一些看似和广义或狭义的量化概念都无关的语言成分也可以用量化关系来表征,因此它们也可以被纳入量化现象的范围。我们还可以从中发现:量化在语言中的实现形式是多样的,可以是限定词、副词、助词等,从句法的角度看,分布相当普遍。可以说,语义研究中所说的"量化"既包括与数量有关的语言现象的意义分析,又包括那些用量化逻辑作为工具去解决的意义问题,而且语言中量化成分在句法分布等方面的限制条件也是不可忽略的问题。

以上种种有趣且复杂的现象足以说明为什么量化是形式语义学研究中非常经典和重要的议题。语义学是语言学研究中一个相对比较年轻的领域。早期的西方语言学研究(包括历史语言学、人类语言学等)更多关注语音、音系和形态,20 世纪末,随着语言学家与哲学家(尤其是逻辑学家)之间的交流愈加活跃,语言学研究引入了一阶逻辑、集合论、布尔代数和格理论等数理工具来解决语言意义的分析与表征问题,促使语义研究真正融入语言学的整体架构,成为其中一个重要的分支。而语言量化现象的研究就是运用数理逻辑工具探索语言意义的典型案例,在一定意义上可以认为,量化研究标志并见证了形式语义学学科的建立和发展,是语义研究领域中一颗占据"C 位"的明星(Partee 2013)。

现代语言学研究源于西方,形式语义研究史上较早的突破大多与英语有关,例如,蒙太格(Montague 1973)开创性地提出在自然语言和形式逻辑语言之间建立系统性的对应关系,其中选取的自然语言实例都为英语。随着更多不同背景的学者加入语义研究的队伍,不同语言的事实被纳入考察的范围,语义理论有了更全面的证据、更强有力的支持,以及一些新的见解。从量化这一议题出发,追溯形式语义理论的发展轨迹,就会发现汉语的相关研究在其中占有一席之地①,汉语量化成分的研究见证了汉语形式语义学研究的萌芽和发展,汉语量化研究也并非仅仅将已有的基于英语的量化理论套用到汉语事实上来,只为西方量化理论提供证据支持以增强其解释力;从汉语事实出发的量化研究总结了相当多不同于英语等西方语言的特色量化现象,并对此提出了独到的分析见解,对于构建一个普适性的量化理论框架有重要的理论意义。汉语特色量化现象的分析及其理论意义就是本书关注的重点。

0.2　本书主要内容概览

本书正文共有九章,另含附录一则。正文内容分为三大部分。

第一部分(第一、二章)阐释本书的研究背景,梳理量化研究整体的发展脉络以及汉语量化研究的特色现象与核心议题。第一部分的讨论说明:1)量化研究对于形式语义学学科有奠基性的作用。对于自然语言量化现象的关注,促使哲学家和语言学家认真思考自然语言的逻辑性,发掘出语言中独立于句法结构的语义现象和性质,确立了语义模块(相对于句法和语用等模块)的独立性,证明了语义研究的必要性以及形式化研究方法的解释力。2)量化研究发展大致可以分为三个阶段:由广义量化词理论驱动的统一性阶段、由类型学研究以及其他语义理论发展驱动的多样性阶段、由形态学及形态句法研究驱动的量化语义内部分解阶段。三种研究思路大致对应三个时间阶段,但同时笔者也发现,即使是在最早的"统一性阶段",就已经有非常多的研究在反思量化词的统一处理方式可能产生的问题,并思考量化理论与其他语义

---

① 虽然汉语形式语义学研究是比较年轻的领域,从事相关研究的学者相对其他领域而言比较少,但其实汉语学者对于几乎所有重要语义学议题都有所涉猎和钻研,有兴趣的读者可参考潘海华和冯予力(Pan & Feng 2017,Feng & Pan 2023)对汉语语义研究以及量化研究的综述。

理论的融合方式,所以说量化研究从一开始就是非常包容的领域,正因为这一点,量化研究在过去四五十年的发展历程中才能生发出非常多经典的研究议题和有意义的"争论"。3)汉语量化研究的发展脉络和源于西方的量化研究的整体发展趋势类似,对于汉语形式语义研究的萌发有至关重要的作用,也产出了体现统一性、多样性和内部分解这三种视角的丰富成果。更关键的是,汉语量化现象及其相关研究可以反哺原来由西方语言出发提出的量化理论研究,尤其,汉语量化研究的明星——"都",其量化结构(限定域和核心域)的限制条件、用法的多样性以及与其他量化成分的共现与互动,展现出一系列特色现象,是构建普适性量化理论过程中不可忽视的重要问题。因此,笔者指出,汉语量化现象始于"都",精于"都"("都"的精确语义刻画需要引入诸多语义概念,才能解释其量化结构的限制和多重用法,由此促进了语义分析的精细化和多样化),由"都"串起("都"与诸多表量短语共现,相关现象对于研究表量短语的意义本质有重要的促进作用,很多量化副词的研究也往往基于和"都"的比较)。

第二部分(第三章至第八章)为汉语特色量化现象和核心议题的个案研究。关注的问题包括:汉语量化成分(如"都")的非量化分析产生的动因及其解释力,汉语量化成分的多重用法(包括表达较为客观的逻辑关系以及言者主观态度的用法)的形式化刻画方法,汉语量化理论与其他语义学理论(如极性敏感现象及相关理论)的互动关系,汉语量化成分的逻辑语义内核与语用限制的互动关系,汉语量化成分多重语义类型(即量化关系、属性、有定复数个体这三种不同语义类型)及其核心语义的探索。第二部分的讨论从汉语量化事实出发,也比较了英语、德语、罗马尼亚语等其他语言的量化现象,对量化研究领域的一些争议性问题提出了笔者的观察和见解。

其中,第三章关注汉语量化成分意义本质的争议,从汉英对比的角度评估汉语"都"允许例外的用法对其量化分析的影响,指出：全量表达允许"例外"是将量化域简单地等同于句中、上下文或会话情境中出现的某个复数集合而造成的错觉。量化成分的逻辑语义内核是稳定的，但是其量化域的确定是很复杂的过程，除了句法/信息结构因素以外，还要考虑上下文信息、预设信息及言者视角等语境因素的限制，而正是这些因素的综合作用导致了全称量化"允许例外"的错觉。量化研究既要关注语言表达的逻辑内核，亦要考虑语境的意义贡献。

第四章比较汉语量化成分的量化分析和非量化分析的解释力，以"都"的非量化分析方案——最大化分析为例，从语言事实和理论分析两方面比较"都"的量化分析和非量化分析在解释力上的差别，从而更直观地展现"都"所面临的争议，以及解决这类争议需要考虑的因素。这些相关因素主要包括：多重用法的语言事实描写是否全面；对于多重用法是采取分别处理还是统一处理的分析方法；如果采取统一性的方案，多重用法的共性和个性分别在什么层面加以体现；统一性的方案是否能够解决具体情况下的语义组合问题。

第五章探讨如何精确刻画汉语量化成分的具体用法，说明在分析具体的量化成分的意义贡献时，除了确定其量化逻辑内核以外，还需要明确其量化结构的组成部分（即核心域和限定域）所受的限制条件，以"都"的分配性用法为例，笔者着重评价了"都"的分配基于集盖这一观点，指出：分配性用法的内核是全称量化，分配性是全称量化的子效应，而"都"的分配性用法的特殊性主要体现在其分配的颗粒度（即表分配时，"都"对于其限定域的构成的要求）及其与谓语的匹配性问题（即表分配时，"都"对于其核心域的要求）。

第六章分析量化成分与极性敏感现象和极性理论之间的关系，由此展现量化理论与其他语义理论的关联。极性敏感词的允准环境往往含有量化义，因此量化研究和极性敏感研究常会互相交织。该章以极性敏感成分"哪+CL+N"的允准条件以及"哪"-短语与"都"的互动为例,指出"哪"-短语可以被认识情态和否定极性环境允准,而"都"的限定域属于否定极性环境。在此基础上,本章从类型学的视角对"哪"-短语的各种用法以及"哪"-短语与"都"共现的情况之间的联系进行了归纳,为"都"的量化解释提供了来自极性敏感以及类型学比较两方面的理据。

第七章基于"都"和"各"的比较,从分配关系构建的角度考察"各"的量化义,体现出汉语量化研究由"都"串起的特点。笔者引入"事件"的概念,对"各"的分配关系的构成做了更直观的分析,明确"各"对于其分配关键词和分配成分的语义要求,此外也从"各"的话语表现出发明确了其语用层面的使用限制。本章也评估了"各"不表全量、不表分配的理据,指出这类非量化分析在解释力上的局限。

第八章从汉语事实出发考察量化研究的经典议题:是否所有名词短语都适用统一的广义量化词解释,还是说名词短语不一定总是适用广义量化词解释,而是可能具有多重语义类型?笔者以"每"和"大部分"为例,指出量化成分可以具有多重语义,并在此基础上进一步探讨这两个成分的核心语义可能是什么。汉语事实表明,"每"除了可以作量化关系解释,也可以作一元加合操作或受约变量解释,而"大部分"除了可以作量化关系解释,也可以作一元名词域的操作和属性来解释。至于这些成分的诸多语义类型中,哪个是其核心意义,笔者的考察显示,汉语的情况无法一概而论,"每"的多重用法中,受约变量的用法与其他的用法难以整合,而"大部分"的多重用法则具有相同的语义核心,可以从中筛选出最基础的意义。

第三部分(第九章)探讨量化理论研究与类型学考察可能的融合方式。综合第二部分的个案研究,第九章探讨如何将量化理论视角与类型学视角融合,以增进对自然语言量化范畴实现机制的理解,认为可以将量化研究与语义地图理论相结合,以构建量化概念空间为突破口,用量化理论的见解驱动类型学研究对于数量相关的虚词成分的意义考察,并以类型学考察的结果来检验量化理论的解释力。尤其,第九章仔细梳理了全称量化关系下属的各种子效应、与全量关系相关的非量化效应、全量关系的等价形式及全量关系的内部语义部件这几类相关但不同的概念间的联系,对量化概念空间的构建做了初步尝试。

第一章

量化研究发展概览

在讨论汉语量化研究的整体特点以及汉语特色量化现象的个案研究之前,本章简述量化研究(主要是西方量化理论)的萌发、成长与成熟,通过回溯其发展脉络说明量化研究对形式语义学学科发展的奠基作用,并归纳量化研究所关注的现象范围,量化理论研究中会考虑的因素以及量化理论的发展趋势,为后续对汉语相关现象的讨论提供一个理论背景。

1.1 量化研究对形式语义学学科的奠基作用

如今形式语义学已经是成熟的语言学分支学科,但其实相对语音学、形态学和句法学等分支而言,形式语义学的发展历史较短,大约只有六十年。虽然相对年轻,形式语义研究领域非常有活力、成果累累,融合了语言学、哲学、逻辑学的见地,也与句法学、语用学、计算语言学、认知科学等学科互相联通。可以说,形式语义学是一个立足语言事实,并采取开放态度,吸收了其他学科的宝贵成果才建立起来的相当特别的语言学分支。其萌发和成长的过程中也遇到过不少"阻碍",而自然语言量化现象及其研究对于克服这些阻碍以及联通不同学科的知识功不可没,是形式语义学建立和发展的重要推进因素。所以,著名的形式语义学家芭芭拉·帕蒂(Barbara Partee)曾经把量化称为形式语义研究领域的"主角"(starring role)。下面就探讨量化研究对于区别句法与语义模块、区别语义和语用模块的作用,以说明量化研究对形式语义学学科的重要意义。

1.1.1 量化研究对区分句法和语义模块的重要意义

本节阐释自然语言量化的早期经典研究对于区分句法和语义两个模块的理论意义,着重探讨两个问题:1)蒙太格语法以及巴怀士和库珀的研究(Barwise & Cooper 1981)中体现的广义量化词理论思想对于确立语义分析这一层面的重要作用;2)蒙太格语法的量化歧义解释方案——内进式量化对于区分及联通句法、语义两个模块的重要启示。有兴趣的读者还可参考相关文献(主要是Peters & Westerståhl 2006,Janssen 2020,Westerståhl 2019)了解更多这方面的内容。

诺姆·乔姆斯基(Noam Chomsky)的生成语法(Chomsky 1957)关注人类语言"创造力"的本质,即为何人可以表达并且理解的句子的数量是无限的。他认为人脑中有一个有关语言的智性结构,对于"什么是人类语言"进行初始设置,这一初始设置或者说限制框架使得人在出生后几年内就可以高效地从有限的语言信号输入中习得并掌握语言。至于人脑中这种智性结构的本质是什么,他认为应该是以句法结构为主;对于语义是不是这种智性结构或者说人的语言能力的组成部分,他的态度则模棱两可。基本上乔姆斯基认为句法结构具有自治性(autonomy of syntax),认为语言表达式与其意义之间的联系需要通过句法结构中的深层结构(deep structure)来建立映射关系。换言之,可以说乔姆斯基认为结构决定了语义解释,语义解释依附于结构。

传统语义研究最初关注的是词义层面,例如词之间的上下义,同义反义关系以及如何用语义特征描写词义等,很少涉及句义等更高层面,自然比较难在句法自治性等问题上与句法研究展开对话。不过,句法自治的观点并不为所有语言学研究者所接受。例如,莱考夫(George Lakoff)、麦考雷(Jim McCawley)等生成语义学研究者对乔姆斯基以句法结构为中心的理论框架提出了不少反例,他们认为有相当一部分语言现象不能仅通过句法规则加以解释,而是与语义相关。(1)中的句子都包含否定词的提升,但是(1a)而非(1b)允许助动词和主语的倒装。倒装句的生成可以从句法理论的角度解释,即认为倒装对应的是动词从动词短语(VP)中心语位置提升至补足语短语(CP)中心语位置(V to C movement)的过程,然而,(1b)则构成了对这种句法结构为中心的解释的反例,这体现出从句法出发的解释的局限性。比较(1)中三例可知,否定状语能否引发倒装,受到语义因素的制约,若主句所涉事件未发生则可以倒装[即(1a)所述的情况],若所涉事件已发生则不可倒装[即(1b)所述的情况](参考 Lakoff 1991)。

（1）a. Never have I seen such behavior.

b. With no help, he moved he piano upstairs.

c. *With no help did he move the piano upstairs.①

　　莱考夫等人提出的反例促使将语义规则也纳入语言分析的理论框架,但他们提出的生成语义学理论还未对语义做更精确的形式化刻画。跳脱出语言学学科可以发现,其实不少其他学科也在对"语义"这一概念进行探索。比如,哲学关注的"语义"往往与真值、指称、组合性等概念有关,旨在探索语义与思想之间的关系;而数理逻辑关注构建形式化的意义表征系统,运用模型论定义并联通形式语言的语法与其语义解释。语义的形式化研究最早可以追溯至弗雷格(Gottlob Frege)对区分语言表达式涵义和指称的讨论(Frege 1892),此外,弗雷格还强调意义的组合性,将意义过程组合刻画为函项(function)和论元(argument)两部分之间的组合和运算。之后,罗素(Bertrand Russel)、卡尔纳普(Rudolf Carnap)、塔

---

① 本书中 * 表示语法上不可接受;#表示语用上不适宜;? 表示句子在语法和语用的接受度上处于临界的状态,即"有点无法接受"或"不太适宜"。

斯基(Alfred Tarski)提出用逻辑类型、真值条件、模型论等理论工具完善逻辑语言的语义表征。不过一般认为这些研究者是哲学家、数学家、逻辑学家而非语言学家,他们的研究目的也不是为了给自然语言提供一个意义表征系统,而语言学家起初对他们的研究也并不了解。哲学家如罗素、斯特劳森(Peter F. Strawson)等虽然提出了不少有关语言逻辑的形式化概念,但他们始终认为自然语言与形式语言有本质的区别,形式语言的逻辑不适用于解释逻辑性不强的自然语言。一方面,哲学和逻辑研究者强调自然语言与形式语言有本质差异;另一方面,让语言学家接受真值、指称之类的形式化概念也绝非易事。但同时,也有研究者期待哲学、逻辑学与语言研究的交流融合。20世纪50年代,语言学家巴尔-希列尔(Yeheshua Bar-Hillel)呼吁学界重视逻辑研究方法和成果,将其运用到语言意义的表征中,将句法和语义两个层面联系起来,更均衡地考虑这两方面因素。不过,语言学家真正地吸收哲学和逻辑学的研究方法和工具来分析自然语言,则要从逻辑学家蒙太格对英语的形式化分析,以及形式语义学的奠基人物芭芭拉·帕蒂对蒙太格语法的引介和自然语言应用算起。

1965年,帕蒂进入麻省理工学院跟随乔姆斯基研究语言学,她对数学、语言及哲学都有强烈的兴趣,而乔姆斯基提出的句法以及语言学构想旨在用科学研究的视角看待语言,发掘语言的抽象规则,在帕蒂眼中,这种发掘语言抽象结构的方法与数学思维异曲同工,可以将她的兴趣点都结合起来。帕蒂在乔姆斯基句法革命兴起之时,接受了扎实的句法学训练,从麻省理工学院毕业后进入加州大学洛杉矶分校教授句法学。不过帕蒂一直对语言学保有广泛的兴趣和开放的态度,而正是在洛杉矶分校帕蒂结识了逻辑学家蒙太格并了解了他的研究理念与成果。彼时,蒙太格正尝试用形式化的逻辑语言表征自然语言的意义解释,对语言学家而言,这是一种非常新颖的理念,因为深受乔姆斯基句法影响,现代语言学研究对于语义并不是非常重视,而逻辑学家则大都认为自然语言意义的形式化是不切实际的,因为自然语言的逻辑是混乱无序的。帕蒂非常了解句法学研究,且对数理逻辑深感兴趣,对她而言,蒙太格的尝试在新颖之余还非常有理论意义,若与现有的句法研究结合,则形式化的工具可以描摹句法结构及意义解释两个层面,如此势必能够构建起更完善的语言理论。帕蒂的一系列研究(Partee 1973,1975;Partee et al. 1976)就是旨在将蒙太格的逻辑研究引介到语言学界,与当时的主流句法框架——转换语法进行融合(参考邹崇理 2007),并在与句法研究融合的基础上论证设置语义模块的必要性。

1.1.1.1　蒙太格的广义量化词处理方案

作为逻辑学家、哲学家,蒙太格和很多当时的哲学家一样,其早期研究并不针对自然语言,而是主要关注如何完善形式逻辑语言以阐释诸多哲学研究中的重要问题。然而,形式逻辑研究所关注的现象和概念往往要依托自然语言,如蒙太格在其较早的研究中对可能世界及可能语境进行区分,指出 *now*、*here* 等索引词的意义特征与可能语境有关。蒙太格的后期研究则真正聚焦在了自然语言上,为自然语言的意义解释设计了一套内涵性的形式语言翻译系统,使得自然语言和形式语言得到了联通,由此说明基于集合论所构建的内涵逻辑模型能够用来表征自然语言和形式语言(Montague 1970a,1970b,1973),令自然语言也可以被描写为一个可解释的形式化系统(interpreted formal system)(Bach 1989)。而他的这些晚期研究成果便是语言学界所说的蒙太格语法。蒙太格语法的主要内容以及对语义研究的贡献包括:1)其内涵逻辑框架可以对语言表达式的涵义和指称进行区分;2)其语义翻译过程贯彻弗雷格提出的组合性原则,即复杂语言表达式的意义依赖于其组成部分的意义,同时还依赖其组成部分的组合方式;3)蒙太格运用集合论、模型论、λ-演算等数学和逻辑工具,基于真值条件构建起了句法-意义解释的同构映射关系,不同种类的语言都可以通过逻辑语言这种元语言（meta-language）联系在一起，由此为意义的跨语言共性研究打开了一扇门；4）他对于自然语言量化成分（在蒙太格语法中主要指名词短语）的意义表征以及相关的辖域关系和变量约束关系的分析，论证了自然语言确实有逻辑性的一面。

蒙太格的研究以及语言学家对其成果的引介，为语义研究展现了一条全新的道路，真值条件、组合性等都是此前语言学家未曾真正思考过的语义研究角度。在蒙太格的研究为语言学家所了解后，十几年内随着语言学与哲学、逻辑学的紧密交流，形式语义学逐渐发展为语言学研究中一个成绩斐然的分支学科（Partee 2013）。蒙太格语法的内涵丰富，鉴于本书主题，下面着重说明上面所说的第四种贡献，即蒙太格在量化短语（或者说名词短语）意义方面的研究证明了形式语义研究的可行性和必要性，也令量化研究在形式语义研究萌发之时就成了一个重要的研究议题。

量化研究的发源可以追溯至亚里士多德的三段论推理，从三段论的演绎中，我们可以洞悉含有全称量化和存在量化的命题所表达的意义关系。不过，早期的量化研究其实都是以整个量化命题为研究对象，并没有对其中表达量化力的具体成分进行更精细的意义刻画。此后，弗雷格提出了谓词逻辑语言系统，其中包含了经典的全称量化算子∀、命题连接符以及约束变量，他由此对全称量化命题义的构成做了较为精细的形式化分析。弗雷格提出了用算子约束变量的构想来刻画量化命题的意义，这一构想在之后自然语言的形式化中被广泛运用。从这点上可以说，弗雷格是第一个从广义的视角处理经典逻辑量词的人。而真正开始在模型论的框架内对经典逻辑量化词进行广义推导的则是莫斯托维斯基（Mostowski 1957），其研究主要旨在发掘全称量词和存在量词的逻辑共性，指出逻辑类型为<1>的量化成分在逻辑上表达的是集合的集合，此处，<1>型的量化成分在自然语言中体现是如 *every student*、*something* 这样的量化短语，这类成分在语义组合的过程中需要吸收一个开放命题并约束该命题中的一个变量。林登斯托姆（Lindström 1966）则在莫斯托维斯基的研究基础上，对后者所说的广义量化成分的逻辑类型做了扩展，指出一阶谓词逻辑中的量化词需要与两个开放命题组合，并约束这两个开放命题中的一个变量。此处，与两个开放命题进行组合的逻辑量词对应自然语言中 every、all、some 等限定词，这类量词需要约束两个开放命题中的一个变量，因此具有<1,1>的逻辑类型。林登斯托姆还指出，这类量词在吸收了一个开放命题之后，就会转化为莫斯托维斯基所定义的<1>型量化成分。由上面的简要回顾可以看出，在当时的逻辑学和哲学领域，广义主要指的是针对全称和存在这两个量化逻辑范畴的广义归纳，也可以指量词类型从单式（monadic）到多式（polyadic）的广义推导。这些都属于数理逻辑领域的尝试，与自然语言量化成分的意义刻画之间还没有建立直接的联系，在当时也不为语言学家所了解。而在此背景下，蒙太格语法的句法和语义解释规则进一步扩充了"广义"的内涵，实现了数学和逻辑领域的量化词研究与自然语言量化成分研究的真正融合。

　　蒙太格语法吸纳了弗雷格量化算子约束变量的形式化方案，也吸收了莫斯托维斯基及林登斯托姆对于量化词应给予统一的广义解释的思路。蒙太格（Montague 1973）认为所有的名词短语（包括量化词短语如 some student、every student，以及专有名词如 John 等）在句法上具有相似的表现，在语义解释上也应该可以有统一的处理方式。蒙太格认为，所有名词短语的语义都可以表征为"指谓一组属性"，换言之，名词短语表达属性的集合，由于属性在集合论中可以用集合表示，因此，名词短语的语义解释为"集合的集合"（这与莫斯托维斯基对于<1>型量词的广义解释一致）。由此，every student 指谓由那些对每个学生都成立的属性所组成的集合，some student 则指谓对于个体学生成立的那些属性的集合，而 John 这个专名从集合的角度看则指谓 John 这个特定的人所具有的那些属性的集合。由于上述简单名词短语被赋予了统一的意义解释方法,那么由简单名词短语进一步通过并交等布尔操作而得到的更复杂的名词短语如 *John and every girl* 也适用这种解释方法。虽然蒙太格没有对 *every*、*some* 等限定词做单独的分析,而是将名词短语当作整体来处理,将 *every* 等量化限定词当作依附于名词短语才能获得意义的成分,也就是说,他对于量化成分的意义分析的细腻程度仍有待提高。但是,蒙太格的广义量化词理论分析的影响已经足够深远,因这是首个真正关注自然语言的分析,对含有逻辑量词、数词的短语与专有名词赋予同一种语义解释,尤其,专有名词这类看似与数量没有明显关联的名词短语也适用这种分析,可谓是对于"广义"的重要拓展。

此外,蒙太格的广义量化词解释也有助于说明自然语言量化短语的意义特殊性,在此之前,有分析认为 *every student* 表示普遍意义上的学生,而 *a student* 则表示任意的一个学生,也就是说此前对于这类量化名词短语的分析认为它们要么指谓的是个体,要么指谓的是个体的集合,而这样的分析是有问题的,例如 D. 刘易斯(Lewis 1970)就提出质疑,若 *every pig* 指谓的是普遍意义上的猪,那么所谓普遍意义上的猪的颜色是什么样的,是包含了所有颜色,还是不包含任何颜色的呢? 从这个质疑可以看出,*every pig* 这样的量化短语并不表达个体或个体的集合,很难像特定的个体或者个体集合那样被赋予具体的属性。从这个角度看,蒙太格的广义量化解释为处理量化短语的语义提供了新的视角,可以解释量化短语与专名之间的意义区别。我们可以认为专名具有广义量化词解释,可以指谓集合的集合,同时我们也可以认为专门可以指称特定的个体;但是,*every student* 或者 *every pig* 这样的量化名词短语却只能指谓集合的集合,而不适合分析为指称特定的个体或者个体集合。

1.1.1.2 巴怀士和库珀的广义量化词理论

蒙太格对名词短语的统一处理方式催生了之后形式语义学研究中经常提到的经典理论——广义量化词理论(generalized

quantifier theory)。广义量化词理论的奠基性论文《广义量化词和
自然语言》(Generalized quantifiers and natural language, Barwise &
Cooper 1981)是基于蒙太格语法的扩展,如果说蒙太格(Montague
1973)的 PTQ[即蒙太古著名论文《普通英语中量化的特定处理》
(The proper treatment of quantification in ordinary English)]形式系
统是在彰显内涵逻辑语言模型对自然语言的解释力,巴怀士和库珀
的研究(Barwise & Cooper 1981)则是一项真正从自然语言事实出
发的研究,其逻辑语言系统和集合论表征方案始终是为解释自然
语言量化成分的组合过程和语义特点服务的。巴怀士和库珀的形
式化表征相比蒙太格更简单直接,蒙太格的 PTQ 形式系统大量地
使用 λ-演算进行推导,且引入若干索引来表征内涵性方面的语
义,他的方案注重整体的系统性和完备性,所以其形式化系统也相
应地更复杂;巴怀士和库珀的 L(GQ)[即广义量词逻辑(a logic
with generalized quantifiers)]形式系统主要是为了表征量化成分
的逻辑,并不特别涉及内涵性语境,或者说内涵性语境并不会改变
量化成分的逻辑本质,因此,他们的形式系统中只包含了一个内涵
性算子,而没有引入时间、可能世界等索引。此外,巴怀士和库珀
的形式系统里也没有大量地使用 λ-演算,而是更多地运用更通俗
易懂的集合论数学符号作为表征工具。其实 λ-演算的本质就是
集合论,λ-表达式是集合概念的另一种表征方法,λ-演算的优点
在于可以更好地呈现语言意义组合中的函数抽象和运用(function
abstraction and application)的过程以及算子与变量之间的约束关
系。但是相比而言,巴怀士和库珀所使用的常见的数学语言则更
为大众所熟悉,更重要的是,集合论的数学语言能够更好地表征非
逻辑的量化词所含的意义关系。此处的非逻辑量化词,指的是无
法用谓词逻辑中的全称量化算子和存在量化算子来表征其意义的
量化词,例如 *most children*、*many children* 等,而相对地,*every
student* 则是逻辑量词。逻辑和非逻辑的区别在于,逻辑量词相关
的限定词,如 *every*,其意义相对于任何模型都是稳定的,而 *most*、

many 等限定词的意义则可能会随着模型的变化而变化,因此相比而言就是非逻辑的(non-logical)。这些非逻辑量词用传统的谓词逻辑表达式较难加以表征,即便是引入了 *most* 或 *many* 这样的算子,单单依靠谓词逻辑所允许的命题连接符也无法表征相关句子的正确解读。因此,与其选择在谓词逻辑框架内加入新的量化算子,巴怀士和库珀选择用已有的数学集合论工具更直接且准确地刻画相关成分的意义。

和蒙太格一样,巴怀士和库珀认为 *John* 这样的专名和 *every student* 这样的短语一样,在语义上都表达集合的集合。蒙太格的 PTQ 形式系统没有赋予量化限定词独立的语义和句法地位,而是将其意义贡献融于量化短语的意义解释规则中。相比之下,巴怀士和库珀的 L(GQ) 则更进一步,更注重量化成分的语义组合过程,将如 *every student* 这样的量化短语的句法构成分为两部分,限定词和名词短语,名词短语在语义上指谓集合,限定词在语义上需要吸收一个指谓集合的成分才能构成广义量化词 Q。量化词 Q 可以进一步与一个指谓集合的成分 η 相互组合,前者吸收后者作为论元,构成一个完整的表达式(formula),在句法上,该完整的表达式对应句子,而 η 则对应句子的谓语部分。由此,量化限定词被刻画为吸收集合性表达并输出广义量化词的函数,而广义量化词则可以进一步吸收集合性表达,因此,在逻辑上,量化限定词其实表达的是两个集合之间的二阶关系,两个集合在句法上分别由量化短语中所含的名词短语,以及量化短语所在的句子的谓语部分提供,而既然量化限定词表达集合间的关系,则用集合论的数学语言来表征其意义内核便再恰当不过了。

除了赋予所有名词短语的统一处理方式,即认为它们表达集合的集合,并在此基础上对量化限定词做统一的表征,即认为它们表达集合间的关系,巴怀士和库珀也认可专名如 *John* 可以指称一个特定的个体(在逻辑中,特定的个体对应一个个体类型的常量)。为了实现 *John* 的个体性解释和其广义量化词解释之间的转

换,他们假设了一个 the-函数,该函数作用于含有 *John* 这个个体的
单元集,并输出所有该单元集的母集所组成的集合,从而得到专名
的广义量化词解释。这说明在广义量化词解释的基础上,巴怀士
和库珀也支持名词性表达可以具有其他不同的语义类型,而这些
复杂程度不同的类型之间可以通过逻辑操作互相转换。之后,帕
蒂(Partee 1987)所提出的名词短语语义的类型转换三角模型与他
们的这种思想可谓一脉相承。

巴怀士和库珀的 L(GQ)的另一个重要贡献是归纳了一些自
然语言量化词独有的性质,并用集合论对这些性质进行了形式化
表征,这些性质源自对自然语言事实的观察和归纳,而不是指在逻
辑上量化词必然具有的性质。由此,量化不再是一个属于数理逻
辑或者哲学领域的概念,而是一个语言研究中的概念。这也是为
什么广义量化词研究并非巴怀士和库珀首创,但语言学界一般认
为他们是广义量化词理论的提出者,或者更准确地说,他们是有关
自然语言的广义量化词理论的提出者。

巴怀士和库珀(Barwise & Cooper 1981)提出了守恒性
(conservativity,也称 the "live on" property)的概念。守恒性[定义
如(2)]针对的是限定词的语义,要求:如果限定词 D 具有守恒
性,那么无论它所关联的两个集合 A 和 B 的赋值为何,将 B 替换
为 A∩B 后得到的量化关系与原有的量化关系等价,即若原量化
关系成立,则替换后的量化关系仍然成立,两者总是同真同假。

(2) 若限定词 D 守恒,则对于任意集合 A 和 B 的赋值来说,
D 满足:
D(A, B) ↔ D(A, A∩B)

巴怀士和库珀指出,守恒性是自然语言限定词的语义特点,由(2)
可见,对于含有量化词的句子而言,集合 A 的语义贡献比集合 B
要重要,我们无须关注 B 的整个集合,而只需关注其与 A 的交集

部分即可。这一性质,从句法结构的角度也解释得通,在形成量化关系时,A 的语义先与 D 组合,随后 D(A)再与 B 组合,这种结构上的亲密度的差异与两者语义贡献度的差异可谓相得益彰。巴怀士和库珀指出限定词的守恒性可用(3)中的测试进行验证,并认为所有语言都含有守恒的限定词,这是语言普遍性特征之一。如(3)所示,若两个量化句能够形成等价关系,则说明所含限定词具有守恒性。

（3）a. Every man likes linguistics. = Every man is a man who likes linguistics.

b. 一些学生选了我的语法课。＝一些学生是选了我的语法课的学生。

除了有关守恒性的语言普遍性特征,巴怀士和库珀还提出:每种语言都具有指谓广义量化词的句法成分;若一种语言允许用算子约束变量的语义规则来解释句法上的错位,则至少 DP(即量化短语对应的句法范畴"限定词短语")可以出现在这类偏置的位置(dislocated position);若一种语言里存在一个(形态上)简单的限定词 D,该成分只能在部分情况下被定义,那么一定存在另一个简单的限定词 D+在任何情况下总是能被定义,且在 D 能被定义的情况下,D 和 D+在意义上等价。比如,英文限定词 *neither* 只有在模型中含有两个相关个体的时候才可以被定义,而 *no* 的可被定义的模型则相对宽泛很多,且在 *neither* 的定义条件被满足的情况下,*no* 和 *neither* 的指谓其实是一样的。上述有关量化短语、限定词的语言普遍特征是基于逻辑概念提出的,所涉及的逻辑概念包括变量约束关系、辖域关系等,而复杂限定词的语义拆解也运用了命题逻辑连接符等工具,此外,上述特征的总结也结合了自然语言的句法特点,是真正的有关自然语言意义的形式化研究。

巴怀士和库珀(Barwise & Cooper 1981)除了考虑自然语言量

化词的普遍性质以外,还希望依靠形式化的性质对量化词进行分类。一种方式是将限定词分为强、弱两种,强限定词中还细分为肯定性强限定词(positive strong determiner)和否定性强限定词(negative strong determiner)。量化词的强弱之分最先由米尔萨克(Milsark 1977)提出,他观察到有些英文名词短语(如 *some girl*)可以出现于 *there be* 句型中,而有些(如 *every girl*)却无法与之匹配,他认为这是由于强量化词本身提供的量化算子与 *there be* 句型所表达的存在量化约束同一个变量,会造成双重量化的问题,即一个变量无法被两个算子同时约束或者说被赋予两个量化逻辑要求。按照广义量化词理论,所有名词短语都可以具有量化解释,因此把是否会出现双重量化作为强弱量化词的差别欠缺解释力。巴怀士和库珀在米尔萨克所观察到的语言现象基础上提出了一个区分强弱限定词的方案,用通俗的语言来表达的话,其解释机制为:"*There are two students.*"相当于表示"*Two students exist.*";而根据自然语言限定词的守恒性,"*Two students exist.*"相当于"*Two students are students.*",若用 D 表示限定词,则 *There be* D NP 相当于结构如 D NP NP 的命题。至于为何 D 有时与 *there be* 句型相容而有时则不,巴怀士和库珀认为,那是因为对肯定性强限定词而言,D NP NP 在 D NP 可以被定义的情况下,总是为真,而与之相对的,对否定性限定词而言,D NP NP 在 D NP 可被定义的情况下,则总是为假。而弱限定词在可被定义的情况下,D NP NP 则是时真时假。因为永真或永假的命题的信息量不足够,所以 *there be* 句型倾向于排斥强量化限定词。巴怀士和库珀的解释并非完美,比如直觉上含有强限定词的 *there be* 句子是突兀的,但转化得到的命题(如"*All students are students.*")的突兀感则比原句弱,而且对于转化命题的判断有时也不那么容易得到①,但这种从量化词

---

① 要体会这点,读者可试着按照巴怀士和库珀的方法分析:为何同样表示否定,*neither* 属于否定性强限定词,而 *no* 则是弱限定词。

意义出发的形式化解释手段无疑为语义研究带开了全新的思路。之后，基南（Keenan 1987a，2003），祖基（Zucchi 1995），帕蒂（Partee 1999）等的研究在巴怀士和库珀（Barwise & Cooper 1981）的基础上结合 *there be* 句型的句法、语义及语用特点，用集合论的语言给出了更简单、直接、细致的形式化分析，尤其是其中基南的研究进一步定义了对称性（symmetry）的特性，指出具有对称性的限定词才能出现于 *there be* 结构中，上述研究说明了从语义角度对自然语言限定词及量化短语进行分类的可行性。量化成分的强弱之分这种基于语义的分类，其应用也很广泛，比如用来解释儿童习得表量化成分的机制（Drozd & van Loosbroek 1999，Geurts 2003）或汉语"都"与各种量化短语的匹配（Wu 1999）等。

　　巴怀士和库珀（Barwise & Cooper 1981）关注的另一种量化词分类方式则是基于其单调性。单调性关乎量化命题之间的推理关系，对于限定词 D 所吸收的两个集合性成分 A、B 而言（其中 A 对应 D 所搭配的名词短语，而 B 对应句子的谓语部分），"相对于 A 向上单调"指的是，若 D（A）（B）成立，则若扩大 A 的范围至其任何母集，原有的量化关系仍然成立；反之，"相对于 A 向下单调"则指，缩小 A 的范围至其任何子集，原有的量化关系仍然成立；而"相对于 B 向上或向下单调"，则关乎在扩大或缩小 B 的范围时，是否仍能保持原有的量化关系。巴怀士其实在更早的时候就关注量化词单调性的问题，他（Barwise 1978）提到：在数理逻辑中的递归论框架下，逻辑学家对量化的研究关注到了单调性的问题，其中提到了单调性在模型论、测度理论等数学理论中的体现，也关注到了单调性在自然语言量化成分中的体现。他发现在数理逻辑中的量化词有明确的对偶式（dual），而对于一个自然语言量化词而言，却不一定能够找到唯一的、明确的另一个语言表达来与之形成对偶关系。巴怀士（Barwise 1978）关注的自然语言量化词的形式为 D（A）（即含有量化限定词和名词的量化短语），因此他当时的研究中其实主要关注的是 D（A）相对于 B（即谓语部分）的单调性，而把相对于 A 部分的向上单调称为持续(persistent)性。相比之下,巴怀士和库珀 1981 年的研究则在递归论的启发下更专注自然语言,他们对于限定词 D 所关联的两个集合的单调性和非单调性都做了定义,且对自然语言限定词单调性表现的限制做了归纳(如"若限定词 D 相对于第一个论元 A 向上单调,则 D 相对于第二个论元 B 也是向上单调")。在同一时期,拉杜萨夫(Ladusaw 1979)在考察否定极性词(如 *any*)的分布规则时,提出否定极性词不仅可以由否定算子允准,也可以由向下单调,或者说向下蕴涵(downward-entailing)的环境中得到语义允准,而否定算子的辖域只是诸多向下单调环境中的一种而已,拉杜萨夫的分析所使用的单调性概念以及集合论的表征方式其实就是受到巴怀士(Barwise 1978)以及广义量化词理论的影响。运用逻辑性质,从语义的角度用形式化的表征解释某种语言表达的分布情况,这无疑是形式语义学的一次非常成功的尝试。虽然拉杜萨夫(Ladusaw 1979)对极性词分布的分析并非完美,但其独特的视角足以让语言学家对单调性、蕴涵关系等逻辑概念引起重视,使得极性词的语义允准成为之后语言学研究的重要议题之一(参见 Ladusaw 1996,Giannakidou 1998,Chierchia 2013 等)。

　　本节最后,笔者讨论巴怀士和库珀 1981 年文章的结语部分①对量化研究与形式语义学萌芽发展关系的梳理。因为相关讨论很清晰地说明了哲学、逻辑学研究、语义学和语言学的关联,很好地说明了经典量化研究对于形式语义学科的理论意义,由此论证在语言研究中关注并设置单独的语义模块的必要性。

　　第一,在他们看来,蒙太格语法用数理逻辑工具(如广义量化词解释、λ–演算等)刻画自然语言,说明自然语言的很多表达是具有逻辑性的,此前不少逻辑学家虽然对这些工具了如指掌,但不愿用它们来表征自然语言,因为他们认为自然语言相比形式语言是

---

① 　详见其中第 5 节。

相当含混且缺乏逻辑性、一致性的,从这个角度看,自然语言可谓是"anathema"(令人生厌),他们自然是不愿碰的。而蒙太格革命性的尝试让逻辑学家看到了令人振奋的新可能,拓展了他们所精通的理论(如模型论)的解释力。由此可见学科交叉赋予了语言意义研究新的视角,也拓展了逻辑学的适用范围。

第二,他们强调其研究所归纳的是自然语言量化词特有的普遍性质,属于语言研究。一些语言学家认为由蒙太格的 PTQ 系统发展而来的形式语义学研究方向采取的是模型论的方法,注重的是模型与语言表达式的关系,而不是语言本身内部的结构,无法有效地体现自然语言与其他形式逻辑语言系统的差异,因此这类研究不能算作语言学。而他们认为,不必对形式逻辑工具抱有偏见,只要从自然语言事实出发,而不是削"自然语言"之足适"形式逻辑"之履,形式逻辑表征就可以变成刻画自然语言性质的得力工具,而且形式语义注重语言表达之间的推理关系,从中总结出的性质是句法研究所无法得出的,他们的研究结果说明,由学科交叉的视角促成的形式语义研究,其研究对象不是广义的形式语言,而是专门针对自然语言,应当被看作语言学核心分支之一。

第三,他们的研究也说明,在刻画自然语言语义性质时,所用的形式语言可以适当简化,比如他们的研究焦点是量化词的性质,所以在形式化表征中就没有过多地涉及内涵性的问题,这样做虽说一定程度上限制了形式语言的表达力,却可以更好地聚焦所研究的语义问题,将形式化表征中有关量化词语义的部分凸显出来。的确,形式语义研究不是用一连串陌生的符号或者非常复杂的形式化系统去"炫技",其根本目的是解释与意义有关的语言现象,用更简洁、抽象的方式将相对庞杂的语言现象的本质呈现出来,如果形式化表征异常地复杂,从适用的角度看对语言研究者不太友好或者说不够"接地气",而从理论构建的角度来看,也模糊了焦点。

第四,巴怀士和库珀的广义量化词研究也强调语义理论要基于"语义直觉"。所谓语义直觉,主要指的是母语者的语义判断,而判断有时候可能是因人而异的,判断的差异在多大程度上是语义因素导致的也值得深究。由此可见,获取可靠的语言事实非常重要,描写是理论解释的先决条件,而描写的难度也很高,要依赖严谨的判断测试来将语义问题剥离出来,而以逻辑语言为基础的形式化表征也可能有其局限性,不能完完全全地展现出自然语言中的限制性条件。

在笔者看来,早期的量化研究之所以能够被语言学界接受,并促成形式语义学学科的建立,主要是因为如下三点:受逻辑语言启发得到的新的研究视角;基于自然语言事实并立足阐释自然语言意义这一根本原则;不为形式化系统所困,并探索与其他语言模块(如句法)的相容性的开放态度。这三个特点令上述早期研究成为语义学的经典,无论之后语义学研究的方法如何革新、理论视角如何转变,上述特点都始终是形式语义学研究应该贯彻的方向性原则。在本书后面对汉语量化成分的讨论和分析中,笔者也希望能够体现上述研究理念,对语言事实做尽量全面的描写,对各类现有分析保持宽容开放的态度,对量化现象给出尽量简单直接的逻辑表征,从而让形式语义的研究方法为越来越多的人所接受。

1.1.1.3　量化辖域歧义研究对区分句法和语义两大模块的意义

除了广义量化词理论的统一性分析视角,蒙太格语法还引入了另一个重要的有关量化的议题——量化词辖域歧义,这方面的研究后来构成了形式语义学发展的另一个重要基石。量化词辖域研究针对的主要问题是:在含有量化歧义的句子中,句法结构与语义解释并不一定构成严格的对应关系。这种句法和语义不对应的关系,说明句法和语义是两个不同的层面,而相关的研究则旨在设置一些语义或者说句法层面的规则来促成句法结构与形式语义解释的顺利衔接,在生成语法蓬勃发展的时候,这些研究佐证了语义因素在语言学理论中不可或缺的地位(Westerståhl 2007,Ruys & Winter 2011)。

经典的量化词辖域例句如(4)所示。

(4) a. Every man loves a woman.

b. Some woman loves every man.

c. A pink vase graced every table. (Szabolcsi 2010)

d. A guard is posted in front of every building. (Szabolcsi 2010)

e. Exactly three men admired some woman. (Ruys & Winter 2011)

先来看(4a)的量化词辖域歧义。此处我们不考虑 man 语言文字上的歧义,仅作"男人"解释,则(4a)并无歧义,而这句话仍然允许两种解读:其一,对于每一个男人 x 而言,x 爱一个女人,这种情况下,不同的男人所爱的女性可以不同;其二,有一个女人,被每一个男人爱慕,此时不同的男人爱慕的是同一位女性。第一种解读适用的情境可以是每个男人爱自己的母亲,而第二种解读则可能适用于描述某一位女明星的巨大魅力。(4a)的歧义解读被归因于辖域效应(scope effect),即歧义是所含的两个量化成分 every man 以及 a woman 的相对辖域所产生的效应。解读一是 every man 相对 a woman 的宽域解读,即 every man 的辖域比 a woman 的辖域宽,every 所含的全称量化算子的辖域包含 a woman,因此 a woman 的取值随男人的取值而变,解读一又称表层辖域解读(surface scope reading),即两个量化短语的辖域关系与表层结构中两者的顺序一致。解读二中,every man 相对 a woman 取窄域,即 a 所含的存在量化的辖域包含 every man,所以 a woman 的取值保持稳定,不依赖男人的取值而变,解读二称作 every man 的窄域解读,也叫作句子的逆向辖域解读（inverse scope reading），因为所含的两个量化短语的辖域关系与句子表层结构中两者的顺序是相反的。

我们可以用逻辑式将解读一和解读二的意义差别清晰地表征出来，如（5）所示。

（5）a. 解读一：$\forall x[\,man(x) \rightarrow \exists y[\,woman(y) \wedge love\,(x,y)\,]\,]$
　　b. 解读二：$\exists y[\,woman(y) \wedge \forall x[\,man(x) \rightarrow love\,(x,y)\,]\,]$

在逻辑研究中，辖域的概念是明晰的，辖域是针对算子而言的概念。算子的辖域指的是其所管辖的部分，即在表达式中与算子相组合的部分。此处的算子可以是任何逻辑算子，包括量化算子、内涵算子等。例如，（5a）中，全称量化算子 $\forall$ 约束变量 x，而其后的中括号中所含的内容，即 $[\,man(x) \rightarrow \exists y[\,woman(y) \wedge love\,(x,y)\,]\,]$ 便是全称量化算子的辖域。显而易见，（5a）的全称量化算子辖域中还嵌套有一个完整的存在量化式。其中，存在量化算子 $\exists$ 约束变量 y，而 $[\,woman(y) \wedge love\,(x,y)\,]$ 则是存在量化的辖域，存在量化算子的辖域中含有两个变量 x 和 y，存在量化算子只约束变量 y 而不约束变量 x，x 是由外层的全称量化算子所约束的。在这种情况下，对于每一个 x 的取值而言，只要求有一个 y 满足存在量化辖域所含的逻辑要求，y 的具体取值是可以不固定的，由此产生不同的 x 喜欢（可能）不同的 y 的解读。而（5b）则是与（5a）相反的情况，存在量化的辖域中包含了一个全称量化式，此时，无论全称量化算子约束的变量 x 的取值如何变化，由其外层的存在量化算子约束的变量 y 的取值都是不变的，因此，就会得到所有 x 喜欢同一个 y 的解读。

对于自然语言量化词所引起的辖域歧义，主要有两个问题。第一个问题是，如何证明辖域歧义真的存在。而第二个问题是，若歧义真的存在，那么如何解释同一个表层句法结构［如（4a）所示］

可以得到多种不同的语义解释[如(5)所示]。

第一个问题主要是针对(4a)这样的经典例子。要证明辖域歧义存在,就等同于证明句子确实有逆向辖域解读。而问题在于,(4a)的逆向辖域解读蕴涵其表层辖域解读,因此,满足逆向辖域解读的情况可以视作满足表层辖域解读的情况的一种特例(即指每个男人所爱慕的女人的取值恰好为同一个的情况)。就逻辑研究而言,(5)中的两个逻辑式的相对辖域差异明确,除了辖域关系,命题其他部分都相同,因此从逻辑式的角度看,认为是辖域关系导致了不同的逻辑语义完全没问题。然而,在语言研究中,对于像(4a)这样的句子,我们只可以确定表层句法所反映的辖域关系,(5)所表达的两个解读则是我们认为(4a)能够传达的意思,由于两种解读之间的蕴涵关系,其实并无法确定(4a)是否真的对应两个相互独立的逻辑语义解释。可以说,(5)这样在逻辑研究中用来解释辖域歧义的经典例子,放到语言研究中,却会受到质疑。而回应和解决这种质疑,我们只能从语言事实出发,构造合适的例子让逆向辖域解读能够从表层辖域解读中独立出来或凸显出来。

方法一是将蕴涵关系反置[如(4b)],表层辖域解读蕴涵逆向辖域解读,反之却不成立,在这种情况下我们无法把逆向辖域解读看作表层辖域解读的一个特例,而若(4b)仍然允许每个男人被不同女性仰慕的解读,就能说明逆向辖域解读的确存在。方法二是构建表层辖域解读不合常理(而逆向辖域解读合理)的例子,从而凸显逆向辖域解读[如(4c)、(4d)]。由于与世界知识等因素的冲突,表层辖域解读被压制,若句子还是可以被赋予合理的解读,则说明是逆向辖域解读在起作用(Szabolcsi 2010)。方法三是设计逆向辖域解读和表层辖域解读互相独立,没有蕴涵关系的例子,如(4e)中,表层辖域解读为"不多不少正好三位男性仰慕(可能是不同的)女性",则其他(模型中的)男性都不仰慕女性;逆向辖域解读则意为"存在女性被正好三位男性所仰慕",对于其他女性被多少位男性仰慕并无规定,也允许超过三位男性仰慕女性,可见两种解读之间并无逻辑联系,我们能够得到(4e)的这种解读,因此可以证明自然语言确实存在量化歧义。

通过上述基于语言事实的论证可确定,同句中的多个量化成分的确可以导致量化辖域歧义,那就可以进入第二个问题,如何令一个表层结构明确的句子与不止一个逻辑表达式建立意义解释的关系。蒙太格的 PTQ(Montague 1973)为这一问题提供了一个可行的方案——内进式量化(quantifying in)①。到底何谓 quantifying "in",或者说"内进"? 基于 PTQ,笔者对这个专名的理解是:量化词的量化力进入一个语言表达式中,从逻辑表达式的角度看,"内进"对应的是该量化词的辖域将语言表达式的语义包含其内。"内进式量化"这种说法可以溯源至蒯因(Quine 1956)对于量化词和命题态度(propositional attitude)算子(如 *believe*)之间的互动的讨论,蒯因指出(6)有两种解读,一是涉言(de dicto)解读,即 Ralph 相信间谍存在(*Ralph believes there are spies.*);二是涉实(de re)解读,即存在一个个体,而 Ralph 相信他/她是间谍(*Someone is such that Ralph believes he/she is a spy.*),在第二种解读中,*someone* 的解读涉及外部世界中存在的个体,此时可以认为 *someone* 所表达的存在量化的辖域相对 *believe* 所表达的命题态度的算子辖域要大,这可以大致表征如(7)。*believe* 之类的成分还被称为晦暗语境或封闭语境(opaque context)②,而(7)中的表达式通常被称作"存在量化内进量化晦暗

---

① 此处,笔者参考蒋严(2010)为卡恩(Ronnie Cann)的《形式语义学》(*Formal Semantics: An Introduction*)引进版所撰写的导读中的译法,将 quantifying in 称为"内进式量化",此外,还有"插入式量化"的译法。

② 此处的"晦暗"或"封闭"是针对名词短语的指称而言的,命题态度算子之后的环境是晦暗或封闭的,其实指的是:将该环境中的名词短语 X 替换为另一个与 X 具有相同指称的短语 Y,句子的意思可能会发生改变。由此可见,晦暗或封闭表示不能因为两个名词短语相对于外部世界具有相同的指称或者具有指称对象上的一致性,就允许其随意替换。比如"我相信老师这学期推荐的书值得一读"和"我相信《鼠疫》值得一读"这两句话的意义是不同的,即便"老师这学期推荐的书"是《鼠疫》。

语境"(existential quantification quantifying into opaque contexts),
即(在表层结构位于晦暗语境内部的)存在量化词的量化力(反
而)作用于晦暗语境。其实蒯因本人认为(6)的歧义解读不适合
用(7)这种内进式量化逻辑式来表征,并提出了替代的方案(亦参
考 Kaplan 1968 等),但是(7)以及其所代表的内进式量化的理念
却被后续的研究所传承和反复探讨。

(6) Ralph believes someone is a spy.

(7) ∃x[Ralph believes x is a spy.]

例如,蒙太格的 PTQ 中就运用内进式量化的思路来处理量化
歧义的问题。有趣的是,PTQ 中并未显性出现内进式量化这种说
法,但就其对于辖域歧义的处理规则可以看出,他认可辖域歧义解
读(包括多个量化算子的辖域歧义,也包括经典的晦暗语境与量化
算子所构成的歧义)的存在,并且认为逆向辖域解读可以用含有内
进式量化的表达式来表征。对于上文(4a)"*Every man loves a
woman.*",此处并不包含晦暗语境,所谓的内进式量化指的是在逻
辑解释中,表层辖域相对较小的存在量化力的作用范围反而将表
层辖域较大的全称量化成分 *every man* 包含其内。蒙太格的形式
化系统中设置了特定的句法规则 Rules of quantification(S14 –
S16)①以及对应的翻译规则(T14 – T16)来实现表征内进式量化
的目的。按照 PTQ,得到(4a)的逆向辖域解读(5b)的具体步骤如
(8)所示(亦参考 Partee 1975)。首先,如步骤一所示,在及物动词
与宾语名词短语组合时,PTQ 允许宾语位置引入一个有待约束的

---

① 在蒙太格的 PTQ 中,与辖域歧义相关的句法和翻译规则叫作 Rules of
quantification,不过在引用 PTQ 的这些规则时,学者往往称之为 Quantifying-in rule 或者
Quantifiying-in operation。

代词 him_n（参见 PTQ 的句法规则 S5）[1]；随后，主语位置的 *every man* 与 *loves him_n* 组合；最后，根据规则 S14，*some woman* 在与步骤二所得的句子组合时，进入句子中，替换掉先前引入的 him_n。步骤三中的替换操作对应语义翻译规则 T14，而 T14 正是令（4a）获得逆向辖域解读的关键步骤，T14 规定当量化短语与一个表达真值的句子相组合时，表达真值的句子先要经过针对所含自由变量的 λ － 抽象，之后，量化短语的语义作为函项吸收经过 λ － 抽象的表达式作为论元。T14 所规定的 λ － 抽象保证替换代词的量化短语可以顺利地参与语义组合，因为该量化短语充当函项，所以必然相对于句子所含的另一个量化短语取宽域[2]，如（8）中的语义组合过程所示。

（8）句法组合：

　　步骤一：loves some woman = loves him_n

　　步骤二：every man loves him_n

　　步骤三：some woman 替换 him_n

　　语义组合：‖ some woman ‖ $=\lambda P \exists y [\text{woman}(y) \wedge P(y)]$

---

① 蒙太格语法用递归法来定义句法，先定义 e（entity／individual expressions，实体性／个体性表达）以及 t（truth value expressions，真值类表达或者陈述句）这两个基本范畴，并规定有这两个基本范畴形成符合范畴所需的操作 A／B 以及 A／／B（其中，A 和 B 为系统所允许的范畴），则按照递归法便可产生无限多无限复杂的句法范畴（参考 Ajdukierwicz 1960）。结合英语的实际特点，蒙太格亦对其中几个值得注意的常用句法范畴加以标记，他的命名与一般句法研究所采用的标记不尽相同，如其系统中的 IV（intransitive verb phrase）对应动词短语（包括及物动词以及吸收了宾语后的动词短语），TV（transitive verb phrase）对应及物动词，T（term）对应包括量化短语、专名、人称代词等可以充当论元的短语，CN 则对应普通名词短语。上述范畴都是通过 t、e 以及系统所允许的两种组合操作产生的，如 IV 相当于 t／e，而 T 相当于 t／（t／e），由于上述范畴在英语中太普遍，为了令表征更方便简洁所以蒙太格选择赋予这些常用范畴特定的标记。为了便于读者理解，本书选择使用当前句法和语义研究中主流范畴名称，而上述说明则有助于读者理解蒙太格语法的递归定义方法。

② 此处的讨论主要是解释 PTQ 的量化歧义处理机制，对其形式系统中对内涵性的处理做了省略。此外，PTQ 将所有可以充当论元的名词短语（即其系统中的 Term）统一处理为广义量化词，连（8）中引入的约束性代词也不是直接翻译为变量 x_n，而是解释为 $\lambda P[P\{x_n\}]$，即该变量所具有的属性的集合。不过，由于有关代词的广义量化词可以根据 PTQ 中的相关意义公设（meaning postulate）转化为变量 x_n，因此，为了简便起见，（8）中就直接将代词的意义表征为 x_n。

$$\| \text{Every man loves him}_n \| = \forall x [\, \text{man}(x) \rightarrow \text{love}(x, x_n)]$$

$$\| \text{some woman} \| (\| \text{Every man loves him}_n \|) = \lambda P \exists y [\, \text{woman}(y) \wedge P(y)] (\lambda x_n \forall x [\, \text{man}(x) \rightarrow \text{love}(x, x_n)])$$

$$= \exists y [\, \text{woman}(y) \wedge \lambda x_n \forall x [\, \text{man}(x) \rightarrow \text{love}(x, x_n)](y)]$$

$$= \exists y [\, \text{woman}(y) \wedge \forall x [\, \text{man}(x) \rightarrow \text{love}(x, y)]]$$

从(8)可以看出,PTQ 通过引入代词并后期替换的句法规则,以及包含 λ-抽象的翻译规则就可以实现内进式量化,以获得与表层辖域不同的语义解释,从而解决量化辖域歧义表征的问题。

从现代句法语义研究的见解出发回顾 PTQ 中的处理办法,可能会觉得 PTQ 中的方法在句法和语义处理上都不甚完美,而恰恰是这种不"完美"后续生发出了各种句法和语义驱动的量化辖域歧义解释方案,促使语言学界真正地将语义模块的因素纳入理论构建中来。

在语义方面,PTQ 将充当论元的名词短语统一处理为广义量化词,导致的结果是名词短语的类型非常复杂,连代词也要解释为集合的集合,并在后期通过 PTQ 的意义公设还原为变量的解释。按照 PTQ 的规则,及物动词吸收宾语位置的名词短语作为论元,因此及物动词的类型也会变得相当高阶或者说复杂,所获得的句子表达式也需要后期通过意义公设还原为较为简洁的形式(参见 Landman 2013)。这种为了统一处理而设置的繁琐的提升和还原操作是非常具有启发性的,毕竟名词短语表示个体是很符合直觉的,而表达集合的集合则是一种创见,PTQ 中相关的意义公设为表征量化名词的特殊意义,还有量化名词与其他类型的名词短语并列所产生的语义组合问题提供了形式化的解决路径。相应地,及物动词语义类型随其论元类型的复杂而提升,与其传统的<e,<e,t>>类型也不同,这一点也同样具有启发性。后来,这种为了满足语义组合需求而改变动词语义类型的思路,为解决量化辖域歧义提供了语义驱动的方案,亨德里克(Hendrik 1993)按照 PTQ 的思路,允许动词具有复杂的类型,直接吸收量化短语为其论元,并进一步设置了两种提升动词类型的操作,以分别获得表层和逆向辖域解读,亨德里克的做法不需要任何句法结构上的变换,动词按照表层结构与多个量化短语依次组合,而不同的动词类型提升操作决定了句子最后获得何种解读。

　　另一种比较经典的语义驱动的方案是库珀储藏法(Cooper 1975,1979,1983),库珀所提出的"储藏"概念允许句法组合与语义组合的过程不一定严格对应。在句法组合的过程中,量化短语占据论元位置,但并不是同时也参与意义组合,其量化意义被储藏起来,在适合的时候再参与语义组合。而辖域的宽窄则取决于量化短语被从储藏中提取出来的先后顺序,先取出来的量化短语就获得相对窄域。值得注意的是,库珀的意义表征方案中,句义有一个有序对,其中一个是句子内容(content),另一个则是量化意义的储藏(store),句子内容包含及物动词的意义贡献,而量化短语所占据的句法位置则对应有待约束的自由变量。在与量化短语组合时,自由变量会先被 λ-算子约束,之后通过语义组合被量化算子约束。库珀的"储藏"思想里,句子内容中的自由变量,通过 λ-算子约束间接实现量化算子与自由变量的约束关系,这与 PTQ 中"在宾语位置先引入代词"的操作以及量化短语替换代词时所含的 λ-抽象规则其实异曲同工。时间上相对近一些的研究中,巴克和单中杰(Barker & Shan 2008)吸取计算机科学中的函数式编程(functional programming)的延续传递风格(continuation passing style)来刻画辖域歧义,其表征形式与上述的语义策略有很大不同,而且这种表征方法认为动词充当函项吸收数个量化短语语义,因此其中动词的语义类型比 PTQ 里的更复杂。但就他们的辖域歧义的语义翻译规则而言,其核心思想其实还是与 PTQ 一脉相承,包括引入变量和约束变量的 λ-算子以延后量化意义进入语义组合的时机,以及提升动词的语义类型以允许其与类型复杂的量化短语语义进行组合①。

　　我们再来探讨 PTQ 的辖域歧义处理方案对句法理论的启示。吕斯和温特(Ruys & Winter 2011)在比较和归纳各类处理方案时,将 PTQ 的方案归类为句法策略。笔者认为,这样归类主要是因为 PTQ 设置了特定的句法规则来实现逆向辖域的表征。但同时,他们也指出,PTQ 的规则 S14 替换了已经在句法上组合完毕的词串中的成分,这种非连续的句法规则并不是如今句法研究中的标准做法。的确,S14 直接替换的操作过于"强大",但这是一个在句法理论内部可以被解决的问题。比如罗伯特·梅(May 1977,1985)的量词提升(quantifier-raising)方案认为量化短语在句法结构的逻辑解释层面提升嫁接到更高的位置,在其原有位置留下了与之同标的语迹,同标的关系对应语义上的算子-变量约束关系,嫁接后的量化短语的辖域对应其句法上的成分统制域。多个量化短语先后提升嫁接到更高的位置且互相管辖对方(即互相成分统制且中间没有被任何最大投射隔开),它们的相对辖域关系可以是灵活的,由此产生了辖域歧义。量词提升的分析由乔姆斯基的生成句法出发,旨在探索辖域歧义的句法生成机制,对于语义表征的具体

---

　　① 对于(4a)这样含有两个量化成分的句子,巴克和单中杰(Barker & Shan 2008)认为其句法组合过程只有一种,而歧义的产生则是通过 lift 操作提升动词和量化短语的语义类型得到的。通过用 lift 操作提升动词的语义类型,动词语义可以与宾语位置的量化短语相组合,而随后主语位置的量化短语与动宾短语语义相组合形成表层辖域解读。要获得逆向辖域解读,动词在句法上还是直接与宾语先组合,但是宾语位置的量化短语需要先通过 lift 提升其类型(即在其辖域内添加 λ-函数),而为了保证顺利的语义组合,动词以及主语位置的量化短语的类型也相应地提升。在逆向辖域解读中,针对宾语量化短语的 lift 操作能够在技术上使其辖域得到"扩展",而主语位置量化短语的意义贡献则是替换宾语语义 lift 操作所引入的 λ。巴克和单中杰(Barker & Shan 2008)所运用的塔式分层的二维表征方式,可以非常简洁、直观地呈现复杂的语义类型提升以及 λ-消解的过程。读者亦可以参考萨博尔茨论著(Szabolcsi 2010)第二章对上述二者的研究所做的较为易懂的介绍。

过程着墨不多,与 PTQ 中的语义翻译规则还没有建立完全的联结,没有明确什么样的句法操作引入了 λ-抽象,无法有效地解释如何将由动词语义和变量所组合而成的 t 类型的句子转化为可以与量化短语组合的谓词,而且,梅最初的量词方案并不认为句法结构决定语义解读,而是认为逻辑解释层面的句法结构可以对应多个语义解读,并没有刻画详细得到各个解读的具体过程。后续的研究,如海姆和克拉策(Heim & Kratzer 1998),她们综合 PTQ 的思想以及梅的量词提升方案,并为 λ-抽象的过程设置了对应的句法操作[即在句子(或者说 TP)上先嫁接一个约束变量的索引]。由此,不同的量化短语嫁接顺序会产生辖域关系不同的句法结构,而这些不同的句法结构则直接对应不同的语义表征,形成句法组合和语义组合这两种过程之间的同构关系,使得由 PTQ 所启发的语义推导过程与生成语法有机结合在一起。

　　对于句法理论而言,PTQ 中的量化短语替换代词的操作本质上允许多种句法组合以及意义解释方式,这为之后句法驱动的量化歧义解释方案提供了诸多可能性。首先,PTQ 中,量化短语可以直接参与句法组合,也可以在其所处位置先引入代词,然后以量化短语替代之(参考 S5 及 T5);其次,量化短语可以与表达真值的句子进行语义组合(参考 S14 及 T14),也可以与普通名词短语以及动词短语组合(参考 S15、S16 以及 T15、T16)。因此,以(4a)为例,若要获得其表层辖域解读,有多种可能的方式:可以是让宾语位置的量化短语 *some woman* 直接与动词组合;也可以是先引入代词形成动词短语 *love him*$_n$,然后 *some woman* 再与动词短语组合替换掉代词;也可以是先形成句子 *he*$_m$ *love him*$_n$,然后 *some woman* 再与句子相组合替换掉相应的代词。无论上述哪种组合方式,只要保证 *every man* 在 *some woman* 之后参与语义组合,则所得的最终语义表达式都是一样的。梅(May 1977)的量词提升方案在处理疑问词与量化短语的互动时遇到了困难,为此梅(May 1985)的修订方案允许量化短语嫁接到 VP,而 PTQ 的规则恰恰可以实现这类嫁接到 VP 的方案的语义表征。所以说,虽然 PTQ 有关量化辖域歧义的句法规则在现代句法理论看来是"另类的",实际上却促进了后续句法模块与语义模块的对应与统一,确立了形式语义在语言研究中的地位。

最后值得一提的是,同时含有量化短语和反身代词的句子,其意义解释也和 PTQ 有密切的联系。帕蒂(Partee 1975)的长文章向语言学界推介蒙太格语法,尝试探索蒙太格语法与转化生成语法的结合,在 PTQ 系统的基础上又添加了若干规则以刻画当时语言学家认为重要的句法现象和转化操作(如主语提升、宾语提升、被动结构、tough-位移、反身代词约束等)。其中,对于反身代词的算子-变量约束关系的表征最具有启发性。对于(9)而言,转化生成语法会认为,(9a)是由深层结构(9b)转化而来,然而,同样的操作对于量化短语 everyone 却"失灵"了,因为(9c)与其"深层结构"(9d)的意义有明显的差异。为解决这种量化短语的"特异"表现,帕蒂吸收了 PTQ 的创见,指出问题的关键在于,(9c)中 himself 的先行词不是量化短语本身,而是一个代词,语义上对应可被约束的变量,而该变量之后被量化短语所约束,从而形成每个人看到自己的反身关系。因此,其深层结构应该为 everyone₁[he₁ tries to see himself₁],而其语义翻译则对应 PTQ 中引入 λ-抽象并以量化算子替换的过程。

（9）a. John tries to see himself.

　　b. John tries to see John.

　　c. Everyone tries to see himself.

　　d. Everyone tries to see everyone.

(9c)这样含有量化短语和反身代词的例子说明当时生成语法处理方案的一些局限性,同时也进一步凸显量化短语与专名等其他名词短语的意义差异(Partee 1973,1975),而帕蒂的研究则指明了PTQ 与句法研究结合的可操作性,也有力地证明逻辑对于探索自然语言语义表征的重要启示以及语义模块在自然语言研究中的必要性。

　　由上面的讨论可知,PTQ 有关量化词的句法组合及语义翻译规则在量化歧义研究中的重要地位,几乎所有量化辖域歧义的处理方案都吸收了 PTQ 方案的精神内涵,而即便是由句法理论出发的处理方案最终也与 PTQ 所指引的语义表征形成了统一。目前主流的辖域歧义处理方案是由 PTQ 的量化研究所生发出来的,而随着对于 PTQ 方案的拓展与改进,量化辖域歧义逐渐成为语言学界的一个核心议题,对于句法和语义学科的发展都有至关重要的推动作用。尤其,PTQ 的内进式量化机制可以解决当时句法研究的一些局限,而这种局限恰恰是反映了量化词所含的特殊逻辑语义属性,这是此前语言学家很少注意到的方面。由此可见,早期的量化辖域歧义研究用形式逻辑去解决句法研究所无法解释的现象,且解释方案与句法理论相容,而这两点也一直是形式语义研究所秉持的思路。

1.1.2　量化研究对区分语义和语用模块的重要意义

　　在语言学学科内部,"语义"所指的范围是比较模糊的。广义的语义可以包括词汇语义、短语及句子层面的语义以及语用层面的意义贡献。词汇语义关注词义以及词义之间的关系,运用语义特征刻画词义并以上下义等概念解释词义关系;短语及句子层面的意义研究以组合性为根本原则,考察短语和句子内所含词语的意义组合方式、组合过程以及字面意思与外部世界之间的联系,刻画句子字面意思(literal meaning)的生成过程以及字面意思与其组成部分之间的关系;语用学则关注语言在具体语境下使用时所产生的话语义。形式语义学所关注的"语义"一般指的是狭义的语义,即词语是如何互相组合成为短语及句子等表达式并生成其字面意思的,本书接下来的章节中所说的"语义"也是指狭义的解释。关于话语义和字面意思之间的界限在何处,两者之间的关系是什么,学界莫衷一是。若认为语言的意义是由语言的语法驱动而产生的,则基于语法结构而产生的字面意思对语言意义理解的贡献是最根本的,语用层面在字面意思的基础上对意义有进一步的充实;而若持"语境决定论"的观点,认为意义是由语用驱动的,意义应当在言语交流(即语言的使用)而非语法层面进行分析,则话语义是更根本的,字面意思只能算是话语义的信息来源之一。

形式语义学一开始主要专注于字面意思的研究,但对于语境因素的影响也绝非视而不见,形式学派承认自然语言很多成分的解读都需要依赖语境,但是意义解释中的语境依赖不代表我们必须要在语言的概念结构中设立一个独立的语用模块,也不代表我们必须否认语言概念结构中存在一个独立的语义模块。基本上,形式语言学研究采取以语法为导向的思路,从语言的字面意思出发,而不过多地依赖心理和直觉等因素进行意义阐释。对于语境因素的处理,一般有三种方法。其一,在语义组合过程中设置语境参数或算子,促进语义组合与语用充实的融合(如 Westerståhl 1985,Chierchia 2004);其二,构建多维语义模型,允许句子的真值条件和会话含义在各自的维度进行组合,两者相对独立亦可发生交互作用(如 Potts 2007);其三,利用动态语义理论表述句子对于语境改变走向的指示作用,将语言的形式化定义提升到话语层面(Stalnaker 1978)。

语义层面以及语用层面在意义解释上如何分工与融合?对这一重要问题的探索激发了不少新的分析方法和理论框架,其中,自然语言量化研究就产出了不少成果,为论证设置语义模块的必要性提供了重要的佐证。下面举三个相关研究的例子来说明有关量化的研究对于区分语义和语用层面的作用。

第一个例子有关量化短语意义解释中的语境限制。量化短语所关联的对象往往并不是参照世界中所有相关的个体,如(10)中,*every student* 是一个表示全称量化的短语,其量化范围并非所参照的现实世界中的所有学生,而是话语发生的语境中占据凸显地位的某个由学生所组成的集合。比如,若会话双方在讨论语言学系研究生的学术兴趣,那么此处的 *every student* 关联的便是言者所在的那个语言学系的所有研究生。

（10）Every student is interested in quantification.

　　量化短语 *every student* 所作用的范围受到语境的影响,但这种语境依赖性对于量化意义的逻辑本质并无影响,只是表明量化力是相对于语境信息所限制的范围施展影响的。这样的语境依赖性完全可以通过在语义表征中引入一些语境相关的参数来解决。魏达格（Westerståhl 1985）认为量化词的定义中包含一个语境指示符（context indicator）可以挑出其所作用的具体集合。斯坦利和绍博（Stanley & Szabó 2000）则假设名词短语的语义解释为 $[<\text{student}, f(i)>]_c$,其中 c 为语境参数,而 f 为选择函数。根据语境参数 c, f 挑出了语境中凸显的个体所组成的集合,该集合与学生的集合取交集之后便得到了语境中凸显的学生的集合。由此可见,有关量化名词短语的形式语义研究也会考虑语用因素的影响并在形式化过程中对其进行表征,但是语用因素是叠加在量化名词短语的逻辑义之外的,不改变量化短语本身的意义内核（比如说语用因素不会把一个短语所含的全称量化变成另一种非全称的量化）,这说明至少在量化的问题上,语义和语用属于两个层面。

　　第二个例子有关语用学经典概念"会话含义"（conversational implicature）在语义层面的表征方法。会话含义的表征竟然也借助了量化逻辑,印证了量化概念在自然语言意义解释中的重要作用,展现出逻辑语义工具向语用层面的扩展。格赖斯（H. P. Grice）的经典语用学理论认为会话含义与句子真值条件无关,且可以在后续会话中被撤销,其中,会话含义的一个子类——量级含义（scalar implicature）与合作原则中的量准则有关。例如,（11）中,"合格"

可以触发量级{合格,好,优秀},量准则要求言者提供足够但不过多的信息,因此可以推知他今年的工作表现还未达到好或者优秀的程度。

(11) 他今年的工作表现合格。

然而,基耶尔基亚(Chierchia 2004)及其后续研究则另辟蹊径,通过假设语义层面的操作来解释量级含义这个一直以来被归于语用层面的概念。他的分析主要有两个关键点,隐形的选项函数 ALT 将语言表达式的一般语义 p 映射到其触发的选项集合 Alt(p),而隐形的算子 O 则对选项集合中的成员进行穷尽性操作[如(12)所示],排除 p 不蕴涵的选项,从而使得在语义层面就能得到量级含义。假设(12)中 ALT 函数对"合格"的操作得到选项集合{合格,好,优秀},由于工作表现合格不蕴涵工作表现好或者优秀,因此通过穷尽性操作 O,就能够使句子的语义得到充实,即"他今年的工作表现合格,但是并不好,也不优秀"。

(12) $O(Alt(p), p) = p \wedge \forall q[q \in Alt(p) \wedge p \nsubseteq q \rightarrow \sim q]$

其中,p 为句子的一般语义,Alt(p)为由 p 得到的选项命题的语义,$\subseteq$ 表示蕴涵关系,$\nsubseteq$ 表示"不蕴涵"。

基耶尔基亚对于句子成分量级含义的分析与鲁特(Rooth 1992)的焦点语义学有共通之处,两者都涉及选项集合,但与焦点选项不同,量级含义是语言成分的词汇义引起的,并不诉诸重音等音韵特征。同时,基耶尔基亚所假设的穷尽性算子 O 在语义上也与焦点敏感算子 Only 有异曲同工之妙,但相比之下,Only 只允许与句子一般语义相同的选项,而 O 则允许所有被句子一般语义所蕴涵的选项。通过与焦点语义学的类比,可以发现,传统的语用学概念"量级含义"在语义层面获得表征的可操作性显得相当强。

而若仔细观察穷尽性算子 O(以及 Only)的形式化表征,就会发现否定所有"合格"所不蕴涵的选项就是通过全称量化算子 ∀ 来实现的,换言之,量准则所要求的"不提供过多的信息"可以通过语义层面针对某个成分的一般语义所不蕴涵的选项进行全称量化操作来得到。

另外,基耶尔基亚还通过量级含义的局部性特征来证明量级含义的获得和语义解释的过程是同步的。(13)中,*some* 引起的会话含义是局部性的,在表示命题态度的成分 *believe* 的辖域内,由此为语用因素与语义解释过程的整合提供了证据支持。而此处的证据又是与量化逻辑中的一个重要概念——辖域有关。若语义研究没有引入辖域的概念,便无法论证会话含义的解释亦具有局部性特征。

(13) George believes that some of his advisors are crooks.

　　　量级含义:George believes not all of his advisors are crooks.

第三个例子有关有定短语的语义分析。上述两个例子主张设立语义模块的必要性,并将语义模块的分析方案拓展到语用因素的解释上,在语法及语义组合的过程中同时考虑字面意思和话语义的生成。也有一些研究者承认语义层面的独立性和主导地位,但是有别于上述语法驱动的研究模型,他们并未将语境参数或函数与语义组合过程相融合,在他们看来,语义组合和语用充实在各自的维度进行,笔者将这类观点称为"多维语义-语用模型"。有定短语的意义解释就是一个运用"多维语义-语用模型"的典型例子,在分析中,语义维度运用的是量化逻辑,而语用维度则运用了其他的筛选模型来获得语境中句子的最终解读。历史上,有定短语的意义刻画常常也是依赖量化逻辑,比如罗素对于定冠词 *the* 的意义解释就是同时运用了全称量化和存在量化手段,存在量化用来刻画 *the* 的存在意味,而全称量化则用来刻画 *the* 所传达的独特性和唯一性。但是，还需要注意，有定短语的解读可随语境而变，如对于（14a），在（14b）的语境中，听者倾向于获得"所有的窗户都关上了"的解读；而在（14c）的语境中，听者倾向于得到"那些窗户中的一些（但不一定是全部）关上了"的解读。显然，这些依赖语境的解读也是通过量化的概念加以刻画的。

（14）a. The windows are closed.

b. 暴风雨即将来临，听者在思考要不要回家关窗户。

c. 房子需要通风，听者在思考需不需要把窗户都打开。

那么为什么有定短语的意思有时候类似表全量的"所有"，而有时候则不涉及全部相关个体，仅仅表示一些？马拉默德（Malamud 2006）认为这种解读的变化与语境有关，而语境对有定短语解读的影响或筛选是在句义层面之上进行的，（14a）这样的句子在句义层面表达若干个量化命题的集合，如所有的窗都关了，其中一扇窗关了，其中两扇窗关了，等等。所有可能的命题在话语层面进行筛选，而筛选的依据是语境，马拉默德用决策理论（Decision Theory）来为语境建模，将所有的命题都视为对听者决策问题（即所欲实施行动的选项集合）的可能解决方案，而和决策问题最相关的命题义便是句子最优化的解读。此处，马拉默德运用了新颖的决策理论模型，但其语用分析模型中筛选的对象却与语义研究中的量化逻辑密不可分，如果没有量化逻辑来表征（14a）在命题层面的各种解释，就不可能有后续的决策筛选。因此，这个例子也说明了设置独立的语义模块在语言分析中是不可或缺的。

上面列举的三个研究，有的关乎量化成分本身的意义表征，有的则关乎看似不明显表达数量的成分的意义表征，这些研究都说明有一个高度自治的语义层面，从句子的命题义到句子的话语义，意义的理解遵循的是先语义后语用的过程，或者语义为主导的自下而上的过程。在语义和语用的划界之争中，量化研究为确立语义模块在意义解释中的主要地位提供了语言事实和表征工具,由此为形式语义研究的必要性提供重要的佐证。

语义与语用的划界之争,反映出语义学如今是和其他语言学分支齐头并进的研究领域,而形式语义学是语义研究相当重要的方法。然而,若时间退回到半个多世纪前,用形式化的方法研究意义的理念刚刚萌发之时,形式语义学则可谓是在夹缝里求生存,整个领域的必要性都没有得到稳固。在形式语义学萌芽并真正确立为语言学分支的过程中,量化研究功不可没。

1.2 量化研究的范围与趋势

上节剖析了语言学研究中量化这一重要议题的发端,尤其说明了量化研究在数理逻辑与语言学研究之间、形式语言与自然语言之间重要的桥梁作用。无论是从语言学还是从哲学的角度,由形式语言表征自然语言以探索其逻辑性的尝试,一开始都显得"无所适从",而自然语言量化现象的意义研究为哲学、逻辑学与语言学的交叉融合找到了可能的道路,促使语义成为语言学研究必不可少的一个模块,也令形式化的研究方法成为一个重要的研究视角。由此形式语义学逐渐成为语言学的一个分支学科。

量化研究对于形式语义研究有奠基性意义,而随着这方面研究的语言现象、理论问题、理论框架的不断丰富和更新,如今的自然语言量化研究可谓是包罗万象,发展出许多子议题,主要包括:自然语言中到底哪些成分具有逻辑学所说的量化力,量化词的个性特点,量化词的逻辑本质与其多重意义(或者说多种用法)之间的关系,量化词的共性特点及分类,逻辑本质大致相同的量化词在句法分布和意义上的细微差异,不同量化词所引导的量化结构(限定域和核心域)各有什么不同的限制条件,量化词的意义刻画除了量化逻辑还可能需要考虑什么其他的意义或者结构因素。上述这些问题也是本书关注的重点。

随着量化研究的深入,以经典广义量化词理论为起点的量化理论框架和量化词定义方法也经历了修订,更有一些研究认为,也许广义量化词理论中的量化词定义并非最基本的语义概念,而是可以被进一步拆分为若干更简单、更初步的语义操作,由此推进了量化理论本身的发展与更新;从更广义的角度看,量化研究的理论意义还在于尝试用量化逻辑工具去刻画诸多看似与量化无关的现象,如第 1.1 节提到的基耶尔基亚用来刻画量级含义产生机制的穷尽性算子 O 的形式表征便用到了全称量化算子。这类研究不会专门被称作量化研究,但却体现出了量化的理念与语言研究结合的深入与紧密程度。此外,近年来不少研究也思考量化理论与其他更新的理论框架(如事件语义学、概率语义学等)的相容性,为量化研究和广义的形式语义学研究拓展出更多可能。

下面的讨论为量化研究的范围和发展趋势做一个简要的勾画,主要分三个部分展开:量化现象的范围、量化理论的发展、量化理论与其他理论框架的融合互动。值得一提的是,要把握量化研究的发展脉络,可以着重关注三部不同时期的量化研究论文集,分别为:《广义量化词:语言学与逻辑学的路径》(*Generalized quantifier: Linguistic and logical approaches*, Peter Gärdenfors ed. 1987)、《自然语言中的量化》(*Quantification in natural languages*, Emmon Bach et al. eds. 1995)、《量化的策略》(*Strategies of quantification*, Kook-hee Gil et al. eds. 2013)。感兴趣的读者可参考本书附录对这三部文集的简介。

1.2.1 量化现象的范围

就量化现象而言,其研究范围的拓展过程主要呈现如下特点。

第一,量化理论研究一开始基于英语,而后延伸到了各种类型的语言。当然相对不同类型的语言,其拓展的进程也并非同步,比如巴赫等人(Bach et al. eds. 1995)讨论了多种语言,其中很大一部分在形态学类型上都属于多式综合语,这是当时量化研究的跨语言对比所关注的重点类型。而从最近的量化现象考察可以看出,量化研究已经覆盖了几乎所有的语言类型(参考 Keenan & Paperno eds. 2012,Paperno & Keenan eds. 2017)。

第二,量化现象所涉及的句法范畴和语义类型进一步拓展。在句法方面,量化现象的考察从最初有关名词短语和限定词的 D–量化手段延伸到了 A–量化手段[即副词(adverb)、词缀(affix)、助词(auxiliary,包括情态动词等)等表达的量化]。更新的研究中,量化现象的关注范畴还囊括了动词[参考萨博尔茨(Szabolcsi 2010,2011)对与时体有关的提升类动词的量化辖域表现的讨论]。

从 D–量化向 A–量化的拓展,有一个主要的动因就是对于多式综合语的考察[尤其是其中的代词型论元语言(pronominal argument language)],这类语言在形态上有时没有明确的名动之分,构建谓词-论元关系的方式也与我们熟悉的英语等语言不同。因此,有研究对这些语言是否存在名词短语(或者说限定词短语)这一句法范畴或者说是否存在 D–量化手段表示怀疑,或者直接否定这些语言存在这一范畴。D–量化手段的缺失促使研究者将目光转向这些语言中的 A–量化手段(尤其是词缀表达的量化关系),给予后者更细致的刻画。而更后来的对动词范畴的量化义的关注,则有助于深化对名词域和动词域的类比关系的认识,其理论意义也是非常深远。此外,量化现象还可能涉及特定的句法结构,比如条件句、相互关联结构(correlative)、自由关系从句等结构会浮现出类似全量关系的解读,重叠式结构可以令相关句子获得分配性的解读,而分配性可以被看作全称量化的一种体现,这类与特定结构相关的量化义是否具有典型的量化逻辑内核,是相关结构的真值条件义还是其他别的因素所导致的附带现象呢?这些结构的解读所体现出的量化义到底是结构中某个成分带来的,还是相关结构整体上所表达的意思?这些都是量化研究所要关注的问题。

除了句法范畴上的拓展,量化现象涉及的语义类型也变得更丰富。最初的广义量化词理论关注的量化关系仅关乎两个个体集合，属于较为简单的<1,1>类型的量化词，而一些研究（Keenan & Moss 1985，Keenan 1987b）则指出，语言中还含有更高阶的量化词，不但可以约束个体变量，还可以约束个体间的二元关系变量，如"*every student read a different book.*"中，*every … different* 所表达的高阶量化关系约束了学生和书的集合，还限制了学生和书之间的二元匹配关系，而且这种二元关系也无法还原为两个有关一元个体变量的关系。至今，一阶量化现象仍然是学界研究的重点，其中还有很多未说清的问题，相对而言，对于语言高阶量化现象的研究并不算多，但毫无疑问，学者们早就已经意识到语言中存在高阶量化现象，并尝试给出理论分析，如对于自然语言分叉量化（branching quantification）的研究等（Westerståhl 1987），这种关注几乎与量化理论的萌发是同期的。

第三，量化现象还涉及隐性量化。之所以有隐性量化这种说法，一种主要的考虑是有一些句子在显性层面上没有体现量化义成分，但是其语义解读却可以通过量化来解释，对此，我们可以假设句子的某个位置含有隐形的量化成分，比如，对于没有显性分配算子的句子，假设句中含有一个本质为全称量化的分配性算子。按照这种考虑，主导量化关系的成分是隐性的，或者说决定句子所表达的量化关系类型（如是全量还是存在等）的算子是隐性的，而句内的显性成分则承担填充量化关系的作用，如提供量化结构中的核心域或者限定域。

当然，这种隐性量化关系的假设也会受到质疑，需要更多的论证。比如，我们需要说明设置隐性量化成分的动因是什么？到底是什么条件触发我们必须设置一个隐性量化成分？是不是一定要设置隐性量化成分才能获得量化解读？句中的显性成分真的产生量化解读吗？如果一个句子允许多于一种量化解读（比如有的时候表全量，有的时候表非全量的量化关系），是否就意味着句中可能允许设置不同种类的隐性量化成分呢？就算一个句子允许多种量化解读,这种解读上的模糊性是否一定要从语义层面(或者说真值条件义)加以刻画,还是说这种模糊性只是关乎更抽象的概念层面,只在特定的语境中才会浮现出来? 这类问题在刻画复数名词短语相对谓语的分配性解读以及最大化(或者非最大化)解读的时候尤其凸显[可参考马拉默德(Malamud 2006)以及上文第 1.1.2 节对于 *the*-NP 的讨论],也促使学界从语义和语用的双重视角来思考大家原本认为属于逻辑或者形式语义的意义问题。

还有一种和隐性量化相关的现象则比上面所说的设置隐形量化算子相对"可靠"许多,主要指的是有关时间、可能世界、情境、事件等抽象实体的量化。在这种情况下,决定量化关系类型的成分往往是显性的,一般属于副词、助词、词缀、动词之类的范畴,但其限定域则常常是隐形的,需要根据上下文信息等因素来填充。

总的来说,量化现象范围不断地逐步扩展,从本质上提升了量化研究的广度和细度。量化现象的考察要从意义的层面把握不同语言之间、各类语言范畴之间、语义与语用层面之间的联系。我们知道,普遍语法从结构的角度出发刻画语言普遍的、本质的特征;而相应的,量化研究囊括各类量化现象,考察语言在形态句法个性表现背后的意义共性,因此可以说这方面的研究也是构建普适性的语言学理论的关键一环。

1.2.2　量化理论的发展阶段

量化现象研究范围的扩展促进了量化理论的构建。笔者需要重申,此处的"量化理论"特指有关语言量化现象的量化理论,这和逻辑学中的量化理论所关注的议题是有差异的。比如,就量化理论中常提到的"广义"而言,逻辑研究领域的"广义"主要指的是寻求一个能够适用于逻辑学可定义的不同类型的量化关系的广义解释方案,这个方案需要涵盖经典的(且在形式上较为简单的)全量和存在的概念,也需要涵盖更复杂的高阶量化词。而语言学所说的广义量化,通常指针对自然语言量化词的统一定义,很多时候说的是基于量化关系为语言中名词短语范畴的意义解释提供一个普适的、广义的方案。针对语言意义解释的"广义量化词理论"的基础是数学、哲学、逻辑学,但是其着眼点始终是语言现象本身,包含了对语义和句法映射关系的重要考量。

上文第 1.1.1 节已经提到,就量化理论的发端而言,蒙太格语法中对于名词短语的广义量化解释方案,其目的是解决自然语言形式化表征的问题,搭建自然语言和形式语言之间的桥梁,以证明从逻辑的角度研究自然语言是有意义的尝试。而巴怀士和库珀(Barwise & Cooper 1981)特别针对自然语言提出的广义量化词理论(generalized quantifier theory, GQT),则完全将自然语言视作研究的主体,这种视角的转变体现在形式化表征尽量简洁、注重句法结构(尤其是当时的句法理论)与意义解释的映射关系、基于语言事实观察提出针对语言量化现象的普遍性归纳这三个方面。广义量化词理论的提出全面唤起了学界对于量化现象以及语言逻辑性特质的关注,也为考察相关现象和意义提供了一个重要且可行的理论分析框架。可以说,蒙太格语法的 PTQ 开启了语言量化研究的方向,而巴怀士和库珀的 GQT 则首次较全面地描画了这个方向的图景,为这个方向的研究提供了一个参照系。所以,在探讨语言量化现象的文献中,GQT 几乎肯定会被引用,因为要说明文献所研究的问题是否属于量化的范围,往往要参考 GQT,而自然语言是否总是适用 GQT 的框架?对于这一问题的验证则是促进发现新的量化现象、提出新的理论框架的一大动因。

就量化理论的发展路径而言,萨博尔茨(Szabolcsi 2010)将其划分为三大阶段。

第一是统一性阶段(20 世纪 70—80 年代)。此阶段的量化研究旨在将不同的语言现象划入一个统一的框架下加以解释。该阶段的典型成果便是旨在赋予所有名词短语统一解释方案的 GQT。另一个彰显统一性的典型例子是英语光杆复数名词(bare plural)

的意义解释,经典的光杆复数名词分析以"种类"(kind)这一抽象实体为基础来为此类成分的多重解读(如表存在、表类指等)提供一个统一的表征。

第二是多样性阶段(20 世纪 80—90 年代)。此阶段的量化研究关注传统的"广义量化词"大类中各种表达的个性表现。比如,在 GQT 的框架下,名词短语无论有定还是无定都可以具有同类型的解释,而动态语义理论则认为有定和无定名词短语的意义解释在会话语境的层面有本质的不同;无定名词短语在辖域(scope)等问题上的特殊表现也促使学界跳脱出无定名词短语表存在量化的传统框架,运用选项函数(choice function)等更多样的理论工具来表征其意义贡献。

第三是内部语义分解阶段(21 世纪以来)。此阶段的量化研究的焦点在于解析量化短语以及量化词内部的语义组合过程。量化词在意义上不再被看作无法进一步分割的单位,而是可能被拆解为若干个更简单、细致的意义部件。这样的语义研究视角与形态句法研究的发展是密不可分的。

萨博尔茨划分的三个阶段勾勒出量化理论的研究背景,对于把握量化理论的发展趋势意义重大。据此,我们可以在特定的时间段内定位我们想了解的研究;而在萨博尔茨提出这种划分以后,不少后续研究也会借助这种划分确立自己的研究定位,比如文集《量化的策略》(Gil et al. eds. 2013)中,就在引言部分表明书中所收录的研究都聚焦萨博尔茨所说的第三阶段,旨在结合更多形态句法层面的语言事实,以确定构建量化关系的最底层的基本元素是什么。在笔者看来,萨博尔茨所划分的三个阶段,从表面上是"分",其实本质上是"合(融合)"或者说"和(和谐)"。因为,这三个阶段所对应的研究思路之间一直保持相互交织重叠的关系,并没有绝对的界限,阶段划分只是为了说明在不同时期的不同研究侧重点。所以,不能因为有阶段划分,就认为说某个时期的量化理论已经完全跨越了此前的某个阶段,放弃了原本的理论假设,而完全进入了一个全新的阶段。至少直到现在,都不能用这样的眼光来看待量化研究的发展过程。萨博尔茨本人也不认为随着量化研究工具的发展与发达,经典的 GQT 就会变为用处不大的守旧思想"old fogey";相反,她强调很多常见的对 GQT 形成挑战的语言现象有时与 GQT 的核心思想并无直接关联,完全可以通过在 GQT 的框架内引入更多理论工具和概念来解决(Szabolcsi 2010)。

下面,笔者具体分析上述三阶段之间的关系以说明三者互相交叠的发展模式。先来看第一阶段和第二阶段的关系,即统一性和多样性这两种研究思路之间的关系。从时间上就可以看出这两个阶段是有所重合的,这也预示着这两个阶段的研究思路其实在很多时候是同步发展的。比如,蒙太格提出广义量化词的表征方式,但也不否认专名可以表示个体,并设置了相应的语义转化操作。从这点上看,广义量化词理论最初是为了达成表征方式上的统一性,体现的是句法范畴与意义解释对应的系统性美感。但是在语义解释的层面,广义量化词理论并不对名词短语做强制的统一解释,也就是说,量化理论一开始就不强求统一性,而是能够包容多种解释方案的。GQT 的提出者巴怀士和库珀也从一开始就积极反思 GQT 的适用范围和解释力,关注名词短语之间的个性化差异,探索名词短语在什么情况下适用 GQT 的解释方案。在提出 GQT 的同一时期,巴怀士、佩里(Barwise & Perry 1983, Barwise 1987)的研究就指出 *a*-NP, *the*-NP 以及专名等名词短语在指称性和回指关系方面的表现与 *every*-NP, *no*-NP 等典型量化短语有差异;库珀(Cooper 1987)也关注并承认不同名词短语具有个性化表现,不过他指出 *a*-NP, *the*-NP 及专名在与内涵性动词共现时,更适合被处理为广义量化词。在加登福什所编的有关 GQT 的经典文集《广义量化词:语言学与逻辑学的路径》(*Gärdenfors ed* 1987)中收录了一些扩展和发扬 GQT 理论的研究,更收录了不少支持名词短语细化分类或者个性化分析的研究。由此可见,在 GQT 提出并蓬勃发展的早期(也就是萨博尔茨所说的第一阶段),量化研究就显示出了多样性的特点,而这种理论上的包容性也许是 GQT 成为至今不过时的经典理论的重要原因。

量化理论的发端——GQT,其统一性体现在建立逻辑关系与句法关系之间的映射,提供针对语言量化成分意义的普遍性解释方案。前文已经提到,GQT 所用的集合间关系的视角,以及量化域和辖域(也称限定域与核心域)的区分,可以为调查量化现象的语义表现提供一个基本的思路和框架,提供一个分析的起始点,比如我们要评估一个成分是否与量化有关,可以尝试考察这个成分的语义是否可以用集合间的关系来加以刻画。从这点上看,GQT 的思想是一直适用的。GQT 所强调的统一性是一种理论构建中非常理想的状态,但却不一定就是实际理论发展的趋向或者说终极状态。因为毕竟 GQT 的"统一性"是有具体的出发点的,也受限于这一出发点。GQT 聚焦的是英语名词短语(或者说限定词短语)这一具体的范畴,而就在这个通常大家认为可以赋予统一解释的范畴里,就表量范畴而言,也有典型和非典型的成员,所谓典型的成员包括对应经典逻辑量化词的那些短语(如 *all /every people*),而非典型的则可以包括专有名词、*the-*短语等一般认为与数量没有直接关系的类比。后者在直觉上似乎不对应数量,但是在广义量化的框架下也可以巧妙地用集合间关系来解释。如果没有这种典型与非典型之别,那"广义"的理论贡献就会显得太过平凡(trivial)了,换言之,"广义"就是针对意义有多样性但句法上具有相同范畴的成分的归纳。不过,需要注意,GQT 认为所有名词短语可以但并不必须要用其分析方案来加以形式化表征,因此,虽然带着"统一"的标签,GQT 或者说量化研究一开始就是容许多样性的。

从语言事实的角度看,一方面,GQT 立足于英语名词短语的各类现象,具有一定的局限性;另一方面,GQT 的革新性分析唤起了学界对于量化关系这一意义范畴的重视,也确立了语义学模块在语言研究中的重要性。因此,GQT 必然会催生出更多针对不同语言中各种量化现象的考察和分析,尤其,当语言学家开始重视量化理论与形态、句法和语用的互动关系时,必然会观察到更复杂多样的量化现象。之所以量化研究第二阶段的主要特点是多样性,一个主要原因就是为了验证 GQT 框架的解释力,语言学家以量化关系为出发点考察各种语言的量化机制,并发现了诸多与立足于英语的 GQT 无法完美匹配的现象。比如,有关量化成分的语法化研究发现一些语言中表全量的虚词是从"聚集"等实义发展而来的,而且有一些虚词仍然保有一定的实义,且这种实义性对量化成分的分布也有所限制(参考 Haspelmath 1995)。这充分说明了"量化"这个意义范畴在语言中的实现形式以及实现的过程是多种多样的,量化研究最初结合了逻辑学工具,倾向于认为自然语言量化成分表达的是量化逻辑范畴,即抽象的逻辑关系,而实际的跨语言考察所展现出的多样性却并不一定支持这样的观念。

从理论构建的角度看,GQT 的发展与形式语义学的萌芽几乎同步,因此,GQT 没有很仔细地讨论很多如今语义学研究非常关心的与名词短语意义解释和语义组合相关的议题,比如名词的可数性、名词短语有定性、句子分配性,等等。而后续对这些议题的讨论也激发了对于 GQT 的更新。比如集合的元素往往具有离散性、可数性,因此 GQT 的框架主要适用于可数名词域,而借助分体论(mereology)的部分-整体(part-whole)关系,GQT 所表达的量化关系也可以适用于不可数名词域。与此同时,基于对其他语义问题的思考,也出于解释更多样的语言事实的需求,学界进一步提出了更多跳脱出 GQT 框架的分析,由此呈现出量化研究在意义分析理论方面的多样性。这种多样性发展主要表现在五方面:

其一,名词短语解释的多样性。诸多研究主张对名词短语进行分类,认为有些名词短语最基本的语义解释不是 GQT 所说的量化关系,抑或是认为至少在某些情况下,有些名词短语的解读不适用 GQT。这方面一个关联的问题是,如果名词短语允许多种意义解释(比如说有时候适用广义量化词解释,有时候则指称个体),

那么就必须弄清不同的意义解释的适用情况分别是什么,不同解释之间又是如何进行转换的。

其二,量化词辖域表现的多样性。PTQ 以及 GQT 都为如何获得辖域歧义提供了表征方案。而辖域作为量化逻辑结构中的重要部分,也必然是量化研究关注的重点。随着对于各类表量名词短语研究的深入,不同名词短语在辖域表现上的差异也促成了量化理论研究的多样性发展。比如一些名词短语(如光杆复数名词)逆向辖域的缺失;一些名词短语(如无定名词短语)的辖域似乎过宽,有时甚至可以跨越句法孤岛。辖域表现上的差异促进了对于 **GQT** 统一分析方案的反思,对于辖域概念的表征方案的更新以及对于各类名词短语更精细的意义分析。

其三,经典的 **GQT** 量化关系与其他相关语义概念的互动带来的多样性。随着对于名词域研究的加深,学界对于可数性、复数性、有定性(及名词域最大化)等问题的形式化分析也越来越多。而句子主谓成分之间的意义组合问题,则引发了对于分配性、累积性、集合性等句子解读的关注。此外,量化关系与修饰关系、指称关系之间的区别以及这些概念性的区别在语言学上的体现也是考察的重点。经典的广义量化关系往往限制的是主语和谓语之间的关系,因为量化限定词吸收的两个论元分别对应主语所含的名词和句子的谓语部分,而上面所提到的语义概念也是主语和谓语、名词短语和动词短语意义解释中的重要因素,因此量化关系与这些概念的联系和区别是很重要的理论问题,对于某一个量化成分,它到底是典型广义量化成分还是上述相关概念的实现形式,往往是研究争论的焦点。

其四,单一成分在量化解读上的多样性。这种多样性的一个典型例子是极性敏感词。巴怀士(Barwise 1978)以及他与库珀之后提出的 GQT 都关注的单调性(monotonicity)这一特征,为刻画各类量化词的个性表现提供了一个独特视角。后来,拉杜萨夫的研究将向下单调的性质与极性敏感词(polarity sensitive item)的分布关联起来,令单调性以及极性敏感也成为语义研究的热点。否定极性敏感词(如 *any*)可由否定性成分允准其出现,此外,在一些情况下也可以具有任选义(free choice)的解读,而在表达否定以及任选的环境下,极性敏感词可以被全称量词或存在量词代替且保持句义大致不变。由此,量化关系、极性敏感以及任选义自然地联系在一起,并且引出了一个重要的问题:极性敏感词为何允许多重量化解读,在一些环境下表现得像存在量词,而在另一些环境下表现得像全称量词?是其本身具有量化多义性,还是说这些成分本身并不表达量化,而是相关的允准环境所含的量化算子赋予其不同的量化解读?

其五,量化结构映射的多样性。最初的 GQT 主要关注名词短语这一种范畴,此时基本上量化结构映射是由句法结构所决定的,一个形式如 Q(A,B)的命题,限定词 Q 所吸收的两个论元 A,B 对应句法结构上非常明确的部分。但是随着量化现象考察范围的拓展,尤其是对于 A−量化手段以及隐性量化的关注,量化结构映射也跳脱出了句法的绝对限制,量化结构中的限定域和核心域(即两个论元)可能对应于特定的句法位置,也可能受到语境因素的限制,还与句子的信息结构(information structure)息息相关。

在解析了统一性和多样性这两个阶段之间的交叠关系和互相影响之后,再来看第二阶段和第三阶段的关系。在第二阶段,量化成分的个性化研究有了深入发展:量化手段的跨语言考察,凸显出不同语言量化现象的特异性以及这种特异性与相关语言形态句法特征的关系,尤其是一些语言因其形态类型上的限制,并没有如英语中那么典型的限定词,那么"限定词+名词"为句法基础的 GQT 似乎就不适用了,这就促使量化研究进入第三阶段,即对于量化限定词的进一步拆解分析。量化限定词在 GQT 中往往被视作最基础的、不可分割的意义范畴,但是既然有些语言没有形态学意义上典型的限定词范畴,而若认为不同语言都具有相同的表达力,那么典型的限定词所对应的量化意义范畴(即抽象的量化关系)也可能是由其他一个或多个成分来承担的。由着这样的思路，学界对量化关系的实现形式做更微观的分析，将量化限定词或者量化关系的意义拆分成若干更基本的意义部件，而从意义组合的角度看，则可以认为语义研究中组合性的原则从句法层面（即词与词的组合）向下扩展到了词以下的形位组合层面。比如，贾赛兰（Jayaseelan 2005）分析印度马拉雅拉姆语（Malayalam）中分配义的实现机制，指出该机制分为三个部分，表示合取的词缀、表示析取的词缀以及表示"一"的数词成分。传统的分析认为分配性解读由分配算子导致，而分配算子本质上则往往适用全称量化来表征。而马拉雅拉姆语的事实则显示分配义或者说全称量化或许可以拆分为更基础的部件。顺着这种内部语义组合的微观研究思路，贾赛兰进一步考察了英语 every 及 each 的历史语言学发展，提出：虽然我们现在认为 every 和 each 是由单一形位构成的词，在语义上大致对应全称量化范畴，就其词源而言，every 是由意为 ever 和 each 的两部分组成的，而 each 在更早的使用中常常后面跟着数词"一"。由此，英语的典型全量限定词与马拉雅拉姆语的形态学手段形成了类比，从内部语义组合的角度看，every 可以拆分为 ever+each+one，这样的分析为解析全称量化关系的内部构成提供了启示。类似的分析方式也用在诸如 most，many 等非全量限定词（参考 Hackl 2001）以及极性敏感成分的形态学构成和量化分析上（参考 Watanabe 2013）。其中，值得一提的是，对量化限定词的内部拆解以及对量化手段的形态学考察，也促进了对于量化关系本质机制的再认识，例如一些语言中的全量关系会运用到表示合取的形位来表达[如日语中的"も"（mo）可以表示全量义，也可以表示类似 and 的合取义，又如贾赛兰所提到的马拉雅拉姆语中分配义也含有表合取的形位]，这促使语言学家思考合取操作与全量关系之间的共性，并使用布尔代数（Boolean algebra）的经典操作从表征的层面拆解传统逻辑研究中的全量关系（Szabolcsi et al. 2014）。针对量化意义范畴的内部拆解有助于我们更好地理解量化关系的自然语言实现机制,从更根本的层面去理解语言表达力的本质。这种量化研究思路的转型得益于形式语义理论工具的丰富,也得益于第二阶段量化研究的语言多样性考察以及对于 GQT 经典理论的反思。

除了对量化成分所表达的量化关系的拆解,量化研究在第二和第三阶段的精细化趋势还体现在对量化限定域和核心域的分析上。一些量化成分所表达的量化关系在本质上是同一种,但是其用法却有诸多不同,这很可能是由于这些成分对于其限定域和核心域的构成还有不同的限制要求。比如,我们可以认为 *all*、*every*、*each* 等都是全量成分,都可以用类似的全量逻辑式来表征它们的大体意思,但是这些成分的分布以及具体用法仍然有明显差别。对于这类具有类似全称量化内核成分的专题研究往往关注它们在分配义上的差异,即这类成分是如何关联其限定域和核心域并在两个域中的成员间建立分配关系的,要准确把握这一点,需要关注分配关系的颗粒度(level of granularity),即对于限定域而言,分配到底是基于其中的单数个体、复数个体、不可分割的群或者由其他度量单位决定的份额,这些颗粒大小不同的聚合形式会影响相关成分的句法和语义表现。我们还需要确定分配关系是在什么样的实体间建立起来的,是较为切实的具有物质实相的个体,还是如事件之类抽象的实体,这也会影响量化成分与句子其他成分之间的匹配。此外,若要明确量化成分的意义贡献,除了明确其逻辑内核,还需要搞清限定域和核心域的内容是由何种映射机制提供的,是基于句法结构、话题结构、焦点结构,还是通过句子的预设信息以及上下文的语境间接充实得来的。上述问题都牵涉限定域和核心域的具体构成,可能影响量化句的语法可接受度和语用适宜性,也有助于说明为什么一些量化成分明明具有相同的逻辑内核,在实际使用中却呈现出不同的语义解读和句法表现。如果能对这些问题的答案做形式化的刻画,则量化成分的形式化表征就会更细腻,更能揭示自然语言丰富的表达力。

最后需要说明的是,对于限定域和核心域更深入的研究,也引发了对于一些传统所认为的量化词的意义争论。比如,英语副词 *all* 到底是全称量化词,还是仅仅起到对名词域进行调节筛选的作用(Brisson 2003)?日语助词"も"到底是全称量化词,还是仅仅负责基于复数性集合构造复数性聚合体(Tancredi & Yamashina 2013)?这些研究往往认为上述传统意义上的量化成分本质上不表达完整的量化关系,而是仅仅对于量化关系的某个部件(如限定域)进行操作。乍看之下,这些研究似乎是对量化分析的否定,然而产生这些分析的根本原因,其实还是源于对量化关系内部构成中的子部件的研究,因此这些研究仍然没有脱离经典量化分析的结构框架。如果认为相关成分(如 *all*)不是典型的量化词,那么到底是什么造成了含有这些成分的句子所具有的量化解读,为了解释这一问题,可能还是要将量化解读归因于句中其他(或许隐性的)成分。由此可见,很多否定量化分析的研究,其出发点是对于量化关系内部构成的探索,而此类非量化分析的可行性往往也要依靠假设句中其他量化成分的存在才能得以保证。

1.2.3 量化研究与其他理论框架的融合

本节简要归纳量化研究与其他不同的理论框架之间的融合。蒙太格 PTQ 的主要目的之一是表征内涵性成分的语义,其表征方式也由于对内涵性的重视而显得相当复杂。不过,在巴怀士和库珀的 GQT 中,内涵性逻辑的内容被大大简化或者剥离了,由此凸显出量化理论的核心内容,如量化结构、量化关系等。很大程度上,其表征所用的理论工具是集合论以及相对简单的一阶谓词逻辑。他们认为,毕竟语言意义表征的根本目的不是为了构建一个完美的表征系统,更重要的是用最直观的方式来展示语言量化关系的逻辑性。GQT 和 PTQ 表征系统的差异也说明,量化理论与内涵性逻辑是可以相对独立的,量化理论的核心理念是独立于具体的语义表征框架的。

正因为上述原因,量化理论与其他的语义理论框架可以较好地融合在一起,以提升其解释力,这一点在量化理论的早期研究中就有诸多体现。例如在彼得·加登福什编的论著(Gärdenfors et al. 1987)中,就有将量化理论与自动机理论(automata theory)、情境语义学(situation semantics)、分体论、布尔代数、文档变换语义学(file change semantics)、话语表征理论(discourse representation theory)等相互结合的尝试。这些尝试不是为了令表征系统更复杂精密,而是为了解决一些量化理论的实际问题以提高其解释力。比如,如何刻画量化关系的计算机制,解决相关的机器学习问题,如何更好地表征量化成分与内涵算子的关系、如何在 GQT 量化关系中引入复数成分,如何表征限定域相对于核心域的分配性和集合性解读,如何引入动态语义的元素来阐释量化关系所涉及的话语层面因素(比如回指关系的建立),等等。

之后的量化理论构建也很注重与信息结构理论的结合,比如用信息结构的理念来解释量化词的强弱之分以及相关的诊断测试(即与 *there-be* 结构的相容性)(如 Comorovski 1995),从信息结构出发解释量化结构映射以及与焦点敏感有关的量化关系等(Partee 1995, Beaver & Clark 2003, Hole 2004, Gast 2013)。

为了解释量化手段与复数性、分配性等问题的关系以及其中所涉及的隐性量化(譬如可用全称量化表征的分配算子在很多语言中是隐性的,所分配的内容也可以不是显性出现于句法结构中的),量化理论与事件语义学理论的融合变得相当深。因为事件可以将个体、时间、空间等维度通过映射关系相联通,通过事件的概念也可以建立名词域和动词域之间的和同构(sum homomorphism)关系,这些性质可以使得隐性分配义所含的量化关系的刻画变得更清晰(Champollion 2011, Balusu & Jayaseelan 2013 等)。

由于量化理论与极性敏感、焦点敏感等现象的关联,而后两者常常在选项语义学(alternative semantics)框架内加以解释,量化理论也与选项语义学加以融合,量化关系的对象也自然可以是选项的集合(如 Kratzer & Shimoyama 2002)。

量化理论所对应的句法表征也一直在发展,比如句法研究中也会出于对量化意义的考虑引入相关的功能投射(Beghelli & Stowell 1997, Stowell 2013 等),也会通过最简方案的语段理论来表征量化辖域歧义的句法机制(Ueda 2013)。

量化理论和历史语言学以及类型学考察的结合,则促进了对量化关系的来源或者产生机制的外部解释。后两类研究指出,抽象的量化意义可能是从更具体切实的意义变化而来的,甚至一些参与量化关系表达的成分仍然带有其他词汇义(Evans 1995;Haspelmath 1995),这似乎指向一种涌现主义(emergentist)而非语言先天论的观点,此外,如果量化研究可以与这些外部解释相结合,也许可以为量化现象在理论分析上的争议提供线索。

本节结尾,笔者分享一些有关自然语言处理和量化研究相结合的研究。自然语言处理近年来呈现出将概率论与形式逻辑理论结合的趋势,比如结合逻辑语义关系以及概率统计的马尔可夫逻辑网络(Markov Logic Network)(参考 Domingos et al. 2008),其中概率论工具旨在表征语言的不确定性,而形式逻辑则用来刻画语言的复杂性。自然语言处理中有一个重要难点,即机器的语义理解,而这个议题又可以细分为若干具体任务,如文本蕴涵关系、(基于上下文的)语义解析等,而这些语义议题的解决令计算机科学界对否定、事实性(factivity)等语言意义的逻辑问题也产生了兴趣。由于量化研究本质上关注的就是命题之间的推理机制,因此在自然语义理解任务的解决中,也出现了结合 GQT 与概率论的文本蕴涵关系的分析模型(参考 Beltagy et al. 2013, Beltagy & Erk 2015)。虽然形式语言学界对概率论以及概率逻辑的讨论还比较少,但这种交叉研究的应用前景还是相当值得追踪和了解的。

1.3　本章小结

　　本章回溯了量化研究的发展脉络,指出量化研究源于逻辑学研究,始于语言学界对蒙太格语法的引介。蒙太格语法以及后来的广义量化词理论建立了自然语言句法结构与语义解释的对应关系,为名词短语提供了统一的解释方案,也发掘出一系列自然语言所具有的意义特质,而且这些特质是无法仅仅靠句法等其他因素来解释的,由此,量化研究论证了语义模块的必要性,也促进了形式语义研究范式的萌发与成长。此外,量化研究旨在探索语言的逻辑内核,对于划定语义与语用的界限也有至关重要的作用。

　　量化研究经过四五十年的发展,所关注的现象从最初的限定词和名词短语发展到 A -量化手段、动词手段甚至隐性量化手段,涵盖了几乎所有的句法范畴,量化研究成为语言学的核心议题之一。量化研究的发展可分为统一性、多样性和内部语义组合三个阶段,但三者之间的分界并不是绝对的。比如,强调统一性的广义量化词理论其实也不排斥对名词短语的多元化解释,本质上始终采取开放包容的研究态度;量化现象多样性的考察往往是基于广义量化词的统一性框架开展的,而多样的量化现象以及量化理论与其他语义理论的深度交融则进一步催生了量化范畴内部分解的微观研究视角。量化研究的发展趋势提示我们:要区分量化命题、量化成分和抽象的量化概念范畴之间的关系,这样才能够更好地描写和分析自然语言中实现量化关系的方式及其特点。

　　本书接下来所阐述的是针对汉语量化现象的研究。这些研究成果也是建立在对量化研究发展脉络的追本溯源上的,旨在采取量化研究一贯的开放包容的态度,梳理汉语特色的量化现象,以丰富量化现象图景,比较和把握各类解释方案(包括量化和非量化的分析)的动因和相互关系并提出新的见解,进一步厘清自然语言量化解读与逻辑范畴之间的关系,以构建更普适的量化理论框架。

第二章

汉语量化研究

第一章回顾了量化研究对语义学学科的重要意义、量化研究的主要议题以及理论发展的路径和趋势。本章将目光拉回我们的母语,对汉语量化研究的历史、现状、主要议题以及汉语特色量化现象的理论意义加以阐述。

其实,汉语学界对量化成分的意义贡献早有关注,在西方量化理论(如广义量化词理论)引介之前,吕叔湘(1980)、马真(1983)、苏培成(1984)、徐杰(1985)、王还(1983,1988a,1988b)等语言学前辈的研究都指出,"都"可表总括或逐指,并描述了"都"的句法分布和语义限制。从如今的形式语义学角度看,总括或者逐指等概念都与全称量化有关。汉语量化现象的形式化研究,其萌发的时间虽比西方稍稍晚一些,却也呈现出与西方量化研究类似的发展进程,对于汉语形式语义学科的确立有奠基性的作用。汉语量化研究一开始采取广义量化词理论的统一性视角,而后呈现出多样性,考察的范围涵盖了 D-量化手段(如"每""所有"等)和 A-量化手段(如"都""各""只""才""总""常常"等),既关注全量范畴,也关注非全量范畴(如"大部分"、存现结构等),并探索如何按照特定的语义性质对量化成分进行更细致的分类。此外,近年来,也有研究关注量化范畴的内部语义组合,对传统量化关系进行更微观的分解。总体而言,经过三四十年的发展,汉语量化研究与西方量化研究齐头并进,国际学界关注的量化议题,汉语研究也很关注;与此同时,汉语量化研究所发现的特色量化现象,也促使我们反思立足于英语等西方语言的量化理论的局限性,丰富了量化现象的版图,为构建更普遍的量化理论提供启示。

汉语量化研究发展最大的特色在于"都"的主导性和推动力。"都"是其中研究得最多的成分,起初被看作全量关系的典型,与英语 *all* 大致呈对应关系,但"都"的语言事实(尤其是其多重用法)具有特殊的复杂性,因此其量化分析越来越精细和复杂,同时也有不少研究者提出了不依赖量化逻辑的分析。多样的分析与其说是分歧,不如说体现了量化逻辑关系与其他语义概念之间存在的相似性和紧密联系,从这种角度看,"都"引起的争论大大推动了对量化范畴以及其他相关概念的辨析与理解。"都"作为量化成分的典型,也往往成为研究其他汉语量化成分时的比较基准。此外,"都"与诸多表量副词和名词短语可以共现,因此可以说"都"的相关语言事实将大部分的汉语量化成分都串联了起来。

基于上述特点,本章旨在剖析"都"的语义问题与汉语量化研究历史发展的各个阶段之间的关系,说明汉语由"都"主导的特色量化现象、特色理论问题及可能的解决方案,并分析这些解决方案对于构建普遍性量化理论的重要意义。

本章围绕以下内容展开:1)汉语量化研究萌发于针对"都"的全称量化研究,"都"最初被视为体现量化逻辑的基本典型。2)汉语量化研究的多样性发展主要由四个汉语特色问题推动,包括"都"的量化结构的限制条件,"都"的多重用法,"都"与类似全量成分的比较,以及"都"与其他量化成分的兼容性,可以说,汉语量化研究的拓展很大程度上是由"都"的语言现象串联起来的,因为"都"与其他量化成分(包括名词短语和量化副词)在匹配度上的差异促进了针对汉语量化成分这一大类的认识以及进一步的细分。3)汉语量化研究的内部语义组合视角(即对量化意义范畴内部构成的拆解)源于"都"与类似量化成分共现所带来的语义组合问题。

2.1 汉语量化研究的统一性阶段始于"都"

汉语量化理论的发展与第一章所说的量化理论的整体发

展历程有一定的相似性。最初,汉语量化成分的形式语义考察①是基于广义量化词理论(GQT)框架(Montague 1973,Barwise & Cooper 1981)开展的,以期发掘语言在意义层面的普遍共性。发掘语言共性需要一个成分作为突破口,汉语量化研究突破口便是"都"。选择"都"并不是随机的,从跨语言对比和逻辑两个角度看从"都"开始研究汉语量化现象都是最合适的选择。"都"的全量分析也有助于将汉语事实纳入 GQT的统一解释方案中。

西方量化研究始于 *all*,因为 *all* 是全称量化的体现,而全称量化是最基本的逻辑量化词之一。逻辑学讨论经典亚里士多德三段论推理时,命题中的全量关系基本都用 *all* 来表示;也常用大写的 ALL 来指代逻辑上的全量关系。从语言事实来看,*all* 相比其他英语全量成分更具通用性,*all* 对于所搭配的名词短语没有可数性和有定性的要求,譬如可以说 *all water*,*all the students*,却不能说 *every water*,*every the student*,而且 *all* 可以充当限定词或副词,在句法位置上比 *every* 这样的全量限定词要灵活。因此,*all* 常被视作体现全量关系的基本典型。

假设语言有同等的表达力,且量化逻辑是刻画语言量化关系的有效工具,那么汉语量化现象的考察可选择与英语类似的路径,即从研究基本逻辑量词(比如全量)的实现形式开始。直觉上,"都"和英语 *all* 在用法上很相似,在英汉互译中往往形成对应,虽然"都"在词类上不如 *all* 灵活,前者只能充当副词,不过"都"相比其他汉语全量成分,确实显得更通用、更基本,比如,相比"每""各"等全量成分,"都"对于所关联的名词短语没有显性的可数性要求[如(1)所示],也不排斥含有定标记的名词短语[如(2)所示],与谓语的兼容性也相对更强[如(3)所示]。

---

① 此处仅探讨从形式语义学量化理论所出发的汉语研究。本章引言部分已经说明,针对汉语表量成分的语法研究在量化理论未引介之前就已经产出了颇多成果。

（1）这本书我都/*各看过了。

（2）a. *每个这些人都来了。

　　　b. 这些人都来了。

（3）a. 这些人都/*各聚到了一起/包围了警察局。

　　　b. ? 每个人聚到了一起/包围了警察局。

因此,汉语量化研究从"都"这个较为通用的形式开始,不仅符合自然语言量化逻辑的研究路径,也符合语言事实。李行德（Lee 1986）以《汉语量化研究》（*Studies on Quantification in Chinese*）为题的博士论文提出"都"是全称量词,可赋予句子分配性解读;而林若望（J. -W. Lin 1998a）继而基于全称量化关系为"都"的分配性用法（即传统语法所说的"总括"义）做了形式化定义（亦参考 Cheng 1995,Wu 1999 等）。上述全量"都"的早期量化逻辑研究,其形式化表征都吸收了 GQT 或者一阶谓词逻辑的基本思想,对于开启汉语量化研究及形式语义研究有关键性作用。

2.2　"都"与汉语量化研究的多样性发展

统一性解释的研究思路马上就遇到了汉语的挑战,从而促使汉语量化研究从 GQT 驱动的统一性阶段进入了具有汉语特色的多样性阶段。萨博尔茨（Szabolcsi 2010）所说的西方量化研究的多样性阶段主要是由类型学研究①以及其他形式语义理论（如动态语义理论）的发展来驱动的。可以说,量化现象以外的理论考虑（比如语境改变的趋势、回指关系的确立、复数性的表征等）以及更多样的跨语言事实引起了对 GQT 的统一解释方案的反思,促进了对量化成分个性表现的深入研究。汉语量化研

---

① 譬如,在一些代词性论元语言中,名词短语不直接充当论元,而是通过与代词形成共指关系来构建论元关系,GQT 中 D-量化手段的形式化分析难以运用到这类语言中,从而促进了学界对量化词多样性的关注（参考 Bach et al. ed 1995）。

究的多样性也与量化成分的个性特点及其刻画的精细度有关，不过由于汉语自身的特点，汉语量化研究的多样性阶段呈现出三个具有汉语特色的研究重点：

其一，量化结构的限制条件的多样性，即不同的量化成分对于其限定域和核心域有何种特殊的限制条件，这些限制条件与量化成分的句法和语义表现有密切的关系。

其二，量化成分用法的多样性。在汉语中，一个量化成分（如"都"）表达量化逻辑关系，同时也有主观性用法，后者在量化理论的框架内如何加以解释是学界争论的焦点问题。

其三，由"都"串联起来的汉语量化名词短语及量化副词研究。这类研究主要涉及两方面：一个是以"都"为比较基准的汉语量化副词对比研究；另一个是通过考察"都"与各类名词短语和量化副词在匹配度上的差异，促进对汉语量化成分的整体认识和进一步细分。

上述三个研究重点皆与"都"的研究有关，这使得"都"的分析越发精细多样，也促成了汉语量化研究整体上的多样化发展。可以说，单从"都"的研究中就可以洞悉汉语量化研究之精彩纷呈，而"都"的特殊语言事实及其分析，对于构建更具解释力的量化理论有重要的启示。

2.2.1　量化结构限制条件的多样性

上文已经提到，早期汉语语义形式化研究吸收了 GQT 的思想刻画"都"的意义。与此同时，语言学家也发现"都"关联的名词短语和谓语部分需要满足一些特殊的条件，这促进了针对汉语量化成分所引导的量化结构的各个子部分（限定域和核心域）的限制条件的研究，令量化成分的语义刻画越发精细和准确。

李行德（Lee 1986）指出"都"的全量逻辑可以导致分配性解读，如（4a）所示，"都"的全量逻辑本质将"他们"中的每一个都无一例外地与"吃了一个苹果"的属性相关联。李行德(Lee 1986)更指出"都"要求其限定域中的成员数多于一个,试比较(4a)和(4b)。这并不是全量逻辑本身的要求,而是由"都"的语言事实所归纳出的特殊限制。

(4) a. 他们都吃了一个苹果。
    b. *他都吃了一个苹果。

林若望(J. -W. Lin 1998a)基于全称量化给出了"都"的第一个形式化定义,同时他也指出其限定域的构成有特殊性,不限于个体,而是允许由复数集合构成的集盖(参考 Schwarzschild 1996)。其分析主要是为了解释如(5)这样的例子,其中,"是夫妻"的属性并不关联"他们"中的个体,而是由"他们"进一步生成的一组二元集。"都"的量化对象可以是复数集合,但这不是逻辑要求,而是基于汉语事实所提出的。

(5) 他们都是夫妻。

与林若望的研究不同,冯予力、潘海华(2017)从"都"的核心域的角度分析(5)中的现象,认为基于集盖的分配会产生"都"并不允许的解读,且"都"与集合性谓语的匹配也不似集盖论所允许的那样宽泛(亦参考本书第五章)。与"都"兼容的集合性谓语包括互相型谓语(如"长得很像")、含有"相同"/"不同"的谓语(如"提了相同的意见")以及含有"合"的谓语(如"合用一个厨房")。此类谓语都可以通过假设隐形论元转化为可与单数个体关联的分配性谓语,因此,"他们都是夫妻"可以转化为"他们都跟 x 是夫妻",其中"x"的取值由具体的语境决定。由此,"都"本身仍然可视为针对单数个体的分配成分,其全量内核将"跟 x 是夫妻"这一属性与"他们"中的每一个相关联。而与之相对的,典型的集合性谓语(如"是一个运动队")必须与某个群体整体上相关联,在这种情况下,我们无法通过引入隐形论元转化为关联个体的谓语,因此典型的集合性谓语与"都"不兼容,如(6)所示。

(6)[*] 那些男生都是一个运动队。

"都"的限定域中所含的是何种类型的成员(单数个体、复数集合、群体、单位不明确的不可数实体或单数个体重新分解成的语义复数体),其核心域又允许何种谓语出现(分配性、集合性抑或是混合性的谓语),这一系列语义问题无关于全量逻辑本身,因为无论量化对象是含有一个还是多个成员,属于何种实体,量化对象需要满足何种谓语性质,全量关系都是可以被定义的。这些问题是基于汉语"都"的特殊表现所提出的,说明要精确刻画一个自然语言量化成分的语义特点,除了确定其对应何种量化逻辑关系以外,还需明确其量化结构各部件的限制条件。"都"的限定域的数要求、限定域成员的语义类型、其核心域所兼容的谓语类型,牵涉量化逻辑以外的理论(如复数语义、集盖论、分体论、谓语的语义分类、事件语义学等),由此"都"的量化问题促使量化理论与其他理论融合,呈现出精细化的特点。

"都"的全称量化结构所受到的特殊限制也提示我们:一种语言中可能包含若干表达同一种量化关系的成分(如汉语表达全量的成分,除了"都"以外,还有"各""全"等),而这些意义相近的成分并不构成冗余,这可能是因为它们对于量化结构有不同的限制,也由此导致了它们在句法、语义甚至语用层面不同的表现。汉语其他全量副词如"各""全""净"等的相关语言事实观察以及意义分析往往是基于与"都"的比较展开的。例如,对于"各"的研究中,索惠玲(Soh 1998,2005)观察到"各"的成分统制域需含有一个无定成分;李宝伦、张蕾、潘海华(2009a)认为"各"的分配性用法要求其限定域是一个复数性集合,而其核心域(对应其句法上的成分统制域)中则需要含有能够提供变量的短语。这些有关"各"的句法语义观察和分析都是出于区分"都"和"各"的差异[如(7)所示]而得出的。

(7) a. 那些女孩都/﹡各笑了。

b. 那些女孩各采了两朵花。

几乎所有的全量副词的研究,都需要讨论其与"都"的共性与差异,这从一定程度上也佐证了"都"的量化分析的影响力。

上述汉语量化成分研究的个案说明:为了更好地刻画量化成分的意义,就需要在形式分析中兼顾其量化逻辑核心与其他限制因素,前者注重的是 GQT 所主张的共性,而后者则注重量化现象的个性。本书第一章中,笔者指出,在西方研究中,上述两个视角,即共性和个性的探索,往往是同步进行的、互相交织的,这一点在汉语早期量化研究中其实也有所体现,例如李行德(Lee 1986)和林若望(J. -W. Lin 1998a)这些针对"都"的较早的形式语言学研究,从一方面彰显了 GQT 的解释力,一方面也非常注重刻画"都"的个性表现并引入更多理论工具对这些表现加以表征。

2.2.2　量化成分用法的多样性

汉语量化研究还具有另一种特殊的多样性,即量化成分可以集多种用法于一身,其典型就是"都"。"都"除了表示全量或者分配,文献中还提到"甚至、已经、排他、梯级性、未料、反预期、超预期、标记小量"等用法。这些用法是从不同角度出发归纳得出的,各用法所关联的语言事实并不完全互相独立。其中,最经典是传统语法研究的分类,即《现代汉语八百词》(吕叔湘 1980)中将"都"的意义分为"总括""甚至"和"已经"三种,而其他的归纳则是基于这三个分类并融合西方语言学理论概念所得出的,比如,出于对焦点敏感性的考虑而发现"排他性"和"梯级性"的用法,出于对关联对象意义的关注而发现"小量"用法,而从句子命题义和推论的关系出发则可观察到"未料""反预期""超预期"的用法。

(8)他连最难的题目都做对了。

(9)都十二点了,该睡觉了。

(10)他连一口水都没有喝。

(11)他都吃的馒头。

由于上述各种"都"的用法是基于不同的理论出发点归纳出来的,互相之间可能有一定的重叠,同一个例子会体现出若干种用法。例如,(8)具有"甚至"的意思,表示所描述的"他做对了最难的题"这一事实属于突出的,极致的情况;(8)也体现梯级性,主要是两方面,其一是"题目"的难易可以构成梯级,其二是"他做对最难的题目"连同"他做对其他较容易的题目"等事实也可产生有关可能性(likelihood)的梯级[参考 *even* 所关联的可能性梯级预设(Rooth 1992)]。而(8)的"未料"义指言者对于相关事实始料未及或表示惊讶。"反预期""超预期"和"未料"都含有惊讶、意外之义,其微妙区别主要在于言者的预期与事实之间的关系,"反预期"说明言者原本认为"他无法做对最难的题目";而"未料"则仅仅表示没有考虑过这件事;"超预期"则表示言者可能只预期"他"做对具有一定难度的题,而"做对最难的题目"相比之下则超乎这种预期。(9)中"都"表"已经",因为前者可以用后者替换,且句义大致不变;(9)中所含的时间也能激发有关时间序列的梯级;与此同时,(9)含有排他义,表示目前的时间是 12 点而非其他更早的时间。(10)中"都"关联表达小量"一口水",故这类例子属于"都"的小量用法,而同时(10)也可以被看作表达梯级义,"他一口水没喝"与那些表达"他"没有吃或喝了更大量的食物的命题组成梯级,而未喝一口水按照世界知识则属于极不可能的情况。(11)中,若重读"馒头",会浮现出排他义,表示"他"吃的只有馒头,而非其他东西,即"都"可以排除除了馒头以外的其他食物。

量化理论如何解释"都"的多重用法呢?为了回答这一问题,首先需要对上述用法进行辨析与整合,梳理出"都"的哪些用法是相对更基本的,而哪些则是附带的使用效果(参考蒋静忠、潘海华 2013),因为从对于(8)至(10)的解释就可以看出它们之间并非完全互相独立。对"都"的各种用法进行必要的提炼之后,再来考虑多重用法与量化理论构建的关系,此时则可以采取三种完全不同的研究思路:其一,认为"都"的本质是全称量化,并设法将其他看似非全量的用法纳入量化分析的框架内;其二,认为"都"本质上具有多义性,可以表达全量(进而表达分配),也可以表达其他意义,在这种分析方案之下,就需要明确不同意义的允准条件;其三,由于"都"的表现过于特殊,主张跳脱原先的量化分析,认为"都"的本质不是量化,进而用其他理论方案赋予"都"的各种用法一个更为理想的解释。

上述三种路径的根本性区别在于:是否认为"都"属于全量成分,是否认为全量用法是其意义的基本核心。从这个角度看,有关"都"的意义分析上的争论,很大程度上就是在检验和论证量化理论的解释力到底有多强。采取第一种由全量主导的统一性思路的研究包括蒋严(1998),潘海华(2006),蒋静忠、潘海华(2013),沈家煊(2015),冯予力、潘海华(2018)等。这些研究的主要思路是将针对"都"的分配义的全量分析拓展至其他用法,保持"都"的全量内核不变,通过说明"都"的量化结构映射方式以及"都"限定域和核心域的具体构成来阐释造成其不同用法的原因。就目前而言,全量逻辑的核心加上对于量化结构的构成分析可以较好地联通"都"的分配义、排他义、"甚至"义等用法。采取第二和第三种思路的分析则不认为"都"的全量义是其意义分析的出发点,认为全量用法最多只是"都"的用法之一,这类分析常常更侧重于"都"的"甚至"义,甚至认为"甚至"义是"都"最基本的用法,因为"甚至"义与梯级选项、焦点敏感性、语用推理有关,因此,此类分析中不少是从选项语义学、程度语义学、与预期相关的语用推理等角度出发的(参考 L. P. Chen 2008;M. Xiang 2008;李文山 2013;袁毓林 2005,2007,2012;徐烈炯 2014;吴平、莫愁 2016;M. Liu 2017;周韧 2019;周永、吴义诚,2020;Y. Xiang 2020 等)。目前,采取后两种思路的分析可以较好地解释"都"的"甚至"义和分配义;对于如何联通"甚至"义和"都"的分配义,则常常需要额外假设隐性量化算子的存在;不过,这类分析基本上无法给"都"的排他义一个较好的解释。

　　汉语中一个小小的副词竟然能够引起如此长久热烈的讨论,是否有"小题大做"之嫌?是否真有必要对一个词给出如此多不同的分析?笔者认为,从量化理论的角度而言,有关"都"的争论具有深远的理论意义,汉语的特殊语言事实有助于加深我们对于量化范畴本质的认识。

　　首先,乍看之下,诸多不从量化逻辑出发的分析似乎对量化理论的解释力构成了挑战,但这场争论的根本目的并不仅仅为了证明哪种分析得以胜出,而是引向一个更本质的问题,为什么我们传统认为的量化成分还可以承载这些不从量化角度出发的意义分析?这些非量化的理论概念与量化这个概念范畴之间到底有什么联系和区别?量化范畴与这些概念之间是互相独立的,还是说两者之间本来就存在本质的联系,或者说至少两者在某些方面具有一定的相似性?逻辑研究假设量化是一个独立存在的意义范畴,但历史语言学和类型学研究也给出了涌现主义的观点,认为有可能量化是出于某种表达力的需求,逐步从其他意义概念中衍生出来的(Evans 1995,Haspelmath 1995)。在这个背景下,如果能够结合形式语义的内部解释视角与历史语言学的外部解释视角[如黄瓒辉(2021)对"都"的研究],并厘清汉语"都"的多种分析之间的关系,也许有助于揭示量化范畴在自然语言中的实现机制。

　　相对而言,在英语等研究得比较多的语言中,全量成分不具有如"都"一样的多重用法。据笔者对量化研究的了解,日语助词

"も"与"都"在多重用法这点上有些许相似,两者都可以表示全称量化,也可以表示"甚至"义(Szabolcsi et al. 2014)。不过两者也有不同,日语"も"还可以表示类似"也"的意思(即添加义),而日语中的分配性解读不需要"も"的支持就可以得到。萨博尔茨等(Szabolcsi et al. 2014)认为"も"对应布尔代数中的"并"(join)操作,从布尔代数的角度解释了"并"操作与 GQT 全量逻辑的关系,将添加义和全量义相互联系,但仍然将"甚至"义划作另一种独立的用法。Kobuchi-Philip(2008)也认为从意义的角度看有两个"も",一个表示全量义,一个表示梯级义。由此可见,对于"も"的多重用法的联系研究得还不够,多采取分开讨论,逐一解决的方法。如果能从汉语"都"的研究出发,对其多重用法和多重分析之间的联系做更系统的阐释,并进一步拓展至其他语言(如日语)中的类似现象,这对于完善量化理论本身、把握量化与其他概念的逻辑关联乃至语言概念系统的本质特征都有积极的意义。

其次,"都"的多样性分析也再度提示我们要重视量化命题与量化成分之间可能存在差距。一个句子的解读可以用量化逻辑去翻译,并不一定意味着我们要赋予其中某个显性成分量化算子的功能。有可能句子的量化解读不是其真值条件义,而是语用推理的结果;也有可能句子的量化解读不是由显性成分导致的,而是由隐性成分所引起的。上述种种理论考量就体现在"都"的分析中:有分析认为"都"的"甚至"义所含的全称量化针对语用层面,但传统上全量逻辑是真值条件层面的操作,这就可能影响其全量分析的解释力;而一些认为"都"不表全量的分析,但往往也不否认句子的全量解读,并假设全量解读是由其他隐性成分(如分配算子)所引起的,那么就需要证明设置隐性成分的必要性,还要解释为什么是隐性成分而非显性成分赋予了句子量化解读? 如果不能回答这些问题,也可能影响相关分析的解释力。量化解读和量化成分的关系在其他语言的量化研究中也引起过争论,比如英语 the、any 以及自由关系从句在有些情况下都可以用全量成分(如 all)替换而保持句义大致不变,有分析认为这些成分和结构本身具有全量义,而也有分析则认为相关句子不具有典型的全量义,或者即使有也是句中其他显性或隐性成分赋予的。相比之下,"都"的语言事实更为复杂,相关研究有助于说明量化范畴(这个传统上认为是逻辑语义层面的范畴)是否可能具有更多样的实现形式(如由语义和语用层面的因素共同实现)? 有兴趣的读者还可参考陈振宇(2019)对于间接量化、语用因素的讨论。

2.2.3 汉语量化成分的多样性研究由"都"串起

"都"被看作全称量化的体现,是汉语量化研究的起点,因其语言事实极为复杂,也成了汉语量化研究关注最多的成分。除了"都"本身的意义分析多种多样,细致入微,可以说汉语其他量化成分的研究往往也是由"都"串联起来的,"都"的研究加深了对于汉语量化成分整体多样性的认识。

先来看以"都"为基准的量化副词多样性研究。上文第 2.2.1 节已经提到量化副词如"各""全""净"等的相关语言事实观察以及意义分析往往是基于与"都"的比较展开的(参考张蕾 2022)。其实,几乎所有的全量副词研究,都会讨论其与"都"的共性与差异,这从一定程度上也说明"都"的全量分析解释虽一直受到质疑,仍然是很有影响力的。

从这点上看,"都"在汉语量化研究中的地位与英语 *all* 非常相似。一方面,英语量化研究传统上视 *all* 为全称量化词的典型,其他全量成分的分析往往也要探讨其与 *all* 的异同之处;另一方面,也不断有研究认为不一定要把 *all* 分析为全量成分。较早的研究如林克(Link 1987)就提出 *all* 可以表示总括(totality)和有定性;晚一些的研究,如布里森(Brisson 2003)认为 *all* 的作用是对名词短语所产生的"集盖"进行限制,而 L. 商博良(Champollion 2010)虽然认同 *all* 具有分配性,但是提出在分体论(mereology)的框架内,通过限制语义角色映射以及谓语语义的复数化操作,即便不借助量化逻辑,也能得到等价于全称量化的效果。"都"的分析也是循着类似的脉络,一方面其全量分析具有较强的解释力,也有较长的研究传统,常常被当作其他类似成分的研究参照系;一方面也常有基于其他理论框架或者出于其他考量的非量化分析方案提出。鉴于针对典型全量成分 *all* 的争议,有关"都"的诸多争议在量化研究中就显得不那么"格格不入"了。

　　另一个将"都"与某些汉语量化成分的多样性研究贯穿起来的问题是"都"与量化名词短语的兼容性。在这个问题上,"都"的表现是相当特殊的。"都"属于副词,在表达分配义的时候,向左关联一个(语义上具有复数性)的名词短语,而该名词短语则为"都"提供量化域。有趣的是,"都"所关联的名词短语类型多样,其中一些本身也含有明显的表量成分,因此"都"与名词短语的兼容性问题有助于我们理解汉语中 D -量化手段的特点。

　　"都"与名词短语的兼容性主要分为三类,如(12a)所示,由"所有""每(一)+CL""全部"所引导的名词短语常常需要"都"的支持,"都"必须出现,否则句子不完整;而(12b)中的名词短语可以与"都"兼容,但是"都"不出现,往往也不影响句子的接受度;(12c)中的名词短语则无法与"都"兼容,去掉"都",句子才合法。

　　(12) a. 所有(的)人/每个人/全部的人都递交了申请书。

　　　　 b. 大多数的人/大部分的人/很多人/那些人(都)递交
　　　　　　 了申请书。

　　　　 c. *很少的人/不到十个人都递交了申请书。

"都"所兼容的名词短语和其无法兼容的名词短语到底有什么区别?"都"所兼容的名词短语中,那些必须有"都"的支持方能成句的短语又有何特点?语言学家一直尝试回答这些问题,但是现有的答案总是显得不够完美或者不够清晰。

林若望（J. -W. Lin 1998a）、吴建新（Wu 1999）、郑礼珊（Cheng 2009）基于不同的语言事实或者理论考虑（比如是否有分配性要求、是否有定）提出"都"与强量化词而非弱量化词兼容，但事实上量化词的强弱差异与是否可与"都"兼容并不形成完全对应的关系。"很多客人""百分之三十的客人"可以出现于存现结构中［如（13a）所示］，按照米尔萨克（Milsark 1977）的分类方法，可以出现在存现结构中的量化成分应当属于弱量化词，但这些弱量化词还是可以与"都"兼容。而如（13b）所示，"大多数"和全量成分一样无法出现于存现结构中，当属于强量化词，但"大多数"可以但不必须与"都"共现，这种与全量短语的微妙差异靠强弱之分也无法解释。

（13）a. 有很多客人／百分之三十的客人。在花园喝下午茶。

     b. ﹡有大多数的客人／每个客人／所有客人／全部客人在花园里喝下午茶。

刘凤樨（F. -H. Liu 1990）考察了几乎所有汉语名词短语与"都"的兼容性，并且提出了广义特指性（generalized specificity）的概念来为"都"的兼容性提供理论解释，认为只有具有广义特指性的名词短语才能与"都"兼容。含广义特指性的名词短语在宾语位置上容易获得逆向辖域解读，而且可以参与分叉量化（Westerståhl 1987）。而不具有广义特指性的名词短语不能参与分叉量化。刘凤樨（F. -H. Liu 1990）首次从辖域表现的角度对汉语名词短语的表现做了系统的梳理，而且还运用了分叉量化这种非典型的辖域机制来解释汉语语言事实，是非常创新的尝试，不过，作为一个语义概念，广义特指性是基于辖域表现来定义的，而这个概念又进而用来解释"都"与名词短语的辖域关系，因此包含了一定的循环论证。

李行德、徐烈炯、魏元良（1989）以及徐烈炯（2007）则指出

"都"只能与表达(言者认为的或者语境中的)"大量"的名词短语相容。蒋严(2011)进一步运用菲恩戈(Fiengo 2007)所提出的"穷尽性"概念来解释"都"对于主观大量的"偏好"。一个名词短语若具有穷尽性,则其意义是相对于所含普通名词所指称的所有实体来确定的。比如,"每个人"或者"所有人"的范围需要根据所有相关的人来确定。同样地,"大多数人"的范围或者说比例也需要根据所有相关的人来确定。而"少数人"这样的短语则不具有穷尽性,因为我们不一定需要参照所有相关的人来确定何谓少数,而是可以依靠绝对数量或者主观的经验判断来确定多少是少数。不过,依赖穷尽性的分析也不完美,比如"某些+N"并不具有菲恩戈所定义的穷尽性,不需要依赖符合 N 的所有实体来确定,但是仍然可以与"都"相容,如(14)所示。

(14) a. 某些状态函数都是按一定规律变化的。

b. 某些小儿发育迟缓、筋骨痿软无力的问题,都是肾精不足的表现。

冯予力(Feng 2014)认为与"都"兼容的名词短语数量上是有界的,而且下界需要一个大于 1 的量,而像"很少的人"这样的短语之所以不与"都"兼容是因为表达"小量"的短语从真值条件的角度无法推理出存在义,也无法推理出"大于 1"的数量要求[如(15)所示],因此无法满足"都"对于名词短语的语义要求。不过这样的分析还是没有很好地解释"大多数"和"每"等引导的名词短语在兼容性上的微妙差异。

(15) 很少的人递交了申请书。

只可推出:递交申请书的人不是很多/不是大多数/不是全部。

无法推出:有人递交申请书;递交申请书的人超过一个。

虽然"都"与名词短语的兼容性问题目前还没有得到很完满的解决,不过,这方面的考察加深了对汉语量化名词短语的理解,催生了汉语 D -量化手段不同的分类汉语方法(包括从数量程度、有定性、强弱性、穷尽性、分叉量化的辖域机制等不同的角度)。这一兼容性问题也对"都"的量化分析形成挑战,一方面若采取量化分析,则需要像李行德(Lee 1986)一样对"都"所量化对象的数的要求做更精确的限制;而另一方面,"都"与程度高或大量相容似乎也支持从程度的角度来分析"都"本身的意义。另外,除了从与"都"的共现情况来归纳量化短语的意义特点,还需更多地从量化短语本身(尤其是非全量的居间量化词短语)的句法语义逐一地做个案研究,才能看清问题的本质,例如"很少+N"与"都"不兼容,可能与其本身不易出现于主语位置以及汉语"多"和"少"在句法分布上的不对称性有关(参考裘荣裳 1999)。

由上面的讨论可知,"都"作为汉语量化研究的热词,除了其本身语义分析的复杂问题,还实实在在地促进了汉语量化副词以及量化名词短语的系统性研究,发掘出了一系列汉语特色的语言现象,丰富了量化研究的多样性。

2.3　汉语量化研究的内部视角源于"都"

"都"的分析彰显了汉语量化研究的多样性,也是汉语量化研究内部视角的第一个突破口。此处的内部视角指:不再将量化关系看作最原始、最基本语义部件,而是将量化关系拆分为若干子部件或者说更简单的语义操作。这种拆解量化关系的视角充分体现在"都"的研究中,而其动因也是"都"在语义上的特殊性。

汉语句子仅靠"都"就可以获得全量解读,如(16a)所示,此时我们可以将"都"看作类似英语 *all* 的全量成分。不过,在很多时候,全量解读则是靠"都"和其他成分一起构建,如(16b)所示,"每个人"或者"所有人"直觉上都含有全部的意思,但是它们无法直接与谓语"递交了申请书"组合,而是需要"都"的支持以得到全量解读。而(16c)则是最为"极端"的情况,句中"所有""每""全""都""各"似乎都与全量义有关,虽然我们一般不这么表达,但是相信大多数人还是可以接受(16c)这样的句子(李宝伦、张蕾、潘海华 2009b,Feng 2014,Pan & Feng 2016)。

(16) a. 他们都递交了申请书。

b. 每个人/所有人都递交了申请书。

c. 所有人/每个人全都各递交了一份申请书。

如果说"都""每""所有""全""各"等成分都具有完整的量化义,那么(16)就会带来两个理论问题:其一,为什么"每"或者"所有"单独出现的话,有时候无法表达完整的全量义,甚至所得到的句子根本就不合乎语法? 这一问题的答案可能是这些全量成分对其量化结构有特别的限制条件,而在如(16b)的情况下,它们单独出现时,相关的限制条件无法被满足。其二,当若干全量成分共现的时候,全量关系是如何在这些成分之间进行分工的。如果这些成分都具有完整的量化义,从表面上看会造成冗余,而从形式分析的角度看会造成"双重量化"的问题,即一个变量被多个算子约束(徐烈炯 2014)。冗余,或者说意义或者功能相近的成分同时出现在句中,其实在自然语言中并不少见,比如一些英语变体中允许多个情态动词共现。(17)中表示可能性的 *might* 和 *could* 共现,也可算作冗余,但也属于非常自然的表达。可见,自然语言并不排斥冗余,并不要求一个功能仅对应一个符号形式。

(17) You might could send me a message.

但是,这类例子,对于形式化意义表征就构成问题了,因为意义表征要求满足组合性,即一个成分实现一种意义功能,如果两个成分都争相实现同一种功能,那么在语义组合时就会造成语义类型不匹配或者语义组合困难。例如,按照算子约束变量的结构来看待(16c)的语义表征,就会发现其中由"人"引入的个体变量似乎面临多个全量算子的约束,"人"的集合需要同时为这些算子提供量化域,而这在形式化表征中是不允许的。

若把(16)中的相关成分都看作表达全量,会产生语义组合难题。解决这一问题的可能路径之一便是研究如何将量化关系拆分成若干更基础的语义操作,比如有关名词域的有定性/最大化操作,有关名词域成员和谓语语义之间的匹配操作等,接着则是确定这些操作在上述和全量关系有关的成分间是如何进行分工的,哪个成分对应哪个全称量化的子部件。第二种可能的路径则是认为:上述成分中某一些具有完整的量化义,另一些则起到其他功能(如表强调、甚至),而这些功能在意义上与全量解读是兼容的,所以它们在一些句子中可以共现。第二种研究路径看似与全量关系的内部拆分无关,但其实未必。第 1.2.2 节提到,贾赛兰(Jayaseelan 2005)比较印度马拉雅拉姆语和英语中表分配的手段并提出 *every* 的内部构成假设,认为 *every* 可以拆分为 *ever+each+one* 三部分。传统的语义学理论倾向于认为 *ever* 是全量关系的限定域所允准的成分(Ladusaw 1980),而贾赛兰则基于历史语言学的考察,倾向于将之视为全量 *every* 的一个子部件。这提示我们,也许第二种研究路径中,那些与全量兼容的非量化的功能,在本质上也许与全量的概念有更紧密的联系,甚至前者其实就是后者的子部分。

总的来说,无论是选择哪种路径来解决汉语量化词共现的语义组合问题,从理论构建的角度都可以归为量化关系的内部分解问题,属于萨博尔茨所说的量化研究的第三阶段,而汉语量化研究的第三阶段是由"都"的特色语言现象所开启的。

2.4　本章小结

　　本章梳理汉语量化研究的脉络,指出"都"的特色现象和分析对汉语量化研究的推进和普遍量化理论构建的重要意义。

　　汉语量化研究的萌发虽稍微晚于西方,但是短短四十余年的发展历程中总结出了诸多汉语特色量化现象,并产生了一系列具有理论意义的争论,对于构建普遍的量化理论有深刻启发。本章的回顾显示:汉语量化研究经历了统一性(即实践广义量化词解释方案)、多样性(即研究量化词的多重语义类型和多重用法、量化关系和其他语义概念的关联等)、内部分解(即拆解量化关系为若干子部件)这三个阶段,与第一章探讨的量化研究的整体发展脉络具有一定程度的一致性。

　　有意思的是,这三个阶段中,"都"皆占有绝对的明星地位,广义量化词解释最初就是用在"都"上来验证其解释力,但同时也遇到了"都"的多重用法以及"都"与全量成分共现等疑难问题的挑战。为了解决这些难题,汉语量化研究运用了多种语义理论工具来对"都"进行精细的意义刻画,或者索性另辟蹊径给予"都"非量化的分析。多样的分析也促进了对量化关系内部分解的研究。此外,"都"可与诸多表量成分共现,这促使一些研究基于"都"来分析和分类汉语其他量化成分。因此,可以说,汉语量化研究始于"都"、精于"都"、由"都"串起,若能把握"都"的语义本质,就能够洞悉汉语量化成分的整体脉络关系。而从跨语言的角度看,也许在其他语言中还找不到一个成分和"都"完全相似的表现,但是从"都"出发,发掘其与其他语言中类似成分(如日语"も")的共性也有助于厘清量化逻辑与其他语义概念的关系,更好地提炼出自然语言量化范畴的本质及其实现方式。

　　在上述背景下,本书展开对汉语量化核心议题和特色问题的探索,旨在基于一些典型的个案研究来回应汉语量化研究中一些

有趣的争议,包括:

第一,"都"到底是不是全量成分? 如果是的话,为什么"都"还会适用非量化的分析? 如何尽量精确地刻画"都"的各种用法,并将这些用法纳入量化关系的大框架里来?

第二,"都"和其他量化副词的比较如何加深我们对其他量化副词意义的理解? 尤其,如果说"都"和"各"等成分拥有相同的量化内核,那么它们的差异到底是在限定域和核心域的构成还是在其他层面(如语用)体现的?

第三,"都"的多样分析对于我们理解量化关系和其他概念之间的联系有何种启示? 是否可以通过梳理"都"的用法和意义概念来构建出量化以及其他语义概念所组成的概念空间,为量化成分的类型学考察提供参考,并进一步通过类型学考察来验证相关量化理论的解释力?

第四,广义量化词理论到底是否适用于汉语? 如果是的话,适用到什么程度? 限定词和名词短语的意义分析如果不一定总是适用广义量化词解释,那么具体是什么时候适用广义量化词解释,什么时候又会呈现出其他的语义类型或解释?

第五,如果一个量化成分可以具有多重语义或者多种语义类型,那么哪种语义类型或者解释是更核心、更基本的? 还是说量化成分本身就是多义的,若干意义之间是无法整合的?

本书接下来的章节将就上述问题提出笔者的见解。

第三章

"都"的全量分析与其非全量用法

上一章回顾了汉语量化研究的主要问题,并重点说明了汉语量化研究的重点——"都"的特色现象、理论问题以及各式各样的分析思路。顺着这条脉络,本章着重探讨"都"的量化分析面临的一个主要争议,即如何解释"都"的非全量用法。此处的"非全量"用法主要指"都"允许例外的用法,这是不少学者认为"都"其实本质上不具有量化义的主要证据。

本章基于冯予力(2022a)在跨语言比较的视角下讨论"都"的非全量用法,将其与其他英汉全量成分的表现加以比较。笔者观察到,汉英全量表达"都"、"每"、"所有"、*all*、*every* 等都可以允许"例外",可见"都"在这一问题上显得并不特殊,也不能因此认为"都"不表全量。通过分析"例外"与量化域之间的关系,本章从形式语义学的视角指出,汉英量化表达允许"例外"的例子不是真正意义上的非全量用法,此类"例外"本就不包括在全称量化域内。事实上,全量表达允许"例外"是将量化域简单地等同于句中、上下文或会话情境中出现的某个复数集合而造成的错觉。最后,笔者说明:全称量化的形式逻辑概念有助于更精细地刻画自然语言意义关系,但自然语言使用中,其量化域的确定是很复杂的过程,除了句法结构、信息结构的因素以外,还要考虑上下文信息、预设信息及言者视角等因素的限制,而正是这些因素的综合作用导致了全称量化"允许"例外的错觉。本章所探讨的"非全量"用法及其分析,旨在凸显出逻辑语言与自然语言的差异,说明量化研究既要关注语言表达的逻辑内核亦要考虑语境因素的意义贡献。

3.1 "都"的非全量用法对其量化分析的影响

英语常见全量表达包括 *all*、*every* 等,这一点学界相对较少有争议①。然而"汉语中哪些属于全量表达"却是学界争议的热点,对于"都""各""每""全""所有""总"②等参与表达全量解读的成分,有研究给出基于全称量化的分析,也有研究给出非全量的分析。类似的争论,在汉语"都"的语义研究中格外突出,有大量研究表明"都"表达全称量化逻辑(简称"全量逻辑"),其中一些研究还进一步指出自然语言比逻辑更复杂,若要准确刻画"都"的语义,在逻辑基础上还需考虑信息结构、言者预期、事件类型等因素(参考 Lee 1986,J. -W. Lin 1998a,蒋严 1998,潘海华 2006,尚新 2011,蒋静忠、潘海华 2013,沈家煊 2015,冯予力、潘海华 2018 等)。此外,还有不少研究认为"都"虽然出现于全量句中,但本质上不表达全量,并基于事件语义、选项语义、程度语义等视角给出了数个"都"的非量化分析方案(参考本书第二章的讨论)。

"都"的非全量分析往往基于不同的理论视角,各种分析对"都"的定义也很不一样。不过,不少分析都提到同一个问题:

①   从量化逻辑出发的研究基本都认同这些成分表达全量。近年来也有研究从不同的理论出发给出非量化的分析,如布里森(Brisson 2003)从事件语义角度提出 *all* 不表量化,主要对分配算子加以限制,而 L. 商博良(Champollion 2010)则基于分体论给 *all* 一个不依赖量化逻辑的定义。

②   "每""所有"等全量成分的意义在学界未达成一致,例如,就"每"而言,有研究认为"每"是量化算子,有的认为"每"是针对名词域的一元操作,也有的认为"每"的意义具有歧义(如J. -W. Lin 1998a, Pan 2005 等)。这些分析的动因是"每"等全量限定词与"都"共现的复杂语言事实,上述限定词常被称作"全量表达"或"全量限定词",而更严谨的叫法应为"参与全量关系的表达"。"每""都"等全量表达意义相近,但可以共现于一句话中,从形式语义学的视角看,是一个理论难点。对此,可以认为"都"等成分其实不表全量,由此绕开这一理论难题(徐烈炯 2014;周永、吴义诚 2020 等),也可以认为全量逻辑在这些成分之间进行了更细的分工(如李宝伦、张蕾、潘海华 2009b,冯予力 2019,张蕾、潘海华 2019 等)。

"都"不一定表达全量,因此不适合用全量逻辑加以定义。例如,(1)中,"豆豆"是孩子却没去公园,基于类似的例子这些研究认为"都"允许例外,因此不表全量。

(1)孩子们都去公园了,豆豆却在家看电视。

其中,周永、吴义诚(2020)首次从汉英对比的角度对"都"的非全量用法做了详细的讨论,认为:相比汉语全量表达(如"每""所有")以及英语全量表达 *all*、*every*,"都"更倾向于允许例外,因此"都"不是全称量词。

对于"都"的非全量用法,冯予力、潘海华(2018)也做过一些讨论,指出这种用法本质上与"都"的全量分析并不冲突,但是并没有从语言对比的角度对全量表达的"非全量"用法做系统的描写和解释。在此背景下,本章从汉英对比视角出发考察"都"及其他全量表达的语义,主要关注其允许例外的用法,旨在说明:这种用法从跨语言的角度看并不特殊,不构成"都"不表全量的关键证据,也无须因此特别赋予"都"一个非全量的形式分析。"都"的核心语义是全称量化,而"非全量"的错觉则可以归因于其量化域选择所涉及的语境因素。从这个角度看,本章对"都"的研究有助于厘清形式逻辑意义与语用之间的互动关系。

本章第3.2节基于跨语言对比讨论"都"允许例外的情况,指出"都"及其他汉英全量表达在允许例外方面没有差异,对于给定的量化域,全量表达都不允许例外;第3.3节进一步说明影响全称量化域确定的各种因素;第3.4节探讨本章的理论意义,说明在意义研究中分清语言表达成分的逻辑内核以及语境信息贡献,对解决"都"的意义争议乃至广义的量化研究都有助益。

3.2 汉英全量表达是否允许例外

本节比较"都"与其他汉英全量表达,关注这些表达到底是否允许例外。

全量关系在逻辑上不允许例外,对于全量命题 p 而言,只要有一个例外,p 就为假。周永、吴义诚(2020)在比较汉英全量表达的用法后,认为英语 *all*、*every* 以及汉语"所有"和"每"符合上述逻辑要求,而"都"不符合,由此判断"都"不是全称量词。笔者的观察则得出了不同的结果:"都"和其他汉英全量表达在"是否允许例外"这一问题上没有区别,无法基于语言事实上的差异得出"都"异于其他表达且不表全量的结论。对于某个特定的量化域,上述成分都有"无一例外"的要求;这些表达看似都有允许"例外"的用法,但其实这些"例外"本就不包括在全称量化域中,并非真正意义上可以否定全量命题的反例。

3.2.1 "都"vs. 汉语其他全量表达

先看"都"和其他汉语全量表达的"非全量"用法。"都""每"和"所有"一样,都有允许"例外"的用法,"都"显得并不特殊。这些"例外"其实本就在全称量化域之外,并不构成全量分析的反例;而对于在句法层面明确说明属于量化域的成员,上述全量表达都不允许此类成员成为例外。

汉语允许如(1)这样的例子,下文重复引用为(2a)(参见崔希亮 1993,徐烈炯 2014,周永、吴义诚 2020),这些例子似乎支持"都"允许例外。其实,汉语其他全量表达允许"例外"的用法也不少见,(3)至(5)分别为"每""所有"以及"全部"允许例外的情况。①

---

① (3)至(5)例选自北京语言大学语料库中心(BLCU Corpus Center,以下简称 BCC)语料库。

（2）a. 孩子们都去公园了，豆豆却在家看电视。

　　b. 同学们都找到工作了，只有两三个没找到。

　　c. 中午时分，车间里的工人们都在休息，只有三个工人在检修机器。

（3）a. 法罗咧嘴笑了笑，并注意到每个人都在笑。每个人，但布里格斯除外。

　　b. 他能够回忆起他生活的每个时刻，但从他和吉布森出走到他在富矿脉醒来的这段时间在他的记忆中形成了一页完全的空白。

　　c. 提起了他的名字，每个人的眼睛立刻都盯在他身上，只有一个人例外。

　　d. 每个人都是老伯的朋友，只有他不是。

　　e. 每个人都有失误，只有他，始终正确，一无瑕疵。

　　f. 我们每个人的心都很正，只有你想一些那么邪恶的事情。

　　g. 每个人都眉开眼笑，就只有你，一张脸皱成这样。

（4）a. 所有店铺都已打烊，只有一家药品杂货店的大门仍敞开着。

　　b. 食堂只有一只窗口还开着，所有菜都卖光，只有东坡肉有剩余。

　　c. 所有车子都出去了，只有二班长杨阿美病在家里没有出车。

　　d. 所有和尚都不能杀人，只有他可以不须守戒。

　　e. 教堂里所有声音都静下来，只有圣乐的琴声，伴着唱诗班优美的赞美诗，气氛庄严而肃穆。

（5）a. 全部都是手稿，只有一部分扫进了电脑里。

　　b. 全部都是雪白的百合花，只有她署名那一只小小花篮，是粉红色的玫瑰花。

　　c. 全部亲友都带几分忌意的回避，只有卓子雄不肯离开。

d. 在公司的第一个年会很开心。全部人都在忙,只有我坐在这里那么闲。

e. 全部人都看到了流星,就我看不到!

f. 全部细节都有,就是完全不记得邱小芸。

由(2)至(5)可见,无论是周永、吴义诚(2020)所说的"每"等汉语典型全量表达还是"都",它们所出现的句子之后都可以接上由"只""就""但""除外(或除了)"等标记所表达的"例外"情况。在这一问题上,"都"的表现并不特殊。

对于上述表达的一致表现,有两种可能的解释:其一,上述成分都不表全量,因此没有"无一例外"的逻辑要求;其二,这些成分(包括"都")都参与表达全量关系,而这些允许"例外"的情况要由非逻辑(或者说非真值条件义层面)的因素来解释。第一种解释意味着我们熟知的汉语全量表达其实都不表全量,换言之汉语缺少表达全量的语言范畴。下面第3.2.2节会指出英语也允许类似(2)至(5)的表达方式,按第一种解释则说明英语也缺乏全量范畴。人类有长久且成熟的全量逻辑研究传统,而语言中却缺少全量范畴,这不太符合直觉。

另外,需强调,若全量表达所关联的量化域 P 在句法层面已经非常明确,而例外情况 x 也属于 P,那么 x 就是真正的例外,全量关系与真正的例外在逻辑上是不相容的,因此会由于自相矛盾而显得语用上不适宜,如(6)和(7)所示。

(6) a. #老大、老二、老三都到了,只有/除了老大没到。

b. #三个孩子皮皮、豆豆、欣欣都去公园了,豆豆却在家看电视。

(7) a. #所有店铺(包括24小时营业的药品杂货店)都没有营业,只有一家药品杂货店没有打烊。

b. # 我们小组组长和组员共八个人,每个人都答错了,只有组长全对。

    c. # 我家三个小孩全部都看到了流星,但是我家老三没看见。

  (6)和(7)中,全称量化域的具体构成或成员数量已在句法层面说明,这使得量化范围有明确指称,而例外情况也明确包含在量化域内。在这种情况下,这些句子显得怪异,原因在于:对于量化域 P,一方面全量关系要求其中成员无一例外地符合某一要求,另一方面又通过"只有"等表达的排除义或"却/但(是)"的转折义取消全量关系所表达的穷尽性和一致性,从而产生了矛盾。由此可见,对于确定的量化域,全量关系在逻辑上不允许例外,这点在"都"和其他全量表达(即"所有""每""全部")上有同样的体现。因此,我们可以排除第一种解释。

  鉴于"都"等汉语全量表达和真正的例外在逻辑上不相容,笔者选择第二种解释方法,即这些表达都与全量有关,都参与构建全量关系,而上述(2)至(5)中的"例外"本就不包含于全称量化域内,不是真正意义上的全量反例。例如,(2a)中的"孩子们"与"豆豆"可以在言者的视角里分属两个集合,而全量只针对"孩子们"这一集合;(3a)中的"每个人"指"法罗"所注意到的人的集合,而例外"布里格斯"则是"法罗"之后注意到的,并不在此前所关注的范围内;(4a)中的"店铺"是指那些不全日营业的店铺,并不包含那家 24 小时营业的药店。需要注意,全称量化域的确定受到多种因素限制,"每个人"往往不等同于世界上的每个人,也不一定指上下文中所提到过的某个集合中的每个人或会话语境中的每个人。若将"都"关联的(3a)的"每个人"等同于当时在场的所有人,(4a)的"所有店铺"等同于当时街上每个店铺,(5e)的"全部人"等同于当时参与观星的每个人,则会认为这些表达皆允许例外;而若认为这些例外本就不在言者所关注的量化域内,则上述全量表达不允许例外。

综上所述,量化域的确定受诸多因素的影响,往往不会在句法层面完全明确。在此类情况下,若将量化域简单地等同于句子、上下文或会话情境中的某个集合,便可能造成全量表达允许"例外"的错觉。但事实上,针对量化域 P 的全称量化,与 P 集合以外的"例外",本质上不矛盾,所以相关句子不会显得不适宜;而针对量化域 P 的全称量化与 P 集合内的例外情况有冲突,则会产生矛盾,相关句子会显得怪异。笔者会在第 3.3 节提供更多证据以剖析"例外"与量化域之间的微妙关系,尤其会说明言者视角对于量化域选择的重要影响。

3.2.2 "都"vs. 英语全量表达

接着来看英语全量表达在"是否允许例外"这一点上的表现。英语 all、every 表全量在学界很少有争议。在逻辑研究中,全量关系也普遍用 all/ALL 表述,比如当我们说明全称量化逻辑式的意义时,通常用"For all x, if x ...., then x ..."这样的格式。那么典型的全量表达 all、every 到底有没有类似(2)至(5)的用法呢?这一问题的答案是肯定的,而且相关例子也不少见,且看(8)①。

(8) a. You are a good guy. Don't say that, please. Everything, but not that.

b. I have seen democracies intervene against anything and everything, but not against fascism.

c. I pray to be more loving and accepting of all people, but you are definitely a challenge in that area.

---

① (8)中的例子均选自语料库 COCA(Corpus of Contemparary American English,以下简称 COCA)。

d. To this day I respect all people, but not predators gay or straight.

e. You can tell me all this, but not who the guy is?

f. When they said all men are created equal, say the proposition — applied to all people, but initially it didn't include women, it didn't include black people and they were behind.

(8)中,由 *all* 或 *every* 所引导的名词短语表全量,而由 *but* 引导的后续话语则给出一些"例外"。例如,(8a)中,言者表示听者可以说 *everything*,即"任何话都可以说",但是不能提 *that* 所指称的某种言论;(8d)中,言者表示他尊重 *all people*"所有人",但性侵犯除外;(8e)中言者认为听者愿意告知 *all this*"所有这些/一切(信息)",但是却不愿说出某人的身份;(8f)则表示"所有人皆生而平等"这句话起初并不包括女人和黑人。从(8)可以看出,英语典型全量成分与汉语的"每""所有"和"都"一样都有允许"例外"的用法,"都"在这一问题上没有任何特殊性。同样,针对英语全量表达允许"例外"的用法,我们不需要因此质疑其全称量化语义。全量表达之后,续接一些看似"否定全量"的陈述,意思仍然显得合理,是因为这些"例外"并不是 *every* 或 *all* 所关联的量化域内的成员,它们本就不在言者所关注的量化域内。例如,(8a)中 *that* 所指的事物可能是言者心中的绝对禁忌,而"能否说出口"这种判断本就与之无关;(8d)中言者关注的是具有一定良知的人,而在他心中性侵犯是尤其泯灭良知的群体,不在他判断"是否值得尊重"的范围内。这些"例外"由于种种原因,不在言者考量的全称量化域内,不属于真正的例外。而言者用 *but* 引导的句子对这些"例外"情况加以补充说明,就是为了明确相关事物在言者心中并不包含于全量范围内,以更有效地向听者传递信息,这样当然也不会导致自相矛盾的效果。

由本节讨论可知，"都"和其他汉英全量表达一样，它们所出现的句子之后都可以续接表达"例外"的句子。鉴于这种相似，我们难以得出"都"不表全量的结论。这类表达所允许的"例外"本就不包括在全称量化域内，由汉语"只有"、英语 *but* 等引出的"例外"情况无法否定全量命题，反而有助于帮助听者明确全称量化域，更有效地传递信息并构建会话双方共识。然而，如果在句法层面已经对全称量化域范围有了明确说明（如通过列举、明确数量等方式），而后续话语中所表达的例外又明确为量化域内的成员，则会显得自相矛盾，这也说明全量逻辑本质上不允许真正意义上的例外（即量化域内成员不符合全量关系所规定的要求）。此外，笔者也发现，量化域的范围通常在句法层面未能完全明确，下节会深入分析影响全称量化域确定的因素。

3.3 影响全称量化域确定的因素

根据上述汉英量化表达的用法比较，其允许"例外"的那些例子不是真正意义上的非全量用法，"例外"本就不包括在全称量化域内。这引出一个重要的问题：全称量化的量化域是如何确定的，涉及哪些因素？本节，笔者指出，要确定汉英全量表达的量化域，至少要考虑句法或信息结构、上下文、预设信息、言者视角四种因素。后三种因素常常被笼统地称作"语境限制"，特别是言者视角在文献中提得较少。本节会对后三种语境限制因素做更细致的说明，因为这有助于解释为何会产生全量关系允许"例外"的错觉。

3.3.1 句法结构和信息结构

量化域的确定往往受句法结构或信息结构影响，也就是说，全量所关联的集合是占据特定句法位置或信息结构位置的复数性成分①所提供的。英语全量限定词 *every*、*all* 等的量化域通常关联紧随其后的普通名词短语,如(9)所示,按照经典的广义量化词理论(Barwise & Cooper 1981),*all* 之后的名词 *apples* 提供量化对象,将量化仅限于苹果的集合,而不涉及其他非苹果的个体。

(9)All apples are sour.

汉语全量成分也可关联特定的句法位置以确定其量化域,如(10)中的"每/所有"针对其后的名词施展量化力。

(10)每个苹果/所有苹果都是酸的。

"都"所关联的量化域也需要满足结构上的要求。冯予力、潘海华(2018)提到,若"都"左边存在复数性的话题,则句子适用话题–述题规则,"都"的量化域对应话题中的某个复数性名词短语,而句法上,该短语常占据主语位置。如(11a)所示,"都"关联主语"孩子们",根据该短语的字面意思可知:"都"的量化域为某一个特定的若干孩子的集合;(11b)中,"都"关联主语"百分之八十的男人",该短语指谓某个男人的集合 M 中某个占比 80% 的子部分 N,如果以 N 为参照,则"都"的确表全量,体现 N 这部分男性群体的一致性特征,即听过"这首歌";而若以 M 整体作为参照,则会得到"都"好像不表全量的错觉,而其实"都"的量化域本就不涵盖 M 整体。

(11)a. 孩子们都去公园了。

———————————

① 此处的复数性不一定是句法或形态层面的复数,可以是语义上的复数。

b. 据说百分之八十的男人都听过这首歌。

量化域往往关联句法/信息结构中某个复数性成分,但却不等同于该成分,量化域的具体范围还受到语境的限制。对于(11a),显然"孩子们"不是世界上所有孩子,而是会话语境中某些孩子的集合。基于量化词关联对象的字面意思,语境信息进一步限制其范围。在过往的文献中,量化域的语境限制(contextual restriction或 domain restriction)通常是一个比较笼统和抽象的概念,而学界也尝试对这一抽象概念进行形式化的表征。比如,魏达格(Westerståhl 1985)提出量化词语义中包含一个语境指示符(context indicator)c,其功能为挑出量化词所作用的具体量化域,而斯坦利和绍博(Stanley & Szabó 2000)则认为语境限制隐含于量化词所关联的名词短语语义中,其表征为语境参数 c 和选择函数 f,根据语境参数 c,选择函数 f 可确定名词短语的具体指称。这些分析说明语境限制是量化理论的重要方面,但是没有明确语境限制到底包括哪些因素。对此,笔者认为语境限制至少包括三方面因素,即上下文信息、预设信息以及言者视角。

3.3.2 上下文信息

我们常常可以从句子的上下文中得到有关量化域范围的线索,此处的"上下文"信息指的是除了全量成分所关联的复数性短语以外的信息。

且看(12)中的英文例子。通过介词短语 *as a school district*,可推知,(12a)里的 *every student* 应该指句中所说的学区内的每个学生;而(12b)中,根据 *if-*从句所述的情况,可以推知 *every student* 指哈佛大学拟录取的学生。

(12) a. As a school district, we want every student to feel

welcomed and engaged in our classrooms and programs.①
b. If Harvard based its graduate admissions decisions on the subject GRE, every student would come from the People's Republic of China.

(12)中,*every* 在句法上关联 *student*,而上下文信息则说明学生集合中的哪一些属于 *every* 的量化域。

而有时,上下文信息则表明哪些成员不属于全称量化的范围,由此来明确量化域。第 3.2 节中全量允许"例外"的例子就属于这个类型。准确地说,这些例子所呈现的不是全量范围内的例外,而是根本不属于全量范围的情况,列举这些情况的目的则是为了向听者明确全量关系所涉及的范围。我们已知可以用"只有"、"除了"、"就"、*but not* 等引出排除在全量范围外的"例外",除此之外,英语还经常用 *except*-短语来限制全称量化域,如(13)及(14)所示。

(13) 电影《汉尼拔》选段:富商 Mason 及其手下 Doemling 医生已经相识,两人与护士 Barney 第一次见面。Barney 自我介绍,且了解了其余二人的姓名以及 Doemling 的职业,但不知道 Mason 的职业。此时,Mason 说:
Okay, everybody has everybody's real names and credentials now. Except mine. Mine are, well, I'm just very wealthy, aren't I?

(14) Everyone has arrived, except John. (Peters & Westerståhl, 2006)

(13)中, Mason 说" *everybody has everybody's real names and*

① (12)至(13)中的例子选自 COCA 语料库。

credentials now."（即每个人都知道了在场每个人的名字与职业资格信息），又随即补充"*except mine*"，因为在 Mason 看来，他无须交代自己的信息，重要的是他很富有。（13）和（14）中，*except* 出现在全量句后追补的话语中，以标记不属于量化域的情况①。在这些例子中，全量短语 *every N* 受到语境限制，指谓语境中凸显的一个满足 N 的集合 P，而上下文中所出现的 *except-* 短语则通过排除不属于 P 的成员，以明确全量的范围。

同样地，汉语"除了"-短语也有类似 *except-* 的表现，如（15）所示，"都"在句法上关联"孩子们"，而上下文中的"除了豆豆"可进一步明确"孩子们"的范围②。

（15）a. 除了豆豆，孩子们都去了公园。

b. 孩子们都去了公园，除了豆豆。

c. 孩子们，除了豆豆，都去了公园。

由（12）至（15）可以看出，句法或信息结构中占据特定位置的成分可以确定全称量词的关联对象，由关联对象的字面意思可以大致确定量化域的范围，而上下文提供的信息则能够进一步明确语境对于量化域的限制。

---

① *except-* 短语有时候可以紧接于全量短语之后，如（ i ）所示。对于此类情况，基南和斯塔维（Keenan & Stavi 1986）将 *every … except* 整体处理为复合量化限定词，而 *except* 的功能是对全称量化域加以限制，在这种分析的视角下，（ i ）中的 *except-* 短语可以被视作限量量化域的句法手段，*every … except* 一同关联名词短语 *professor*。（亦参考 Peters & Westerståhl 2006）

（ i ）Every professor except Susan approved.

② "除了豆豆"也可以出现于修饰"孩子们"的关系从句中，此时经过修饰的名词短语整体作为"都"所关联的量化域，因此"除了豆豆"此时是确定量化域的句法手段的一部分，如（ ii ）所示。不过（ ii ）中必须包含"以外"，而（15）中的例子则不需要。对此，我们推测：靠上下文信息来确定量化域时，允许会话双方进行一定程度的概念层面的推理来构建上下文信息与全量所关联的句法成分间的关系，无需将所有信息在显性层面明确；而句法手段属于相对更显性的层面，因此需要"以外"这样显性的标记来表明除去的情况本就在全量范围之外。

（ ii ）除了豆豆以外的孩子们都去了公园。

最后需要注意,(13)、(14)以及(15b)中,有助于明确量化域的上下文信息是以追补的形式出现的。从会话分析的角度看,这些例子中的 except-或"除了"-短语似乎可以看作言者对于先前断言的自我修正(self-repair)(参见何自然、冉永平 2002)。就交际意图而言,修正的目的在于令话语更准确从而促进会话双方的互相理解。本文着重分析形式语义中的量化逻辑结构(尤其是量化域的确定)如何受到逻辑以外的因素的影响,从而显出看似与全量逻辑内核"冲突"的用法,会话过程中的调整机制不是本文关注的重点。不过,可以明确的是,从"修正"的角度看,言者运用 except 或"除了"调整的是全称量化的量化对象范围,但是并没有否定原句中的全量关系。由此,我们可以认为会话分析的视角也侧面说明"都"属于全量成分,不需要因为类似的含有追补的例子,就认为"都"的逻辑内核不是全量。

3.3.3 预设信息

除了上下文信息,量化域亦受到预设信息的影响,对应符合预设信息的那部分成员。

(16a)中,always 引发关于情境的全称量化,根据上下文,always 的量化域是一些 Sandy 周五去镇上的情境所组成的集合。需要注意的是,always 量化的范围并不完全等于上文所提到的 Sandy 去镇上的每个周五,而是她骑着哈雷摩托去镇上的那几个周五。这一对量化域的隐性限制是由动词 realize 所激发的预设信息引起的(Beaver & Clark 2003)。而相似的预设信息限制也出现与(16a)意义相近的含有"总"的句子(16b)中。

(16) a. Every Friday Sandy goes to town. She always realizes
       that the Harley Davidson she's riding there is going to

attract a lot of attention. (Beaver & Clark 2003)

b. 每周五桑迪都会去镇上。她总觉得自己骑着哈雷摩托的样子会很惹眼。

3.3.4 言者视角

很多时候,语境对量化域的限制不通过句法结构和上下文信息显性表达出来,除了第 3.3.3 节所说的预设信息的因素,量化域的确定还受到言者视角限制,量化域往往不等于会话情境中所有相关成员,而仅仅涵盖这些成员中言者认为相关的那一部分。若能意识到量化域不等同于会话情境中所有符合量化域语义的成员,而是受到言者视角的进一步限制,那么就自然可以理解为什么会有全称量化允许"例外"的情况。所谓"全量允许例外"的错觉,往往是以会话情境中所有符合量化域语义的成员为参照而造成的;然而,全称量化域并不总以语境中所有符合量化域语义的成员为参照,所谓的"例外"其实早已被言者从量化域中剔除了。本章第 3.3.3 节讨论了上下文信息中的 *except*-短语对限制量化域的作用,其中 (13) 其实也牵涉言者的视角。(13) 中,Mason 口中的 "*everybody's names and credentials.*",此处的 *everybody* 就不等于会话语境中全部三人,而是只包括 Doemling 医生和 Barney 二人,因为 Mason 认为他人无需了解自己的名字和职业背景,从他的视角来看,自己是排除在 *everybody* 之外的。下面用更多例子来说明言者视角的影响。

萨博尔茨(Szabolcsi 2010)指出 (17) 中的两句话可以在同一个情境为真,其关键在于到底哪些瓶子具有凸显的地位。我们认为,此处的凸显就是由言者视角决定的。假设情境 S:厨房里有三个油瓶,两个醋瓶,油瓶都空了,醋瓶一个空了,一个还有半瓶。若言者关注是否有调味品已经用光,是否需要把空了的瓶子处理掉,则他可能说出存在量化表达(17a);而若言者需要用油,关注厨房是否还有油,则他只会关注油瓶,便可说出全量表达(17b)。经此分析,可以看出,(17)并不表示全量允许例外,也不意味着全量和存在量化兼容,而是说明全量关系可以只关联会话情境中言者所关注的那部分成员。而对于这些成员而言,全量关系的逻辑内核始终是稳定的,是不允许例外的。

　　(17) a. Some bottles are empty.

　　　　 b. Every bottle is empty.

　　在日常语言交流中,全量表达量化域受到说话者视角限制的例子也是颇为常见。例如,当言者进了地铁车厢,里面基本都坐满了,只有两个大汉之间留了一个狭小的空位。此时若言者只关注可以比较舒服地坐下的位子,便会说出(18)这样的话,此时的全量显然除了情境以外还受到言者主观视角限制。相对客观的会话情境而言,(18)有一个"例外",而对于言者所关注的座位范围而言则是全量。(19)所列的是一些欧美时髦点心的表达,这些表达都含有全量表达 *everything*,但烘焙店里出售的 *everything bagel* 上并没有加所有贝果可以加的配料,也不一定加了店里所有的贝果配料,一般只是加了店家认为的所有主流配料(如芝麻、洋葱、粗盐等)。与之可以形成类比的汉语表达是馄饨店里经常见到的"全家福馄饨",显然也不是说这种馄饨涵盖了店里全部的口味,而是店家认为大众经常选择的那些口味。(20)也是一个相关例子,若言者是好酒之人,且持有"啤酒不能算酒"的想法,则若桌上还剩几瓶啤酒,他仍可以用全称量化句(20)来陈述这一情境。

　　(18) Every seat is occupied.

　　(19) Everything bagel；everything croissant；everything hot

　　　　　dog bun

（20）酒都被你喝光了。

　　综上所述，汉英典型全量表达和现有研究中比较有争议的
"都"一样，都可以有允许"例外"的用法。这种允许"例外"的错觉
是因为没有充分考虑语境信息对量化域的各种限制因素，而是简
单地以会话情境中所有符合量化域语义的成员为参照而得到的错
觉。其实，汉英全量表达在是否允许例外的问题上并没有本质的
差异，对于由句法结构、信息结构、上下文、预设信息以及言者视角
等因素共同确定的量化域而言，这些全量表达都会要求量化域内
的成员无一例外地满足某种要求。

3.4　本章小结

　　本章通过分析说明"都"与其他汉英全量表达在是否允许例
外的问题上表现一致，无需因此给予"都"一个非全量的分析。对
于量化域 P 而言，全量关系要求 P 中成员无一例外符合某种要求，
全量表达所允许的那些例外本就在 P 的范围之外，并非真正的非
全量用法。本章通过汉英对比揭示了汉英全量表达的共性特点，
为汉语全量表达的意义表征提供了佐证；同时也进一步说明自然
语言比逻辑语言要复杂，语义研究除了考虑量化逻辑关系以外，还
要考虑句法或信息结构、上下文信息、预设信息、言者视角等诸多
因素。最后需要注意，本文主要关注汉英量化表达的共同的逻辑
内核，但其丰富的个性特点也不容忽视，例如 *every* 与 *each*、"都"
与"各"、"都"与 *all* 等都有显著的句法语义差异，不能简单地将任
何两个全量表达等同视之。

　　自然语言量化现象是形式语义的经典议题，促成了逻辑研究
与语言研究的融合，而全量表达则是量化研究的重点。汉语量化
研究始于"都"。起初"都"被看作汉语的一个典型全量表达，但又

发现其用法确实比英语典型的全量表达(如 *all*、*every*)要丰富,因此"都"是否属于全量表达一直以来都是形式语义学的热点问题(周韧 2019)。本章比较了"都"与其他汉英全量表达,并归纳出其量化域受到的语境限制,证明了限制量化域确定的语境因素不影响"都"的全量语义内核,从而将语义与语用两个层面的因素分开。本章的讨论说明,限制量化域确定的各类语境因素不影响"都"的全量语义内核,鉴于"都"的全量分析在解释其各种用法的时候具有较强的解释力(冯予力、潘海华 2018),似乎也不必须因为一些看似"非全量"的例子为"都"设置非全量的分析。

自然语言量化理论萌发于数理逻辑,但早期研究如魏达格(Westerståhl 1985)、勒布纳(Loebner 1987)等也都提到了对量化域隐形限制的关注,在汉语量化研究中,也许回归和延续量化研究的经典传统可以让我们获得新的启发。自然语言的量化关系之所以不那么"准确",常常含有"例外"是语义和语用因素相互交织的结果。从逻辑语义出发,并考虑语义组合过程中的语境限制到底是什么,这样的思考路径可以厘清自然语言意义解释中的不同层面。

第四章

"都"的非量化分析的局限性

——以最大化算子分析为例

本书第二章说明了"都"在汉语量化研究中的"元老"和"典型"地位,也提到因为"都"复杂的语言现象,其量化分析也不断受到质疑。而在第三章中,笔者已经说明所谓"都"允许"例外"的用法其实并不构成其不表全称量化的有效证据。本章则以"都"的一个主要的非量化分析方案——最大化算子分析为例,从语言事实和理论分析两方面比较"都"的量化分析和非量化分析在解释力上的差别,以此更直观地展现"都"所面临的争议,以及解决这类争议所需要考虑的因素。

之所以选择最大化算子分析作为讨论的案例,主要出于两个考虑,其一是因为最大化分析方案和全称量化分析方案有类似的出发点,都希望为"都"的多重用法提供统一的解释;其二是因为最大化分析方案有很大的影响力,被不少研究视作理论分析的基础假设(如 Zhang 2008,Huang & Jiang 2009,Constant & Gu 2010 等),被国内外诸多研究引用,而且最大化的分析与其他"都"的非量化分析[包括将"都"看作类似 *even* 的成分(Liao 2011,M. Liu 2017),将"都"看作表示程度高的成分(徐烈炯 2007,2014)等]都有一定的联系。

本章探讨最大化分析方案的两项最主要的研究,即詹纳基杜和郑礼珊(Giannakidou & Cheng 2006,以下简称 G&C)以及向明(M. Xiang 2008)的研究。G&C(2006)以及她们后续对"都"的研究分析与先前比较主流的全称量化观点(Lee 1986,J. -W. Lin 1998a,蒋严 1998,潘海华 2006 等)有本质的不同,她们最先提出最大化的分析思路,将"都"看作一元的最大化算子而非二元全量关系的体现,认为"都"和希腊语中的定冠词一样,通过对名词域(nominal domain)实施最大化操作从而对汉语任选词(free choice item)的指称范围进行限定。"都"表最大化的观点颇有影响力和延续性,尤其,向明(M. Xiang 2008)对 G&C 的观点进行了修订和扩展,增强了最大化分析的解释力。她所提出的主要修订有两项:其一是认为最大化的操作对象并非名词域内的个体,而是在集盖的层面上进行的,从而更好地解释"都"的分配性;其二,她还提出"都"的最大化操作可以针对程度以及梯级选项,从而解释"都"的超预期用法,由此,经过向明(M. Xiang 2008)所修订的"都"的最大化方案带上了统一性分析的特点。

针对"都"的最大化分析,学界已有一些不同的声音(Feng 2014;徐烈炯 2014;蒋勇 2016)。在此背景下,本章从理论以及实证两个角度对该分析方案进行系统的剖析,并在此基础上指出,最大化分析所产生的问题,用全称量化的思路都可以解决,由此巩固"都"的全称量化分析方案。

本章中,第 4.1 节详细讨论 G&C(2006)中的最大化分析的问题,重新评估她们所提出的"都"不表分配、"都"表有定等观点的相关理据;第 4.2 节则讨论向明(M. Xiang 2008)所修订的最大化分析的问题,指出向明关注的是最大化效应(maximizing effect)而非一元的最大化操作,而且,向明提出的集盖层面的最大化以及针对程度的最大化在解释"都"的相关现象时,也会有语言事实和理论分析方面的问题;第 4.3 节从全称量化的角度重新审视最大化分析的相关语言现象并为之提供解释;第 4.4 节为结语。

4.1　詹纳基杜和郑礼珊(G&C 2006)的最大化分析

G&C(2006)的最大化分析从"都"与"哪+CL+N"短语的互动出发,为"都"提供了新的语义解释。她们认为,"哪+CL+N"的非疑问用法在语义上相当于内涵性任选词(intensional free choice item),而"都"的作用则是从内涵性的名词域中挑选出最大的复数性个体,由此赋予任选词有定性。如(1)中,"哪个人"作为内涵性任选词,表达的是所有可能世界中的人的集合,而"都"则从这些可能世界的相关集合中挑出符合"人"的语义的最大元素,即所有可能的人的集合,由于该集合是独特的、唯一的,因此相关句子便带上了有定性的意味。G&C 将"都"定义如(2a),"都"所含的最大化操作以及所表达的有定性在形式上借助 ι-算子来表示。(2b)和(2c)进一步表征"哪个人"与"都"的语义组合过程。如(2b)所示,"哪个人"的内涵性由短语中隐含的"无论"引发,而如(2c)所示,"都"的最大化操作的对象是内涵性的名词域,此处内涵性的表征主要依赖可能世界的变量 w①。

(1) 哪个人都可以有梦想。
(2) a. $DOU = \lambda P_{<s, et>} \iota(\lambda w \lambda x[P(x)(w)])$
    b. $\| wulun \| (\| na\text{-}ge\text{-}ren \|) = \lambda w \lambda y[person(y)(w)]$
    c. $DOU(\| wulun\ na\text{-}ge\text{-}ren \|) = \iota(\lambda w \lambda y[person(y)(w)])$

G&C 分析的出发点是詹纳基杜(Giannakidou 2001)的任选词理论,将"都"分析为最大化或者说有定性的标记,主要是希望建立汉语"哪+CL+N 都"这一结构与希腊语有定任选词(definite free choice item)之间的类比。"哪+CL+N"是否属于内涵性任选词,以及"都"对于极性敏感这一问题的影响,本书第六章将有更详细的讨论。在这里,笔者仅指出,"都"的最大化分析本身主

---

① 需要注意,G&C 所定义的"都"在形式化表征上有一些小问题,按照她们的分析,ι-算子的操作对象是可能世界中的个体,但是(2a)中,ι-算子并未约束任何变量,个体变量是由 λ-算子约束的。下文的讨论中,我们按照 G&C 分析的精神将(2a)修正为:$DOU = \lambda P \lambda w \iota x[P(x)(w)]$,从而达成 ι-算子对个体的直接约束,或者说 ι-算子针对个体层面直接进行最大化操作。

要有四方面的问题。其一,"都"的分配效应无法被忽视,且这种效应无法依靠针对名词域的一元操作加以解释;其二,"哪+CL+N 都"的分布和典型的内涵性任选词与有定性标记之间互动有很大差别;其三,名词域的最大化操作无法解释"都"字句所含的存在性或已知性;其四,"都"的最大化分析会导致组合性问题。

除了上述四个问题之外,由于 G&C 主要关注疑问短语的非疑问用法和"都"的互动,所以其最大化分析方案尚未关注如何对"都"的多重用法给予全面的、统一的解释,尚未顾及"都"的排他性用法和梯级性用法,如(3)和(4)所示。而相比之下,全量分析则可以解释这些用法,这也从一定程度上彰显出全量分析的解释力,这点我们将在第 4.3 节详细说明。

(3) 他都写的[小说]F。[意为:他写的都是小说,而非其他(体裁的)作品。排他义指"都"排除"他"写其他类型的作品。]

(4) 连[小学生]F都知道这个。(此处的梯级由焦点成分"小学生"引发,梯级义有时也称作"甚至"义,表示"小学生知道这个"这件事在可能性的梯级上占据很低的位置,由此体现出惊讶、未料的意味。)

4.1.1 "都"不表分配的理据

G&C 认为"都"不具有量化性也不表分配,本节评估她们提出的相关证据。与她们的观点不同,笔者认为"都"确实具有分配效应,该效应是由其全称量化逻辑内核所产生,而相应地,G&C 最大化分析的最大问题就在于无法解释"都"的分配效应。本书第五章将详细分析"都"的分配义的具体刻画方法(亦参考冯予力、潘海华 2017)。此处,仅以(5)为例说明"都"的分配性。

（5）所有人（都）合买了一个蛋糕。

对（5）而言，若缺少"都"，则句子只容许集合性的解读，即表示所有人作为一个集体总共买了一个蛋糕，这主要是因为句中的谓语"合买了一个蛋糕"中的"合"会激发集合性的解读。而相反，恰恰是"都"的出现，可以剔除这种集合性的解读，令原本无法从句中得到的分配性解读——所有人中的每一个都（和别人）合买了一个蛋糕——浮现出来。有了"都"的存在，即便"合买"一词强烈地偏向集合性解读，"都"仍然可以压制这种解读，迫使句子获得分配性解读。若"都"仅表最大化，就无法解释为何它可以调节句子在分配性上的表现，甚至迫使句子剔除集合性的解读。

最大化分析的特点是不认为"都"有量化辖域，而是将之看作针对名词域的一元操作［参考（2）中的定义］，这样分析主要是为了解释名词短语指称性或者说有定性。然而，为什么名词域的最大化操作会压制句子的集合性解读并迫使分配性解读，这一问题是最大化分析无法回答的（参考 Krifka 1992）。为了维持最大化分析，就必须假设（5）的语义解释中其实还包含一个隐性的分配性算子将每一个人都和谓语语义"跟 x 合买了一个蛋糕"相匹配；然而，这样的解决方法还欠缺完整性，因为我们必须进一步回答：为何针对名词域的最大化会触发分配性操作？分配性操作关联名词短语语义和谓语语义两个部分，而仅仅针对名词域的最大化操作与谓语语义无关，因此理论上这两者是无法互相影响的。

虽然（5）这样的语言事实可以证明"都"具有分配性，但是 G&C（2006）以及之后郑礼珊的研究（Cheng 2009）都希望将分配义和"都"区隔开来。为此，郑礼珊（Cheng 2009）提供了（6a）和（7）两类证据来作为"都"不表分配的重要理据。这两类证据分别和副词"一起"以及形容词"整"有关。

（6）a.？他们都一起来。

　　　b. 他们都一起来了。

（7）整座桥都倒下来了。

郑礼珊（Cheng 2009）认为，（6a）中的"一起"和（7）中的"整"都倾向于集合性的解读，并能够阻止句子获得分配性解读，由于"都"可以和这两个成分兼容，因此"都"不表分配。在笔者看来，（6a）似乎读起来并不十分符合语感，不过，这主要是由于欠缺完句性，而加上"了"以后，句子的接受度就提高了［如（6b）所示］。但即便（6b）可接受，我们也不能认为（6b）和（7）这样的例子可以否定"都"所含的分配性。

　　首先，"一起"不能够阻断分配义，它可以轻易地与只和个体相容的分配性谓语如"屏息""鼓掌"共现，并支持分配性的解读，如（8）和（9）所示。

（8）山、云、鸟都一起屏息。

（9）许多游客都一起站起来鼓掌。

（8）和（9）中，"一起"只表示时间或空间维度上的重叠。（8）表示山、云、鸟在同一时间屏住了呼吸，而（9）则表示每个游客的鼓掌事件发生在同时同地。同理，（6b）中，我们也无须认为"一起"阻断了分配性解读，而是可以认为"一起"只是表示"他们"中每个人来的时间有重叠，也许他们是结伴同行，但我们仍然可以将"一起来"的事件进一步切分为数个单独的"来"的事件，而这些单独的事件则与"他们"中的每个人关联，因此（6b）仍然支持分配性的解读，无法作为反驳"都"表分配的可靠理据。

　　再来看"整"。（7）中"整"作为名词域的修饰语，将量化关系的限定域限制为整个桥体。但是，"整"并不必然要求这座桥是以一个不可分割的整体的形式倒下来的。（7）可以加上"一段一段地"等状语［如（10）所示］，以表示某个倒下的事件可以切分成若干子事件，并与"桥"的各部分分别关联,即若干个倒下的事件可以在"桥"的各个子部分之间进行分配,这说明(7)中的"整"并不阻断分配义。

　　(10) 整座桥一段一段地(都)倒下来了。

笔者认为(7)中"整"仅仅起到强调"桥"的整体性的作用,排除"桥"的某部分不在倒下之列的情况,而"都"则仍然分析为分配性成分,其功能在于迫使整个桥体被重新分析为一个包含若干子部分的语义复数体,并将该复数体中的每个成员与谓语语义"倒下来"相关联。(7)强调整座桥的每一个部分(无一例外地)倒下了,与其认为句中的"都"表示最大化,倒不如认为"整"是限制名词域最大化解读的成分。

　　由上述的分析可知,G&C(2006)及其后续研究中反驳"都"的分配性或者说量化义的证据并不可靠。

4.1.2 "都"表有定的理据

　　前文已经提到,G&C对"都"的分析的主要出发点是解释汉语内涵性任选词的分布和允准条件,认为"哪+CL+N"和"都"的分布类似其他语言(如希腊语)中的有定任选词。然而,从语言事实的角度看,汉语的相关现象其实和典型的有定任选词的表现有很大的差异,这也是促使我们质疑"都"表最大化/有定性的分析的重要原因。"哪+CL+N"的分布的允准条件及其与"都"的量化分析的具体关系,读者可参考本书第六章。本节则着重说明:"都"的功能不是借助最大化操作来表达有定性。

　　按照任选词理论(Giannakidou 2001),任选词含有一个自由的可能世界变量,因此其出现需要可以约束该变量的算子来允准。由于任选词的语义涉及多个可能世界,且其所含的可能世界变量可以被各种算子约束,因此会呈现出非真实性(non-veridicality)以及反阶段性(anti-episodity)(有时也称"反离散事件性")。有趣的是,事实上,在非真实或者反阶段性的环境中,"哪+CL+N"并不像G&C所预测的那样能够自由地出现,而是往往需要"都"的陪伴。(11)中的量化副词"一般""通常"和情态动词"应该"都有约束可能世界变量的能力,按理说都可以允准"哪种蔬菜"的出现,然而这些句子少了"都"的支持就不合乎语法。如果我们坚持要贯彻 G&C 所提出的任选词理论以及"都"表最大化的观点,那就必须假设在此类环境下,任选词只能是有定的。但这种假设与我们的直觉不符,而且从跨语言的角度看也很牵强,在其他语言中,任选词在非真实的环境下可以是有定的,也可以是无定的,非真实环境与任选词的有定性不具有相关性。例如,希腊语中,无定任选词以名词短语的形式出现,而有定任选词则往往以关系从句的形式实现,因此,显然(12)中的任选词 *opjosdhipote fititi*"任何学生"为名词短语,是无定的,而该任选词可以直接被习惯性副词 *sinithos*"通常"所允准。

(11)我一般/通常/应该哪种蔬菜*(都)吃。

(12)Stis sigentrosis, i   Ariadne sinithos milouse

at-the meetings, the Ariadne usually talked.imperf.3sg

me   opjondhipote   fititi.

with   FCl/   student

'At the meetings, the Ariadne usually talked to any stundent.'

汉译:开会时,通常,Ariadne 跟任何学生都说话。[希腊语, G&C(2006)]

另外,若"都"表有定,那为何"都"和其他表有定的限定词不是呈现互补分布呢?如(13)所示,指示代词(如"这些")也可以表达最大化或者有定性(参考 Wolter 2006),若"都"和"这些"都对名词域进行操作并输出其中最大的元素,显然,类似功能的成分贡献似乎是同质化的,有冗余之嫌。但其实,在(13)中,"都"的作用不但不多余,还是相当必要的存在,"这些"和"都"的作用不具有同质性。没有"都","这些女孩"将一齐与分配性谓语"穿着一条裙子"关联,造成"这些女孩共同穿一条裙子"的怪异解读;而"都"的出现则可以将这些女孩中的每个个体与谓语相关联,使得句子浮现出更为合理的分配性解读。

(13) 这些女孩都穿着一条裙子。

为了进一步证明"都"表有定,郑礼珊(Cheng 2009)在 G&C(2006)的基础上指出,汉语强量化短语而非弱量化短语需要"都"的最大化操作来确定其限定域,这样的话,汉语"都"的表现可以和希腊语、巴斯克语中的定冠词形成类比,因为在后两种语言中,强量化词可与定冠词共现。不过,将"都"看作标记或限定量化域的定冠词并不能很好地反映汉语事实。我们可以很轻易地找到这两类证据反驳这种"都"作定冠词的分析:其一,很多强量化短语出现在主语位置的时候并不需要"都"的支持;其二,强量化短语可以待在宾语位置,并不需要左移到话题位置来受到"都"的允准[参考(14)]。

(14) a. 喜欢每个学生,就要先了解每个学生。

　　 b. 把毛巾拿出来晒一下,可以杀灭大部分的细菌。

　　 c. 母亲节的时候,每个小孩为妈妈写了一封信。

　　 d. 大部分的学生选了语言学作专业。

诚然,一些强量化短语,如"每"短语,出现于主语位置时常常需要"都"的支持,但这不是汉语强量化短语的普遍特征,因此不能作为支持"都"是标记强量化短语限定域范围的定冠词的证据。个别强量化短语与"都"共现时遵循的是其他机制(参考本书第八章对"每"短语的讨论)。

由上述讨论可知,"都"与"哪+CL+N"以及强量化短语的共现情况不支持其最大化/有定性分析。G&C 所构建的"都"与希腊语等语言中的有定性成分之间的类比无法成立。

4.1.3 最大化/有定性与存在性/已知性之间的关系

G&C(2006)认为"都"作为最大化算子,可以暗示存在性(suggest existence)或表示已知性(givenness),注意此处的存在或者已知是针对现实世界而言的。然而,笔者认为最大化的形式表征其实并不能很好地解释相关句子的存在性或已知性。

G&C(2006)指出:(15)含有存在性暗示,(15)相比于"如果哪个人打电话来,就说我不在"这样的条件句,有一点微妙的差别。(15)适宜在电话铃响起的时候使用,这从侧面反映出,相比"如果……就……"条件句,含有"都"的条件句暗示存在打电话的人。而(16)则含有已知性,表示语境中已经存在一个特定的处所的集合。

(15)哪个人打电话来,都说我不在。

(16)张三哪儿都不想去。

G&C 将(15)的存在性暗示以及(16)的已知性归因于"都"的最大化,认为这两种性质的根源在于针对名词域的最大化可以保证相关的集合非空。然而,仔细思考就会发现,最大化和这两种性质之间的联系是相当模糊的。

首先,在 G&C 对"都"的形式化定义(17)[重复自(2)]中,我们无法看出存在暗示与最大化操作之间的关系,而且按照(17),"都"需要直接和名词域组合,但是(15)中的"哪个人"位于条件句的前件,而"都"位于条件句的后件,这会导致两者无法顺利地进行语义组合。

(17)a. $DOU = \lambda P_{<s,et>} \iota(\lambda w \lambda x[P(x)(w)])$

b. $\| \text{wulun} \| (\| \text{na-ge-ren} \|) = \lambda w \lambda y [\text{person} (y) (w)]$

c. $\text{DOU} (\| \text{wulun na-ge-ren} \|) = \iota (\lambda w \lambda y [\text{person} (y) (w)])$

其次,按照 **G&C** 的分析,最大化挑选出名词域中最大的那个元素(即包含所有成员的元素),而由于空集是最小的元素,最大化可以排除空集而表示存在,换言之,最大化操作排斥空集的情况。理论上,最大化的确不太适合针对空集进行定义,因为挑选最大的元素需要比较,而比较需要至少集合中存在一个元素才能够进行(因为此时,至少可以将空集和该元素组成的单元集进行大小比较)。但是即使没有任何人打来电话的情况下,即相关人的集合为空,(15)还是可以说的。从这个角度看,"都"并不排斥空集,(15)并不是支持"都"表 G&C 所认为的最大化的例子,反而可以看作是削弱其最大化分析的证据。

最后,还需要思考一个问题:按照定义(17),"都"对所有可能世界中的人的集合做最大化操作取出其中最大的元素,对于(15)而言,这样的操作何以能够暗示现实中可能有人打电话来呢?同样,为什么对于所有可能世界内个体的最大化操作能够表示(16)所处的特定语境中存在一个已知的处所的集合呢?

综上所述,最大化分析其实并不能为相关句子的存在性暗示或者已知性意味提供一个合理解释,其形式化表征和后两种性质之间没有直接的逻辑联系。

4.1.4 最大化分析所含的语义组合困难

在第 4.1.3 节中,笔者已经提到 G&C 的定义会有语义组合上的困难,下面对这一问题再做进一步的阐述。

若"都"对名词域进行最大化操作并表有定,那么它理应与其操作对象(即名词短语)的关系较近。然而,语言事实所展现的却是相反的图景。

（18）女孩都去了公园。

若针对（18）提问"谁去了公园"，简单地回答"女孩都"是不合乎语法的。若提问"女孩干什么了？"，倒是可以以"都去了公园"作为回应。由此可知，在句法上，相比主语，"都"与谓语的关系更近，若将"都"解释为名词域内的一元操作的分析，就无法构建句法和语义的映射关系，还会遭遇到组合性方面的困难。（18）的谓语语义中并没有内涵性成分，就其语义类型而言，无法直接充当G&C所定义的"都"的论元。如若我们退一步，认为"都"对于其论元没有内涵性的要求，并允许其定义中的可能世界变量脱落，那么，如（19）所示，"都"与动词短语组合就会得到语境中"去公园的个体"所组成的集合中最大的元素，其输出的语义类型为<e>。然而，<e>类型的表达是无法再与主语组合生成<t>类型的表达式，也就是说，若"都"表示最大化，如（18）这样常见的"都"字句的语义组合是无法顺利进行的。

（19） $\| \text{qu le gongyuan} \| = \lambda x [\text{ went to the park}(x)]$

$\text{DOU} = \lambda P \iota x [P(x)]$

$\text{DOU}(\| \text{qu le gongyuan} \|) = \iota x [\text{ went to the park}(x)]$

4.2　向明（M. Xiang 2008）的最大化分析

本节评述向明（M. Xiang 2008）的最大化分析。向明（M. Xiang 2008）对 G&C（2006）的分析做了两个方面的扩展，其一是将最大化的作用对象扩展为有序的程度域（ordered domain of degrees）以解释"都"的梯级用法（亦参考 Portner 2002）；其二，与 G&C 不同，向明的最大化分析认可"都"的分配效应，为了建立分配性与最大化的联系，向明将 G&C 中对名词域内个体的最大化操作修订为针对名词域所产生的集盖的最大化。向明的分析非常具有启发性,增强了最大化分析的解释力。与此同时,该分析也仍然有不少问题。首先,向明所讨论的最大化其实已经与 G&C 所讨论的最大化有本质的不同,后者指的是表征有定性的最大化操作,而前者则指调节名词域和谓语语义之间的关系的最大化效应(maximizing effect),而这种效应往往是由全称量化带来的结果。此外,集盖层面或程度域的最大化也会得出不符合语言事实的判断。

4.2.1 两种截然不同的最大化概念

向明(M. Xiang 2008)秉持"都"表最大化的观点,并沿用了 G&C 对"都"的形式化定义。然而,其实向明所提出的支持"都"表最大化的证据与 G&C 原本的证据有不同的本质。G&C 指的最大化是仅针对名词域而言,是表征有定性的一种手段;而向明关心的则是最大化效应(maximizing effect),指的是一些成分具有消除有定短语的部分性解读(non-maximal reading)的能力。

通常认为定冠词通过对名词域实施最大化操作来挑选出特定的指示对象(Rullmann 1995),然而定冠词所挑出的指示对象其实仍然可能只获得部分性的解读。例如,在有一些但并非全部窗户都打开的情况之下,(20a)仍然被判定为真(亦参考本书第 1.1.2 节的讨论)。这是因为句中的 *the windows* 所指称的语境中那个最大化的窗户集合只是部分地与谓语关联。而(20b)中,全称量词 *every* 可以排除窗户相对于谓语的部分性解读,这是由于全称量化将该最大化的窗户集合中的每一员都一一与"打开"的属性相关联,便自然排除了例外的情况。我们认为,(20a)中的 *the* 是最大化算子,从相关名词域中取出最大的元素,而(20b)中的 *every* 作为全称量化算子,可以导致最大化效应。显然,*the* 和 *every* 的功能完全不同,虽然两者都与最大化有关。

(20) a. The windows are open.

b. Every window is open.

向明（M. Xiang 2008）支持"都"表最大化的证据与有定性并无关系，而是类似（20b）中的最大化效应，如（21）所示。她认为（21a）而非（21b）才允许语用上的弱化，从而得到"孩子们中有一些并没有去公园"这样允许例外的解读。虽然向明对"都"的定义和 G&C 原先的分析一脉相承，但是（21）中的最大化效应和有定性没有关系，其作用不是挑出特定的最大的个体，而是制约孩子的集合和"去公园"的属性之间的联系。此处需要注意，也有研究指出（21b）允许例外，但这种"例外"并不影响"都"的全量分析，这一点笔者已经在第三章中做了详细解释。

（21）a. 孩子们去了公园。

　　　b. 孩子们都去了公园。（M. Xiang 2008）

综上所述，名词域的最大化可以被弱化而令相关句子得到部分性解读，而最大化效应则是在名词域被最大化之后才发挥作用，主要是保证相关名词域中的成员无一例外地与谓语语义相关联。最大化效应常常是由全称量化成分实现的（Landman 1989，Lasersohn 1995，Winter 2002）。由此看来，向明（M. Xiang 2008）所关注的语言事实和文中所沿用的 G&C 的形式化方案之间并不十分匹配。

4.2.2　集盖层面的最大化

向明（M. Xiang 2008）进一步指出最大化的操作对象不是名词域内的个体，而是个体所组合而成的集盖。集盖的定义（Schwarzschild 1996）具体如（22）所示：

（22）对于一个集合 P，C 是 P 的集盖，当且仅当 C 覆盖 P 且

C 中的任何一个真子集都不覆盖 P。

若 C 覆盖 P,则须满足:

　　a. C 是一个由 P 的子集所组成的集合;

　　b. P 中的每个元素都可以在属于 C 的某个集合中
　　　找到;

　　c. 空集不属于 C。

史瓦西(Schwarzschild 1996)认为集盖 C 是一个变量,其具体的取值,即集盖的具体组成由语境决定,而触发集盖这一变量的是分配性算子 D。分配性操作是在集盖的层面进行的,若集盖成员都是个体,则得到典型的分配性解读;若集盖成员是若干复数性集合,则得到中间性解读(intermediate reading),即分配对象是复数性集合而不是其中的个体成员;若集盖仅含有一个成员,且该成员聚合了 P 中的所有元素,则得到集合性解读。集盖这一概念的提出,其动因在于将典型和非典型的分配解读以及集合性解读之间的关系都统一起来。向明(M. Xiang 2008)虽然涉及集盖,但按照其形式化方案,"都"是作为名词域内的一元算子对集盖作最大化,由此我们可以推断出集盖变量不是由分配性算子所触发的,这与史瓦西原本的分析有一些出入。

当然,不管集盖变量是如何被触发的,集盖层面的最大化都无法给"都"的用法以合理的解释。集盖层面的最大化所输出的结果到底是什么? 向明(M. Xiang 2008)的论述有两种可能的解读。第一种解读为,最大化的集盖(a maximized cover)指聚集了所有可能的集盖成员的集合①。

（23）那三个女孩都看了两部电影。

----

① 向明原文的论述为:*Dou*, as a maximality operator, operates at the level of a set of covers and outputs a maximal plural individual that consists of all the covers … (M. Xiang 2008:286)

假设（23）中的三个女孩指谓集合｛a,b,c｝,那么所有语境所允许的集盖罗列如（24）。

（24） ｛｛a｝,｛b｝,｛c｝｝;｛｛a,b｝,｛b,c｝｝;｛｛a,c｝,｛a,b｝｝;
｛｛a,c｝,｛b,c｝｝;｛｛a,b｝,｛c｝｝;｛｛a,c｝,｛b｝｝;｛｛a｝,
｛b,c｝｝;｛｛a,b,c｝｝

若将这些集盖中的成员都聚集起来,就会得到如（25）的最大化的集盖:

（25） ｛｛a｝,｛b｝,｛c｝,｛a,b｝,｛a,c｝,｛b,c｝,｛a,b,c｝｝

而若（25）中的最大化集盖中的成员都与谓语"看了两部电影"相关联,那么就可能得到（26）中的匹配关系（其中的数字编号代表电影）。

（26） ｛a,b,c｝→｛1,2｝
｛a,b｝→｛3,4｝
｛a,c｝→｛5,6｝
｛b,c｝→｛7,8｝
｛a｝→｛9,10｝
｛b｝→｛11,12｝
｛c｝→｛13,14｝

由（26）可知,若最大化集盖中的每个成员都与谓语相关联,且看的电影都不同的话,那么三个女孩最多可能看了14部电影。而按照（23）的句义,女孩们不可能看超过6部电影,由此可知,（25）中所展示的集盖层面的最大化会产生一个问题,即可能产生句子并不容许的解读。

集盖层面的最大化还有一种理解,指的是一个包含集合中所有元素的集盖,若这样理解,则"都"的作用在于调整集盖变量的取值以保证所输出的集盖涵盖了集合的每一个元素。这样的分析与布里森(Brisson 2003)对 all 的解释有些类似,布里森同样认为 all 的作用是调节集盖的聚合方式以保证所修饰的复数集合总是得到最大化的解读。然而,仔细比较就会发现 all 与"都"在分配性上的表现差异巨大,前者容许集合性解读,而后者的出现则往往排除集合性解读,如(27)及(28)所示。(27)可表示所有女孩总共造了一艘划艇,或者每个女孩都独立造了一艘划艇,all 的出现对于句子的分配性没有影响;而(28)则只可表示后一种解读。

(27) All the girls built a raft.

(28) 那些女孩都造了一艘划艇。

由上述比较可知"都"与分配性是很难割裂的,将它的语义贡献归为调整集盖变量取值以保证包含所有元素是不充分的。与 G&C 不同,向明(M. Xiang 2008)认可"都"在分配性上的作用,为此,还特别提出了一个独立的复数性条件,要求"都"所挑出的最大化的集盖中需要含有一个以上的成员,由此来确保"都"的分配效应。然而,含有多个成员的集盖并不一定可以排除集合性解读,要真的获得分配性的解读,我们就必须在此基础上再假设存在一个隐性的分配性算子将集盖中的多个成员一一与谓语语义相关联。但是,名词域最大化所产生的复数性集盖为何必定会触发分配性算子?这之间还是缺少了逻辑上的联系。

4.2.3 有序程度域的最大化

笔者已经分析了集盖层面的最大化在解释"都"的分配性用法时会产生的问题,本节则说明向明(M. Xiang 2008)所提出的针对有序程度域的最大化也无法准确地呈现"都"的梯级性用法。

  向明认为最大化分析的一个重要优点在于能够解释"都"的梯级性用法为何具有超预期的意味,如(29)所示。

  (29) 连［傻瓜］F都知道这个。

(29)中,"连"标记对比焦点,并且触发了一系列梯级选项,这些选项按照未料程度(unexpectedness)排序,最不可能预料到的选项便排在梯级的顶端。而"都"则对未料程度的集合进行最大化操作,如(30)所示。

  (30) D 为一个程度集合
     $dou(D) = \iota d(d \in D \wedge \forall d' \in D(d \geq d'))$(Xiang,2008)

按照(30),"都"从有序的程度集合 D 中挑出其中最大的程度值。向明认为这样的分析可以借助最大化的概念将"都"的分配性用法和超预期用法统领起来,而且最大化分析还蕴涵了穷尽性,如(29)表示"笨的人知道这个",这是最没有料到的,于是便蕴涵了所有其他更聪明的人也知道这个的意思。针对程度集合最大化的分析亦可参考罗尔曼的论述(Rullmann 1995)。此外,还需要注意,程度域的概念并不是只能和最大化分析方案相容,潘海华(Pan 2005)也讨论过"都"的梯级性用法中,认为"都"关联的是按照可能性排序的梯级选项,不过其分析则始终是在量化逻辑的框架内进行的。

  这种分析的问题在于,针对有序程度域的最大化挑出的仅仅是某个特定的程度值,例如,针对高度的最大化输出的仅仅是一个最大的数值而已。同理,(29)中的梯级选项已经被映射成未料程度,而"都"的操作对象不是选项本身,而是其对应的程度值集合 D,所输出的则是其中的最大值,而程度值是无法像命题一样被判断真假的,如图 4.1 所示,经过"都"的最大化操作所得到的已经不是最出乎意料的命题为真这样的意思。

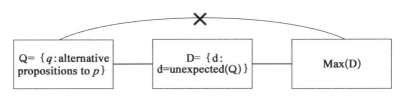

图 4.1 针对"程度"的最大化步骤

按照我们的直觉,(29)表示的是"傻瓜都知道这个"为真,并由此推论得到"其他更聪明的人知道这个"也为真,而若仅仅针对程度集合进行操作,其实得不到这些对于句子真假的判断。

我们可以尝试按照向明(M. Xiang 2008)的分析,对(29)做形式化的表征,从语义组合说明上述问题。如(31)所示,焦点标记"连"产生了选项集合。由于按照向明的定义,"都"无法直接作用于选项命题的集合,或者产生选项的焦点成分。为了解决语义类型的不匹配,我们必须假设一个函数 deg,将选项映射到其对应的未料程度,而"都"则从这些程度中挑出最大的那个值。如(32)所示,最大化操作后,我们得到的是 d 类型的程度值,而按理说,句子的语义组合最终得到的应该是一个 t 类型的表达式。对于一个最大化的程度值,我们无从知道如何对于选项命题进行可能性程度上的推理。

(31) ‖ lian shagua zhidao zhege ‖ = Alt (‖ [ꜰidiot] knows this ‖)

(32) deg = λCλD[D: {unexpectedness (p)} ∧ p ∈ C]

deg (‖ lian shagua zhidao zhege ‖) = λD [D: {unexpectedness (p)} ∧ p ∈ Alt(‖ [ꜰidiot] knows this ‖)]

dou(D) = ιd (d ∈ D: {unexpectedness (p)} ∧ p ∈ Alt (‖ [ꜰidiot] knows this ‖) ∧ ∀ d' ∈ D(d ≥ d'))

笔者认为,蒋严(2009,2011)也对"连……都……"句的语用推理给出了分析,也运用了梯级的概念。在他的梯级模型中,选项集合里的命题是按照蕴涵关系进行梯级排序的,并没有借助于程度的概念(亦参考 Kay 1990)。这类句子的"未料"意味是因为被引入梯级模型的新命题信息量更高且蕴涵其他语境中的相关命题。相比之下,蒋严的梯级模型分析的优势在于不会产生如(32)中的语义组合问题,此外,向明的分析认为"未料"的意味源于"都",而蒋严则认为这是"连……都……"这个结构整体所产生的效果。

4.3 再论"都"的全称量化分析的解释力

上几节中我们对最大化的概念以及"都"的最大化分析做了详细的评述。本节采取全称量化的视角重新审视上文中提到的问题,寻求全称量化分析对于其分配义、穷尽义、梯级义、排他义、极性词允准能力的解释,以彰显全称量化分析方案的解释力。读者还可以参考蒋静忠、潘海华(2013)、冯予力、潘海华(2018)、冯予力(2019)以了解更多"都"的全量分析的具体细节。

4.3.1 "都"的全称量化结构映射与其多重用法

笔者同意蒋严(1998),潘海华(2006),蒋静忠、潘海华(2013)以及冯予力、潘海华(2018)等一系列研究的观点,认为"都"有一个统一、固定的意义核心,即全称量化,而本章提到的"都"的不同用法是由不同的量化结构映射以及限定域构成所决定的(亦参考本书第二章)。"都"的量化结构映射主要有两种方式,话题-述题映射以及背景-焦点映射[如(33)所示],而其限定域的构成也有两种可能,成员之间可以有梯级差异或者没有梯级差异。在全称量化逻辑的框架下,上述两种参数(即量化结构映射以及限定域构成)的变换组合可以解释"都"的不同用法。

（33）a. 话题–述题映射：若"都"左边存在可以直接充当量化
对象的短语，或者可以由焦点、语境等因素推导出
"都"的量化对象，则"都"将这类内容映射到其限定
域，并把句子的其余部分映射到其核心域；

b. 背景–焦点映射：若句子述题中含有一个对比焦点成
分，则"都"将焦点成分映射到其核心域，同时把句子
的其余部分映射到其限定域。

下面，笔者根据上述映射规则来尝试得到"都"的各种用法。

4.3.1.1 分配义

第4.2.2节已经提到，"都"会排斥集合性解读，为此向明（M.
Xiang 2008）引入了对于集盖的复数性要求，然而，即便集盖中存
在数个成员，也不能排除这些成员一齐与谓语关联，从而造成集合
性解读。而若我们改换思路，将"都"解释为全称量化算子，那么
其排除集合性解读的特点就可以得到合理的解释。

分配性解读指的是将一个复数集合中的每一个成员分别与谓
语语义相关联的情况，其语义内核便是全称量化，由此才能保证每
一个成员都无一例外符合上述条件，换句话说，我们可以认为全称
量化与分配性有天然联系。但分配不一定只针对复数集合中的个
体，也可能针对若干个体聚合而成的集盖（J. -W. Lin 1998a），无论
分配所触及的层面到底是个体还是其他类型的元素，这类变化并
不改变分配性的全称量化本质，只是对全称量化关系具体构成的
进一步限制而已。另外，需要注意，如果被分配的集合（相当于全
称量化的限定域）中只含有一个成员，那么分配性解读和集合性解
读就无从区分，这个时候使用全称量化算子来特意表示分配就显
得冗余甚至怪异了[如（34）这个含有 *each* 的例子所示]。

（34） *Tom each ate an apple.

同理，"都"表分配时，往往也要求其限定域含有多于一个成员。

相比集盖层面的最大化，全称量化分析具有如下的优点：其一，复数性要求不是单独引入的，而是凸显分配性用法的一个先决条件，复数性要求、分配性用法和全称量化之间是互相关联的，而理论上，最大化操作和复数性条件之间是没有必然的联系的。其二，全称量化可以更好地解释第4.3节中所提到的"都"的最大化效应。全称量化对限定域中的所有成员发挥作用，将之与谓语相关联，自然而然地排除了相对于限定域的部分解读。其三，若认为"都"表全称量化并引起分配，其语义贡献便有别于其他表有定的成分（如"这些"），因此，"都"与此类成分共现也不会造成冗余。且看（35）：

（35）这些女孩*（都）穿着一条裙子。

最大化分析无法解释：为何（35）中需要"这些"和"都"两个成分来表示有定；为什么限定词"所有"和谓语"穿着一条裙子"之间需要"都"的协调。而若"都"表全称量化，一切便豁然开朗。全称量化的意义核心以及（33a）的映射方式可以顺利得出（35）这样的句子的分配义。其中，指示性代词"这些"对女孩的集合进行最大化，取出其中最大的元素，即所有语境中相关的女孩所组成的集合，根据话题－述题映射，该集合可以为全称量化提供限定域。"都"右边的谓语部分属于典型的分配性谓语，无法与群体关联，这部分被映射到"都"的核心域以后，"都"的全称量化可以使得谓语和相关女孩群体中的个体联系起来，从而解决了名词短语和谓语之间的冲突。其四，针对（36）［重复自（23）］这类例子，全称量化也不会引起三个女孩看14部电影的解读。

（36）那三个女孩都看了两部电影。

（36）中，"都"将每个女孩与"看了两部电影"的事件相联系：女孩
a 在事件 1 中看了两部电影；女孩 b 在事件 2 中看了两部电影；女
孩 c 在事件 3 中看了两部电影。若上述三个事件的客体的取值恰
好相同，那么这三个女孩总共看了两部电影；若客体的取值都完全
不同，那么三个女孩总共看了六部电影。无论如何，所看电影的数
量都不会超过六部。

综上，"都"的全称量化分析可以解释它为何可以排除集合性
解读并使分配性浮现出来，也不会有最大化分析所产生的不可能
解读或者冗余等棘手的问题。

4.3.1.2 梯级义、未料义

第 4.2.3 节指出，有序程度域内的最大化取出的是程度值，
无法直接关联或者挑出相应的梯级选项。相比之下，将"都"
分析为全称量化算子的话，就可以更直接地解释其梯级用法。
"连……都……"句的梯级用法也适用（33a）的话题-述题映射
规则。

（37）［重复自（29）］中，焦点"傻瓜"位于话题中，因此适用
话题-述题映射。焦点成分引发了一系列梯级选项，这些选项按
照不可能性的程度进行排序，最不可能知道"这个"的"傻瓜"处
于梯级的顶端。而全称量化保证这些由话题焦点产生的选项
作为"都"的限定域，皆与"知道这个"的属性关联，如（38）
所示。

（37）连［傻瓜］F都知道这个。

（38）$\forall x[x \in \text{Alt(idiot)} \rightarrow \text{know this}(x)]$

针对焦点选项的全称量化对这些选项进行了穷尽性的检视，要求

"傻瓜"以及比"傻瓜"更聪明的人都知道"这个"。梯级选项协同全称量化导致了"梯级性""未料"或者说超乎预期的意味,即所有的选项相对于谓语都成立,就连最不可能的选项也不例外。

也许有人会认为(38)的真值条件太严格,因为在有一些情况下[如(39)],似乎"连……都……"句并不一定能得出所有选项命题为真的推理。

(39) 连[张三]_F都考过了,怎么你们没过?

其实,(39)并不是全称量化的可靠反例,此处的焦点成分"张三"所产生的选项集合可以是张三所在班级的学生,其中"张三"是相对最不可能通过考试的学生,而"你们"则是这个相关集合以外的学生,在这个情况下,"你们"本就不与"张三"构成梯级,就更谈不上违反全称量化的要求了。相比之下,(40a)中"你们"被换作"其他人"(即"张三"以外的其他人),此时"其他人"当然必须参与到不可能性的梯级排序中。最不可能通过的"张三"通过了,而其他人比如比他成绩好或者说更可能及格的人没过,违背了全称量化的逻辑要求,因此(40a)中两句话相连就显得突兀了,而"怎么"所传递出的惊讶针对的就是(40a)中两句话之间的矛盾,因此还可以稍微调和下句子之间意义上的冲突关系。若去掉"怎么",则(40b)的接受度就更低了。

(40) a. ？连[张三]_F都考过了,怎么其他人都没过?
　　　 b. #连[张三]_F都考过了,其他人都没过。

4.3.1.3　排他义

全称量化可以对复数性集合以及梯级选项进行穷尽性的检查,引起分配性以及"未料"的意味。而若"都"的右边(即句子述题部分)存在对比焦点,则适用(33b)的映射方式。在这种映射方式下,"都"可以引起排他性解读[如(41)所示],而排他性解读也是最大化分析所解释不了的语言事实。

(41)他都吃的[馒头]F。

若"都"表最大化或有定,理论上只能作用与其修饰的名词域,是无法与谓语中的焦点相关联的。而即便我们允许这种关联,针对"馒头"的最大化也只可能输出所有可能世界中的馒头或者含有所有馒头的集盖。但是,(41)的意思并非"他"吃了所有的馒头,而是所有"他"吃的东西都是馒头,是针对馒头的排他性解读,排出了馒头以外的东西。相比之下,按照(33b)的背景−焦点映射,焦点"馒头"被映射至核心域,而背景被映射至限定域。这样的量化结构保证了所有他吃的东西 x 的取值都具有焦点成分所表达的属性,而不满足其他的选项义,由此便得到(41)的排他性解读,其形式化表达如(42)。

(42) $\forall x[\text{he ate } x][\text{steamed-bun}(x)]$

4.3.2 全称量化与极性敏感词的允准

第 4.1 节中已经说明"哪+CL+N"短语与典型的任选词不同,无法被非真实性的算子所约束,而且将"都"视为任选词有定性的标记也是不合适的。蒋勇(2016)也指出"都"并非任选词的有定性标记。他认为"都"标记信息焦点且表总括,被标记成信息焦点的任选词只能解读为任指,而不能解读为虚指。同时,他也注意到疑问不定词作否定句的宾语时可以留在原位,不需要提前,也不需要"都"的支持。由此,蒋勇(2016)提出了否定居先和焦点居先两条规则,若强调焦点,则需要将相关短语提前并加上"都",若强调否定,则不需要提前相关短语并引入"都"。笔者认同蒋勇(2016)中"都"不表有定的观点,但觉得否定居先和焦点居先两个规则并非必要。"哪+CL+N"短语所出现的多种环境可以通过向下蕴涵(downward-entailing)这一概念统领起来(参考 L. Chen 2013,Feng 2014)。本书第六章将专门讨论极性敏感词"哪+CL+N"的分布,并从跨语言比较的角度思考"都"的量化分析与极性敏感词分布的关系,此处仅就这一问题做简要说明。且看(43)。

(43) a. 没有哪个人是完美的。

b. 你跌倒了,有没有哪里受伤了?

c. 如果哪个人来了,就让他等一下。

d. 他喜欢户外运动,很少去哪个健身房锻炼。

(43)中,否定词、疑问句、条件句前件以及量化副词"很少"的辖域都属于向下蕴涵的环境,而这些环境都可以允准"哪+CL+N"短语的非疑问用法。若将"都"分析为全称量化算子,那么按照全称量化算子的单调性表现,其限定域部分也属于向下蕴涵的环境。由此,我们可以使用向下蕴涵这一概念,从逻辑属性的角度将"都"的限定域部分以及(43)中所列的环境都归为一类,而不需要设置若干不同的规则去解释这些现象。

若"都"表全称量化,则(44)[重复自(11)]中"都"出现的必要性也可以得到解释。

(44) 我一般/通常/应该哪种蔬菜都吃。

(44)中允准短语"哪种蔬菜"的不是量化副词或道义情态这类非真实性环境,而是"都"本身,这才是"都"不可缺少的真正原因。

非真实性算子约束句中的情境变量 s,却不约束"哪种蔬菜"所提供的个体变量。在非真实算子的辖域内,"都"进一步约束"哪种蔬菜"并施展全称量化,要求:(在相关的情境 s 中)对于每一种蔬菜 x 来说,我都吃 x。

4.3.3 全称量化与存在性、已知性

当"哪+CL+N"与"都"共现时,相关句子会暗示存在性或表达已知性,我们在第 4.1.3 节已经说明了"都"表最大化或者有定的分析无法很好地解释这些意味。相比之下,用全称量化所含的存在预设倒是可以赋予相关现象更恰当的解释。

条件句(45)〔重复自(15)〕中,"都"约束"哪个人"所提供的个体变量,全称量化往往要求其限定域非空,以保证全称量化操作非平凡(non-trivial)(Strawson 1950),因此"都"也预设了相关个体的存在。

(45)哪个人打电话来,都说我不在。

不过需要注意,(45)属条件句,因此存在也是相对于若干可能世界而言的。而可能世界的选取也受到语境的限制,并不涵盖所有的可能世界,而是只涉及言者信念中与现实世界有关的那些情况,因此存在预设就被削弱为存在性暗示或者说基于现实情况的存在性预期。

同样(46)〔重复自(16)〕中的已知性也可以用全称量化的存在预设加以解释。

(46)张三哪儿都不想去。

(46)中,"哪儿"被提至"都"之前,超出否定词以及内涵性动词

"想"的辖域,直接充当"都"的限定域。"都"的全称量化则预设了"哪儿"表达的处所集合是存在的、非空的,而语境中已知的集合是对存在及非空的保证,从这种角度来看,"都"前面的"哪儿"当然就具有已知性的特点。

除了"都"所含的全称量化带来的存在预设这一因素,由"哪"引导的短语本身也倾向于与语境中存在的集合加以关联(Pesetsky 1987),这也是增强相关句子存在预期和已知性的因素(亦参考Feng & Pan 2022)。

4.3.4 与林若望(J. -W. Lin 1996,1998a)以及霍勒(Hole 2004)分析的比较

第4.3.1节已经说明,"都"的全称量化、其所允许的多种映射方式及其限定域构成方式,这三个方面共同形成其多重用法。本节回顾林若望(J. -W. Lin 1996,1998a)以及霍勒(Hole 2004,2006)对"都"的研究,这些研究也都是基于全称量化的分析,下文就上述笔者阐述的解释方案与林若望以及霍勒的分析进行相关比较。

林若望(J. -W. Lin 1996,1998a)将"都"分析为广义的分配性算子(generalized distributive operator),此处的"广义"主要指的是分配操作的对象是广义的,除了单数个体之外,还包括复数集合这样更复杂的类型。值得注意的是,无论"都"的分配义有何特殊之处,都不影响其全称量化的逻辑内核,这点从林若望对于"都"的定义中一目了然。

(47) $\parallel \text{Dou} \parallel$: $\lambda P \lambda X \ \forall y[\ y \subseteq X \land y \in \parallel \text{Cov} \parallel \rightarrow P(y)]$ where $X \in D{<}e,t{>}$ is a set with multiple elements, $P \in D{<}e,t{>}$ and Cov is the value assignment of a cover of X anaphoric to the context (J. -W. Lin 1998a)

林若望的分析运用了集盖的概念来刻画"都"在分配性方面的特殊限制,尤其是"都"的分配义对于谓语的限制。从量化映射的角度看,林若望所关注的分配义对应映射规则(33a),而其所关注的限定域是不具有梯级差异的。可以说,前文的全称量化分析是林若望(J.-W. Lin 1996,1998a)的延续,但采取的是更统一的视角,对于"都"的多重用法的解释力更强。

"都"的分配义分析受到张宁(Zhang 1997)的质疑,相关的例证如(48)所示。要令(48)为真,并不一定要求"他们"中的每一个都买了"那本书",而是允许"他们"合买一本书的集合性解读。霍勒(Hole 2004)也基于类似的例子,认为"都"的分配义分析是有问题的。

(48)连他们都买了那本书。

然而,在本章的全量分析框架下,"都"并不是一个狭义的专门调节名词短语与谓语语义的映射关系的分配性算子,而是一个广义的全量算子,分配义只是其子效应之一。按照本章的全量分析,对于(48),"都"关联的是话题中的焦点"他们"所产生的选项,适用话题-述题映射,要求这些"他们"所产生的选项也具有"买了那本书"的属性,此时"都"关联的是焦点选项,而非"他们"所指称的集合中的每一个个体,当然也不负责将每一个个体与谓语语义相关联以确保句子获得分配性的解读。从更广义的角度审视"都"的量化结构以及量化结构中的具体组成,可以更自然地解释(48)的解读,而且也可以更好地说明(48)与其他表分配义的"都"字句之间的共性和差异。

霍勒(Hole 2004)关注"都"的焦点敏感性,主要解释了"连……都……"的用法与全称量化的关系。按照本章全量分析方案的框架,他所关注的主要是适用话题-述题映射的"都"字句,且"都"的限定域内部具有梯级。霍勒的着眼点是"连……

都……"句的焦点敏感性,尚未考虑到述题中存在焦点的情况,而且他也没有采取统一的解释视角,认为对焦点敏感的"都"和林若望(J. -W. Lin 1998a)所研究的分配性"都"是两个独立的用法。

霍勒的分析也提到"都"和否定极性词的关系。按照他的分析,(49)中的疑问词短语"什么"是否定极性词,是由"没"所允准的,在语义上引入了最广义的一个"东西"的集合,而"都"则对该集合中的选项进行全称量化。在句中"没"的作用下,"都"的全称量化可以保证所产生的一系列选项命题(即他没买任何更具体的东西的,如鞋子袜子之类的)在信息量上都比(49)更低,因此我们可以推理出"他什么都没买,连袜子之类的小物件都没买"这样的意思。

(49)他什么都没买。

相比之下,(50)中不含有"没",所以霍勒会认为该句不属于否定极性的环境,与(49)适用不同的分析方案。

(50)他什么都买了。

相反,笔者则认为,(49)和(50)的解释机制是一样的。在这两句中,"什么"都被移到"都"之前的话题位置,受到"都"的允准,并为"都"的全称量化结构提供限定域,而"都"的限定域部分本来就是向下蕴涵的,属于能够允准否定极性敏感词的环境。(50)中,"什么"引入了东西的集合,充当"都"的限定域。如果,我们将该集合缩小为东西的某个子集,按照全称量化的单调性特点,量化关系会继续保持。因此,我们可以根据(50)推理出来,"他"买了所有相关的东西。同理,(49)中,当东西的集合缩小为任何子集的时候,因为全称量化单调性的要求,量化关系仍然保持,也就是说任何东西的子集都满足"他没买"这一属性,由此便获得"他"没买任何东西的解读。这样看来(49)和(50)中,并不是"没"的存在允准了"什么",而是"都"所含的全称量化逻辑允准了位于其限定域位置的"什么"。

综上所述,与前人研究相比,本章的全量分析可以涵盖"都"的分配义、梯级义、未料义、排他义。而且这些用法都被纳入了同一个分析框架,即全称量化,而不是分别加以处理,在解释力上要优于前人的全量分析方案。此外,本章的全量分析可以为最大化分析中的一些问题(如"哪"与"都"的互动关系,"都"的最大化效应等)提供一个更清晰的解释。

4.4 本章小结

本章对最大化分析做了详细的评述,指出:第一,"哪+CL+N"短语和"都"的分布与典型的有定任选词有极大差异,针对内涵性名词域的最大化也无法解释"都"的存在性暗示或已知性;第二,针对集盖以及程度的最大化无法精确刻画"都"的用法。相比之下,全称量化则可给予相关语料更合理、更直接的解释,通过全称量化也可以更自然地得到分配性、未料义、排他性等与"都"相关的语义解释。

需要指出的是,最大化和全称量化并非两个互相冲突的概念,后者其实蕴涵了前者。当"都"对某个集合施展全称量化时,不会忽略其中的任何一个成员,这就包含了最大化的概念。也许最大化和全称量化之所以容易混淆,也正是出于这个原因。

本章的另一个目的是通过这个案例分析说明汉语量化成分(尤其是"都"这样具有多重用法的成分)的语义分析需要考量的因素,主要包括:其一,对于相关多重用法的语言事实描写;其二,考虑对多重用法是做分别处理还是统一处理;其三,如果采取统一性的处理方案,多重用法的共性和个性分别在什么层面加以体现;其四,统一性的处理方案是否能够解决具体情况下的语义组合问题。本章的分析中,全称量化作为一个贯穿性的概念,通过"都"的语言事实与分配性、梯级性、未料性、排他性、穷尽性、极性敏感等诸多语义性质相联系,这有助于我们对这些概念的本质特征做更仔细的梳理和甄别。

第五章

如何精确刻画量化效应

——以全量算子"都"的分配义为例

经过前几章的讨论,可以发现:"都"的全量分析具有较强的解释力,可以为"都"的多重用法提供一个较为统一的分析。本章聚焦"都"的全称量化所产生的一种效应——分配性,具体说明在全称量化逻辑的框架内刻画"都"的分配性用法时需要考虑的问题。当然,汉语中表达分配义的成分不限于"都",而且各种分配性成分的具体用法也有很多不同,这方面所涉及的形式语义问题,有兴趣的读者可参考冯予力(Feng 2014)。表分配义的"都"在传统上被称为"都₁",换句话说,表分配义的"都"大致对应《现代汉语八百词》中所归纳的第一种用法,即总括义。

在展开对"都"分配性的详细讨论之前,笔者先对分配性研究的理论意义稍做解释。分配性是形式语义学中的术语,"分配"主要指将某一种性质与某个集合中的成员建立关联。在自然语言中,这种"性质"常常由句子谓语的语义来确定,而该性质常常与集合中的个体成员逐一关联,如(1)指的是某个特定的学生集合中的每一个都逐一与谓语所表达的"提交一篇论文"的性质(或者说属性)相关联。显而易见,(1)中的全量成分 every 是决定"交论文"的属性在学生中逐一分配的关键要素,说明了全称量化与分配义的紧密关系。

(1) Every student submitted a paper.

但语言的复杂程度并不止于此,英语中不含有显性全量成分的句子也可以具有分配义。例如(2)具有歧义,可以表示学生们一起共同合作提交了一篇论文,即句子可以获得集合性解读,也可以表示学生中的每个人各自提交了一篇论文。为了解决这样的歧义,语言学家假设(2)中可能含有一个隐性的分配算子 D (distributive operator),而 D 的形式化表征就是运用了全称量化。所以,我们可以说,D 是一个隐性的、具有特定功能的全量算子,其功能就是保证产生分配性解读。

(2) The students submitted a paper.

而更加有趣的是,在(3)这样的句子中,还允许一种较为特殊的分配性解读。对于(3)而言,若 Jonny 和 Tony 一起提交了一篇合作文章,而 Tony 和 Denny 也一起提交了一篇合作文章,句子可以为真。在这种情况下,我们当然也可以说"交论文"的属性与 Jonny 等三人所组成的集合之间建立了某种关联。

(3) Jonny, Tony and Denny submitted papers.

为了解释这类较为特殊的分配性解读,我们可以认为谓语语义不一定要基于个体来分配,而是也可以分配给由一个集合中的个体重新聚合而成的若干复数集体。史瓦西(Schwarzschild 1996)提出"集盖"的理念,目的就是为了对这类较为特殊的分配现象做形式化的表征,从而为"分配"这一概念做一个更广义的定义。"集盖"理论的提出使得分配操作的"颗粒度"(level of granularity)问题得到了重视,所谓的"颗粒度"指的是分配操作所针对的集合的具体构成是什么,到底是关乎单数个体的层面还是涉及其他数量层面。对于(3),按照史瓦西的分析,"交论文"的属性不是在单数个体层面进行分配,句子所含分配操作的颗粒度更大,谓语属性是在由{jonny, tony, denny}这三人聚合而成的复数集盖{{jonny, tony}, {tony, denny}}中进行的,其分配的对象是双元集合。

　　而同时,也有研究认为(3)并不涉及复杂的基于集盖的分配,而是表达更为简单的"累积性解读"(cumulative reading),(3)仅表示句中三人与提交论文的事情有联系,三人充当提交论文的施事。至于说三人具体如何提交论文,是合作还是个人形式的,提交了几篇,并不是句子真值条件层面的歧义,而是可以看作语言之上的概念层面的再解读。由此,全称量化、分配性、集合性、累积性、名词域的颗粒度等概念和问题都被串联了起来。这方面的研究的起源是对于量化现象的重视,量化成分负责在限定域和核心域之间建立联系,而量化限定域(即上述讨论中的主语名词短语)以及核心域(即上述讨论中的谓语)还可能需要遵循一些额外的限制条件,这么看来,量化研究的深入有助于我们理解名词短语和动词短语这两个语言中最主要的短语范畴的意义本质。

　　在上述背景下,本章从"都₁"的分配义出发,考察其分配性的颗粒度以及"都"对于谓语部分的选择限制,由这一个案研究展现:量化研究如何推动了对于名词短语、动词短语及两者匹配性的全局性研究。

　　在"都₁"的分配性的现有研究中,最受瞩目的是林若望(J. -W. Lin 1998a)的广义分配性算子分析。根据史瓦西(Schwarzschild 1996)对英语分配算子 D 的定义,林若望(J. -W. Lin 1998a)首次给"都₁"下了一个形式化的定义,将之看作分配性算子,其语义内核是全称量化。同时,她进一步指出,"都₁"的量化域不一定是一个由若干单数个体构成的集合,也可能是包含若干复数性集合的集盖(cover)。此后,"都"的语义解释常涉及集盖这一概念。例如,第4.2节所讨论的向明(M. Xiang 2008)指出"都₁"作为最大化算子,其操作对象是集盖;尚新(2011)基于谓语所表达的事件类型与"都₁"之间的关系进一步提出:"都₁"在针对集盖成员进行分配时有"均配"的要求。

　　然而,虽然"集盖"的概念在汉语中有不少引用,但鲜有研究对集盖说的形成、应用及有关问题进行专门的探讨和反思。为填补这一空缺,本章对集盖说的动因和问题进行梳理,并以"都₁"的语义为着眼点进一步考察集盖这一概念对自然语言(尤其是汉语)意义研究的必要性。下面第 5.1 节简要讨论"都₁"的分配性及其语义内核;第 5.2 节论述集盖说的形成动因以及在英语中应用时所面临的问题;第 5.3 节探讨集盖说在解释"都₁"的语义时遇到的问题;第 5.4 节提出集盖说的替代方案"隐形论元说",并详细探讨其应用及解释力。

5.1 "都"的分配性

本章引言已经提到,集盖说的提出与分配性算子的研究密不可分。在探讨集盖说与"都₁"的关系之前,笔者先简述支持"都₁"之分配性的证据。

传统语法认为,"都"有三种用法,可表总括、甚至和已经(吕叔湘 1980)。在此基础上,现代语言学研究旨在用形式化的手段对"都"的每一种用法进行更精确的刻画,找出其间的共性,由此对其不同用法进行整合和统一解释。对"都"的形式化研究始于对"都₁"语义刻画,李行德(Lee 1986)、刘凤樨(F. -H. Liu 1990)、林若望(J. -W. Lin 1998a)等都认为"都₁"表全称量化,它关联一个复数性集合并要求集合中的每个成员都具有某种特征,由此使句子产生分配性解读。目前,学界并未就"都"的核心语义达成一致,大体可分为两支:一支从"都₁"的分析引申开去,认为"都"的本质是全称量化,其不同的用法或意义源于量化对象以及量化结构映射上的差别(如蒋严 1998,潘海华 2006,蒋静忠、潘海华 2013,冯予力、潘海华 2018 等);另一支则认为"都"并没有完整的量化结构,也没有全称量化的要求。至于"都"的本质是什么,他们的看法却有很大的差异,有的将"都"处理为事件加合算子(S. -Z. Huang 1996,袁毓林 2005),有的将"都"看作最大化算子(Giannakidou & Cheng 2006,M. Xiang 2008),有的则认为表相对大量或程度高（徐烈炯 2007，蒋严 2011，李文山 2013）。第二支的各种分析，其出发点和侧重点各有不同，但都需要面对一个共同的问题，即如何用上面提到的这些概念解释"都₁"的分配性用法［参见（4）及（5）］？

（4）a. 所有的人捐了 10 000 元。

　　　b. 所有的人都捐了 10 000 元。

（5）a.？那些女孩系着一条花丝巾。

　　　b. 那些女孩都系着一条花丝巾。

在（4a）中，"所有的人"和混合性谓语（即既可以关联个体，又可以关联集体的谓语）"捐了 10 000 元"搭配时，句子只有集合性解读；而（4b）中，由于"都"的出现，句子的集合性解读被压制。反之，分配性解读，即所有人中的每一个都单独捐了 10 000 元，浮现了出来。（5a）中，没有显性分配算子的帮助，复数性主语"那些女孩"的集合性解读与分配性谓语"系着一条花丝巾"会发生冲突，导致句子接受度降低[①]；而（5b）中，在"都"的帮助下，分配性谓语所指谓的性质被分配到那些女孩中的每一个个体，使句子得到了合理的分配性解读。

由此看来，"都₁"的分配性证据确凿，而导致分配性的根本原因就是全称量化，例如，在（5b）中，"都"作为全称量化算子，关联一个特定的女孩的集合，并要求集合中的每一个个体都是谓语"系着一条花丝巾"所指谓的集合中的一员。分配性的本质是全称量化，这点也可以从分配性算子最初的定义中观察到（Link 1983，1987）。我们按照林克的分析将分配算子 D_{Link} 表征如（6）。

[①]　在一些罕见的情况下，（2a）才可能合法，如那些女孩都被一条大得出奇的丝巾围在一起。

（6）‖D_{Link}‖=λPλX∀y[y_{atom}∈X→P(y)]，其中，P表示谓语的
性质，X表示一个复数性成分，y为X中所含的单数个体。①

如（6）所示，分配性算子其实就是一个二元的全称量化算子，其量
化域是所关联的复数性集合X中的成员，而其核心域P则对应句
子谓语部分的语义。由此可见，若要探究"都"的语义内核，便无
法绕开全称量化的大概念。另外，需要注意，在林克的分配性研究
中，谓语语义总是被分配给单数个体，而之后的研究中，对分配性
算子的表征则由于"集盖"的引入而变得更复杂。

5.2　集盖说的形成及在英语中的应用

分配性算子的语义内核是全称量化，但关于分配性的研究并
不止于此，我们还需追问：对于一个复数性集合来说，分配可以达
到什么样的程度？这也就是本章引言所说的颗粒度问题。正是这
方面的考量促成了集盖说的提出。

5.2.1　集盖说形成的动因

林克（Link 1983,1987）对分配算子的分析［参见（6）］中，对于
一个复数性集合X，分配算子将谓语语义P分配给X中的每一个
单数个体（atom）y，笔者将这种分配方式称作基于个体的分配
（atom-based distribution）。在（5b）中，"都"的分配效应可以理解

---

①　林克（Link 1983）指出，若一个谓词具有分配性，则其外延中只包含单数个体。
林克（Link 1987）将具有分配性的谓语 ^D VP 定义如（i）［参见 Link（1987）中的定义
（48）］：

（i）^D VP：=λX∀y[y∈X→VP(y)]，其中 X 为复数性成分，而 y 为单数个体变量。

对（i）中的 VP 进行进一步的 λ-抽象，便可得到类似本文（6）中的分配算子 D_{Link} 的
定义。

为基于个体的分配,也就是说,谓语所表达的特征"系着一条花丝巾"被分配给那些女孩中的每一个个体。

然而,一些研究(Gillon 1992, Schwarzschild 1996)则认为,分配并不像林克设想得那么彻底,分配既可能针对复数集合中的个体,也可能针对由这些个体聚合而成的集合,如(7)所示。

(7) Rodgers, Hammerstein, and Hart wrote musicals.

(7)中含有一个隐性分配算子 D 将谓语语义分配给主语 *Rodgers*, *Hammerstein and Hart*。现实情况是,这三位作曲家都未单独写过音乐剧,Rodgers 与 Hammerstein、Rodgers 与 Hart 分别合写过作品。据此,基于个体的分配无法使得(7)在现实世界里为真,谓语语义似乎必须与(8)中的两个复数性集合相关联。

(8) {{Rodgers, Hammerstein}, {Rodgers, Hart}}

史瓦西(Schwarzschild 1996)将如(8)这样由复数性集合中的元素重新聚合产生的集合的集合(set of sets)称为集盖(cover)。而他所定义的分配算子操作的层面不再是林克(Link 1983)所说的个体,而是集盖中的成员(cover cells)。集盖的形成受到如下条件的约束:

(9) 对于一个集合 P,C 是 P 的集盖,当且仅当 C 覆盖 P 且 C 中的任何一个真子集都不覆盖 P。

若 C 覆盖 P,则须满足:

a. C 是一个由 P 的子集所组成的集合;

b. P 中的每个元素都可以在属于 C 的某个集合中找到[①];

---

① 即集合 P 与属于 C 的集合中的元素所构成的集合相等。

　　　　c. 空集不属于 C。

史瓦西(Schwarzschild 1996)认为,集盖 C 的具体组成由语境决定。因此,对于集合{a,b,c},C 的可能组成如(10)所示。

(10) C_1: {{a,b,c}}, C_2: {{a,b},{c}}, C_3: {{a,c}, {b}}, C_4: {{b,c},{a}}

　　　　C_5: {{a,b},{b,c}}, C_6: {{a,c},{a,b}}, C_7: {{a, c},{b,c}}, C_8: {{a},{b},{c}}

　　分配算子 D 要求集盖中的每个成员都满足谓语语义。由于分配在集盖的层面进行,传统意义上的集合性解读和分配性解读的本质并无差别,唯一的不同是所对应的集盖的构成有差异。传统的集合性解读对应 C_1,即集盖中只有一个复数性成员,该成员覆盖了集合{a,b,c}中的所有元素;而传统的分配性解读则对应 C_8,此时,集盖中含有三个单数个体构成的单元集,而这三个单元集和覆盖了{a,b,c}中的所有元素。除了 C_1 和 C_8,(10)中的其他集盖对应的是非典型解读或者说中间解读(intermediate reading)。特别值得注意的是,集盖中的成员允许有一定程度的重叠(如 C_5、C_6、C_7 所示),由此可以给类似例(7)的句子恰当的解释。

　　总的来说,集盖是一个比较自由宽泛的概念,基于集盖的分配赋予分配性算子 D 很强的解释力,可以涵盖典型的集合性解读和分配性解读以及一切非典型的分配性解读(或者说中间解读)。不过,就语言学研究而言,形式化概念的提出终究还是为了更好地刻画自然语言的意义,因此我们需要进一步回答:自然语言中的哪些元素正好诠释了集盖的概念,或者说,集盖在自然语言意义研究中是否必不可少?

5.2.2　集盖说在解释英语分配算子 D 时面临的问题

　　集盖说的产生动因是为了解释英语中的非典型分配性解读

［参见（7）］。然而,是否一定要靠集盖才能对相关语料进行形式化表征呢? 是否一定要在自然语言语义解释工具中添加集盖这一概念呢? 学界也不乏质疑的声音。

温特（Winter 2001）认为,（7）并不是所谓的非典型分配性解读,因此也不需要涉及集盖。（7）所表达的其实是累积性解读,即存在三位作曲家,Rodgers、Hammerstein 和 Hart,同时存在一些音乐剧,而这些作曲家和音乐剧之间是通过写和被写的关系联系起来的,到底具体哪位或哪些作家写了这些音乐剧中的哪一部与句子的真值条件无关。换言之,句子本身并不关注音乐剧在相关作家中是怎么分配的。要考察分配是否是在集盖层面上进行,就需要排除累积性解读的干扰。温特（Winter 2001）指出,当谓语中含有无定名词短语,就可以排除累积性解读,在此情况下,若仍然有非典型的分配性解读,则集盖说才可以真正得到支持。然而事实证明: 若将（7）中的谓语 *wrote musicals* 改为 *wrote a musical*,则即便语境倾向于对集盖｛｛Rodgers，Hammerstein｝，｛Rodgers，Hart｝｝中的成员进行分配,（11）仍然不支持这样的非典型解读。这样看来,集盖说这样宽松的处理办法与英语的语言事实也并不十分匹配。

（11）Rodgers, Hammerstein and Hart wrote a musical.

另外,兰德曼（Landman 2000）也指出,若集盖的具体组成由语境决定,则按理说,如果语境支持某种集盖聚集方式,就可以获得与之对应的解读。然而,事实上,就英语语料而言,集盖的构成并非史瓦西（Schwarzschild 1996）设想的那么随意,且看（12）。

（12）a. 语境：The odd prime numbers and the odd non-prime numbers are the odd numbers. The odd prime numbers are unevenly spread over the natural numbers. The odd non-prime numbers are unevenly spread over the natural numbers.

   b. The odd numbers are unevenly spread over the natural numbers.

奇数的集合可以包含两个子集,即奇数素数和奇数非素数,数学常识〔即(12a)〕告诉我们:奇数素数和奇数非素数在自然数中的分布都是不均匀的。如果英语中的分配算子 D 允许基于集盖╎奇数素数╎,╎奇数非素数╎的分配,那么,在此语境下,(12b)(即"奇数在自然数中的分布是不均匀的")应当为真,而这显然不符合语言事实。

   由上述讨论可知,集盖说在解释英语相关现象时存在两大问题:一个是集盖说所关注的非典型分配性解读其实是累积性解读,无法为集盖提供确凿的证据;另一个是集盖的构成主要依赖语境,而这样宽松的处理方式会允准一些事实上句子并不存在的解读。

5.3 集盖说在汉语中的应用及问题——以"都"为例

   虽说集盖说在解释英语语料时遇到了些许问题,但由于其强大的解释力,集盖说在其他语言中的应用仍在被不断推进,汉语就是其中一例。林若望(J. -W. Lin 1998a)借鉴了史瓦西(Schwarzschild 1996)的集盖说,首次对"都₁"的分配性和量化能力进行了形式化的定义。本节探讨林若望(J. -W. Lin 1998a)使用集盖这一概念时的考量以及集盖说在汉语中的进一步推广(尚新2011),并分析集盖说在解释"都₁"的分配性时的局限性。

5.3.1 林若望(J. -W. Lin 1998a):"都₁"的量化域是集盖

   李行德(Lee 1986)、刘凤樨(F. -H. Liu 1990)等都指出"都₁"是

一个全称量化算子,可以使句子获得分配性解读。林若望(J. -W. Lin 1998a)则进一步认为"都₁"是史瓦西(Schwarzschild 1996)的基于集盖的广义分配算子在汉语中的显性体现,其语义核心是全称量化,但是全称量化的量化域不是复数性集合中的单数个体,而是以复数性集合为背景产生的集盖中的成员。林若望(J. -W. Lin 1998a)对"都₁"的分析可以形式化表达如(13)。

$$(13) \quad \| Dou \| : \lambda P \lambda X \ \forall y [\, y \subseteq X \ \wedge \ y \in \| Cov \| \rightarrow P(y)\,]$$
其中 X 是一个 <e,t> 类型的复数性集合,P 是 <e,t> 类型的谓词,对应谓语的语义,Cov 是基于 X 产生并由语境决定的集盖。①

林若望(J. -W. Lin 1998a)使用集盖的概念的动因主要是基于如下的语言事实:

(14) 那些人都是夫妻。

(15) 他们三个都是同学。

林若望(J. -W. Lin 1998a)指出:夫妻关系和同学关系都涉及多人,单数个体不可能是此类谓语所指谓的集合中的成员,因此,基于个体的分配无法使(14)和(15)得到合适的解释。和"是夫妻""是同学"这样需要用到集盖的谓语还包括"犯了一个相同的错误""长得很像""合用一个厨房""互相亲吻了一下"等。鉴于集

---

① 林若望(J. -W. Lin 1998)并未直接给出(13)中的定义,但在文中明确表示史瓦西(Schwarzschild 1996)对于集盖分配的分析可以被运用到"都₁"上,因此,"他们都长得很像"的表达式为(i)(参考 Lin 文 9.2 及 9.3 节)。

(i) $\forall y [\, y \in \ \| Cov \| \ \wedge \ y \subseteq Z \rightarrow look\text{-}alike'(y)\,]$

通过对表达式(i)的 λ-抽象,我们便可得到 J. -W. Lin 对于"都₁"的定义,即文中的表达式(13)。

盖中的成员可以是复数性集合,林若望(J.-W. Lin 1998a)认为 "都₁"是基于集盖的分配性算子/全称量化算子。

除了上述例子,林若望指出,"都₁"作为基于集盖的分配算子 还能解释混合性谓语的一些相关解读,如(16)。

(16)这里的语言学家都曾在期刊上发表过文章。

要使(16)为真,这里的语言学家可能不一定都独立在期刊上发表 过文章,他们之间也可以合作发表文章。根据林若望(J.-W. Lin 1998)的分析,这种情况只能利用集盖加以解释,即谓语"在期刊 上发表过文章"被分配到由相关语言学家的集合所产生的集盖,而 集盖的成员可以是个体的语言学家也可以是若干语言学家组成的 复数集合。

5.3.2　尚新(2011):"都₁"要求集盖具有均配性

尚新(2011)对集盖在汉语中的应用进行了更深的探索,指出 "都₁"的全称量化是在集盖的层面上而非个体的层面上进行的,而 且"都₁"会触发集盖的均配性。换言之,尚新(2011)对集盖成员 聚合的方式做了进一步的限制,例如,他认为对称型谓语"见过 面"指谓双边型事件,因此当"都₁"将谓语语义分配给集盖时,要 求集盖中的成员都是两两组合的双元集。

(17)甲、乙、丙都见过面。

按照尚新(2011)的分析,(17)中"都"的量化域为由三个双元集所 组成的集盖:{{甲,乙},{乙,丙},{甲,丙}}。

依次类推,若谓语指谓的是单元型事件,如"写小说",或多边 型事件,如"集合到了操场上",则"都₁"会相应地要求其关联的集盖中的成员是满足谓语的单元集合或多元集合。"都₁"对集盖的均配性要求从一定程度上对集盖的构成进行了限制,例如,对于(17)来说,⎨⎨甲⎬,⎨乙,丙⎬⎬这样的集盖聚合方式就不能被"都₁"允准。

5.3.3　集盖说解释"都₁"分配性用法时的问题

林若望(J. -W. Lin 1998a)对"都₁"的定义与史瓦西(Schwarzschild 1996)对英语分配算子 D 的定义一脉相承,因而后者所面临的一些理论问题也可能出现在前者对"都₁"的分析中。而语言事实证明,第5.2.2节中所提到的问题的确延续到了"都₁"的分析里。

若认为"都₁"所关联的集盖的聚合方式很大程度上取决于语境,和史瓦西的分配算子一样,集盖聚合方式的随意性也会允准许多实际上并不存在的解读。从这一角度看来,"都₁"作为基于集盖的分配算子的分析不够严密。且看(18)。

(18) a. 语境:张明、王勇和李强帮同学搬家,王勇力气最大,他一只手和张明一起抬一个小书柜,另一只手和李强一起抬一张桌子。

　　　b. 张明、王勇和李强都抬着一件家具。

参照(18a)的语境,(18b)中所涉的三人组成的集盖应为:⎨⎨张明,王勇⎬,⎨王勇,李强⎬⎬。然而,尽管有语境的支持,(18b)仍然不支持基于该集盖的分配性解读。

撇开上述由史瓦西的分析延续下来的问题,基于集盖的分配对"都₁"来说有时候又显得太过严格,且看(19)。

(19) 他们都合用一个厨房。

(19)的一个可能解读为：他们中的有些人互相之间合用一个厨房，而另一些人各自和"他们"之外的人合用厨房。假设"他们"指谓集合{a，b，c，d}，一种可能的厨房使用情况可以表示如(20)，其中 k_1、k_2、k_3 为厨房。

(20) {a,b}—k_1
{c,e}—k_2
{d,f}—k_3

若要得到与(20)匹配的解读，则(19)中的谓语"合用一个厨房"将被"都₁"分配给如下的集盖：

(21) {{a,b},{c,e},{d,f}}

然而，按照(9)中对集盖的定义，集合 P 产生的集盖 C 不能包含不属于 P 的元素。这样，基于集盖的分配似乎就无法涵盖(20)所表示的解读。

要正确刻画(19)的解读，一种可能的解决办法是认为谓语"合用一个厨房"其实应理解为"(跟人)合用一个厨房"。的确，在(20)所表示的情况中，{a,b,c,d}中的每个个体都跟别人合用一个厨房，按照"(跟人)合用一个厨房"的意思来分析句子的谓语，则相应地，"都₁"所关联的量化域可以转化为{{a}，{b}，{c}，{d}}，即由单元集组成的集盖。

集盖的应用主要是为了涵盖非典型解读，即量化域中的成员不是单数个体，而是多元集合，甚至量化域中的成员之间有重叠的情况。而(20)所刻画的情况无法用多元集合组成的集盖来解释，相反，由单元集组成的集盖或者说基于个体的分配却可以给予其恰当的解释。由此可见，基于个体的分配加上对谓语的适当操作，也可以具有强大的解释力。反观上述由集盖引起的问题，我们不禁要问,若要刻画"都₁"的语义,假设基于集盖的分配是否真的必要?

　　另外,需要注意的是,林若望(J. -W. Lin 1998a)研究中适用集盖来解读的例子只涉及一小部分特殊的"集合性谓语"。典型的集合谓语,如"包围了图书馆""是一个团体"等在参与语义组合时并不支持非典型解读或中间解读。一般,这类谓语吸收一个复数性个体并直接与之形成主谓关系,而不需要分配算子的协调,也不需要牵涉集盖,由此可见,集盖的适用范围比较小。在第5.4节中,笔者会更详细地说明,林若望(1998a)的例子并不一定需要集盖才能解释,通过对谓语的适当操作,一样可以得到所需的非典型解读。

　　本节最后,笔者对尚新(2011)研究中"都₁"的均配性要求做一些讨论。尚新(2011)认为,根据谓语所表达的事件类型,"都₁"进一步要求集盖中的成员在聚合时满足均配性。此处事件类型的区分,主要是基于参与事件的个体的数目。例如,谓语"见了面"和"配对"等谓语指谓双边型事件,因为一般最少需要两个人参与一个"见面"或者"配对"的事件。对于这些双边型事件谓语,"都₁"要求其所关联的复数性成分所产生的集盖应该是一个双元型集盖,即集盖中的成员都是包含两个元素的集合。

　　然而,需要注意的是,很多谓语所表达的事件类型,如"写了小说""买了车子"等,是难以确定的。写小说可以是个体性的创作活动,也可以是多人合作的创作活动,针对类似"写了小说"这样的谓语,"都₁"的均配性如何体现呢?同样,买车子,按常理,可以是独资购买或合资购买,(22)为真的一种可能情况为:他们当中,a独立买了车,b和c一起出钱买了车。因此,尽管有"都₁"的出现,也不要求集盖的均配性,即不强制他们中的每一个人或每一对都买了车。

　　(22) 他们都买了车子。

又如,(23)有一个可能解读是男同学种了 10 棵树,女同学也种了
10 棵树。如果"都₁"要求集盖成员的均配性,那么显然(23)若要
为真,男女同学的人数应该是相当的,但是直觉告诉我们,(23)并
没有这么苛刻的要求。

(23)男同学和女同学都种了 10 棵树。

由此,我们认为,集盖聚合时的"均配性"要求并不是由"都₁"
施加的规定,而是某些谓语的语义对参与事件人数加以的额外限
制。"均配性"并不是"都₁"的语义中的必要部分。

5.4 另一种刻画"都"的分配性的方案——隐形 论元说

上两节详细分析了"集盖"在解释英语以及汉语"都"的分配
性的语言现象时会出现的问题。尤其是对于汉语"都₁","集盖"
这一概念的应用有时显得过于宽松,有时又显得过于严格。另外,
"都₁"对于集盖并没有强制性的均配要求。

本节中,笔者认为,"都₁"所含的非典型解读,不一定非要用集
盖才能解释,或者说,将"都₁"扩展为一个基于集盖的分配算子并
不是唯一的、必要的解释相关现象的办法。相关的非典型分配现
象,其根本原因在于谓语语义而非"都₁"本身。在此基础上,本节
提出另一种解释手段:隐形论元说(亦参考 Pan 2000,Feng 2014)。

5.4.1 隐形论元说的基本思想

从语言事实的角度看,"都₁"的分配性解读一般主要是针对复
数集合中的个体,如(24)。

（24）张三、李四和王五都丢了十块钱。

如果汉语允许基于集盖的分配，那么（24）就可以有多种可能的解读，如张三和李四一共丢了十块钱，而王五一人独自丢了十块钱，然而直觉告诉我们（24）只允许一种解读，即这三个人每个人都丢了十块钱。因此，笔者认为"都₁"根本上还是一个基于个体的分配性算子①，即传统的林克（Link 1983）所定义的分配性算子［参见定义（6）］。

　　林若望（J. -W. Lin 1998a）提到的"都₁"与某些"集合性谓语"共现的例子，如"他们都长得很像"或"他们都是夫妻"，并不一定构成对基于个体的分配的反例，我们也无须因此就引入集盖分配这一理论假设。相反，我们认为非典型解读的关键在于：这些句子所含的谓语具有特殊性，与典型的集合性谓语不同，这类"集合性谓语"在与"都"组合时，由于"都"是基于个体分配的算子，为了调节与"都"的语义冲突，谓语中会引入一个隐形的论元 x，且由于该隐形论元的存在，这些"集合性谓语"被转换成了分配性或者说个体性的谓语。例如，（25）中，"长得很像"在参与语义组合时被处理成"长得（跟 x）很像"，经过这样的处理，（25）中"长得很像"的语义解释可以表征如（26）。

　　（25）他们都长得很像。

---

①　有些情况下，"都₁"并没有将谓语语义分配给个体，如（i）所示：

　　（i）. 这本书我都看了。

（i）意为"这本书中的每一个部分我读看了"。"都₁"的量化域不是由具体个体组成的，而是概念上的这本书的若干组成部分。针对这类语义上的复数性成分的分配用基于个体的分配或者基于集盖的分配都没法解释，因为两者都是和集合相关的，而这类复数性成分指谓的是抽象的组成部分而不是具象的个体集合。一个可能的解决方法是假设有一个负责单位划分的函数 μ，μ 作用于一个单数个体，并将之等分成若干个单位，由此将一个单数性成分转化为一个复数性的集合，集合中的成员是由 μ 产生的各个单位（参见 Krifka 2008）。

（26） $\forall y[y \in \|$ 他们 $\| \rightarrow y$ 跟 x 长得很像]

（26）中,x 的具体取值由语用因素决定,并不是句子真值条件的一部分,所以,在语义表达式中,x 并不被任何算子绑定。x 的取值可根据语境进一步进行限定,如果相对于每个 y,x 的值固定,则得到"他们中的每一个人都跟某个 x 长得很像",按照常识,如果他们每一个都跟某一个人长得很像,那么亦可推知他们每一个人互相都长得很像。

隐形论元说使得我们能够避免添加"都₁是基于集盖的分配性算子"这个广义的理论假设。相反,我们只是把一些看似特殊的例子简化为相关谓语的特殊性质。隐形论元说不涉及集盖,因此也避免了第 5.3 节中所罗列的由集盖引出的理论问题。第 5.4.2 节会对该理论的应用做进一步的解释和深化,旨在回答如下的问题:隐形论元说适合哪些类型的谓语?隐形论元在什么情况下会被引入句子的语义解释?隐形论元说如何通过调节 x 的取值得到相关句子的多种可能解读?

5.4.2　隐形论元说的具体应用

本节首先归纳适用隐形论元说的谓语类型,并对这些谓语类型的共同点和内部差异(尤其是引入隐形论元的条件)进行探讨,最后本节以具体的例子演示隐形论元说的解释力。

5.4.2.1　隐形论元的适用对象及引入条件

在讨论隐形论元说的具体应用之前,先总结一下哪些谓语适用于隐形论元说。据观察,能够引入隐形论元的特殊谓语主要有下面几类:

Ⅰ. 显性/隐性互相型谓语(reciprocal predicates):

互相亲吻了一下、互相打了招呼、是夫妻、是同学、长得很像……

Ⅱ."相同"／"不同"型谓语：

犯了一个相同的错误、有不同的兴趣爱好……

Ⅲ.含有"合"的谓语：

合用一个厨房、合唱一首歌……

Ⅳ.宾语为光杆名词的混合性谓语：

发表过文章、买了房子……

上述四类谓语虽然都可以引入隐形论元 x，但其各自的语义仍有差异。其中，我们将第Ⅰ、Ⅱ、Ⅲ类谓语称为非典型集合性谓语。非典型集合性谓语虽然常常需要吸收一个复数性成分才能成句，但在语义上它们也关注复数性成分中的个体是如何参与谓语所表达的语义关系的，由此"集合性"可以被重新拆分为若干个体协同参与的语义关系，并允准隐形论元 x 的出现。例如，若要判断某个复数集合是否满足"互相亲吻了一下"，我们可以检查每个个体是否作为亲吻者或被亲吻者参与了谓语所表达的事件；若要判断某些个体是否满足"合用一个厨房"，我们则需要考察其中每个个体使用厨房的情况。相比之下，典型的集合性谓语，如"是一个团队""占了多数"，关联的是整个群体（group）（Landman 2000），而不关注群体到底是由哪些个体组成的，也不关注群体中的个体与谓语语义之间的关系，因此典型集合性谓语只允许从整体上判断相关群体是否满足谓语语义，而且不允准隐形论元 x 的出现。如（27）所示，一方面，典型集合性谓语"是一个运动队"需要群体充当论元，无法通过引入隐形论元支持基于个体的分配；另一方面，"那些高大的男生"指称若干单数个体而非若干群体，因此，"都"的分配性要求会造成个体和群体之间的语义冲突，从而导致句子不合法。

（27）＊那些高大的男生都是一个运动队。

非典型集合性谓语能够允准隐形论元，但是引入隐形论元是

汉语量化现象研究

有条件的,是为了使得句子顺利组合而做出的不得已的选择。如(28)所示,若没有"都",这类谓语可以直接吸收复数性集合作为其论元。此时,由于缺乏分配性的要求,我们无须特别关注他们中的个体是如何参与谓语语义关系并促其实现的,因此隐形论元的引入是不必要的。

(28) a. 他们长得很像。
　　　b. 他们犯了一个相同的错误。
　　　c. 他们合用一个厨房。

然而,若在(28)的例句中加入"都",情况则不同了。"都"的分配性会要求复数集合中的个体与谓语所表达的属性进行关联,而"长得很像"等谓语却表达若干个体间的相互关系,无法直接关联单数个体。在此类情况下,为了确保语义组合顺利进行,谓语中便引入了隐形论元。

"都"的语义要求迫使非典型集合性谓语引入隐形论元,除了这种语义层面的因素,语境信息也可以迫使隐形论元的引入,因此合适的语境支持可以使一些我们不太说的句子显得合法。如(29)所示。

(29) a. A：我觉得小张长得很像刘德华。
　　　　 B：对,**他长得很像**。
　　　b. A：我平时喜欢做数独。
　　　　 B：嗯,巧了,**我有相同的爱好**。
　　　c. A：你和那个女生很熟吗?刚才和她一起唱卡拉OK。
　　　　 B：没有啊,**我就合唱了几句**。

非典型集合性谓语需要复数性成分做主语,单独看的话,(29)的例句中加粗的部分只含有一个单数个体,我们无从知晓谓语所表达的

· 168 ·

语义关系如何形成,因此这类句子我们一般不说。不过,充分的语境信息可以提供某个具有显著性的个体 x,并促使隐形论元的引入。引入隐形论元后的谓语便可以直接吸收单数个体作为论元了。

　　第 Ⅳ 类谓语,即宾语为光杆名词的混合性谓语,与前三类的根本差异在于它们在语义上允许分配性解读以及集合性解读。如(30)所示,单数个体"他"或复数集合"他们"可以直接与谓语组合,表示相关个体或者集合具有买了房子的属性。尤其,"他们买了房子"的语义解释所涉及的是前文提到的累积性解读,表示"他们"所指称的集合与具有房子属性的个体或集合之间形成了买与被买的关系,句子真值条件并不关注"他们"中的个体到底如何参与到买房的事件中或者到底各买了几套房子。

　　(30)他/他们买了房子。
　　(31)他们都买了房子。

　　而(31)中,"都"的分配性则检视"他们"中的每一个个体是如何与谓语属性相关联的,促使我们在个体的层面考虑更多的可能性。(31)可以表示"他们"中的每个人都独立买了房,但需要注意,若他们每个人都和人合伙买房,句子仍可为真。若要得到多人合伙的解读就必须引入隐形论元 x,将"买了房子"重新分析为"跟 x 买了房子"。当然,我们还需考虑另一种可能,即"他们"中的有些人独立买房,而有些人则合伙买房。这一解读亦需要引入隐形论元才能实现,对于其中独立买房的情况,我们只需允许隐形论元 x 的取值与买房者的取值一致即可,即 x 跟 x 自己买了房。换言之,与前三类非典型集合性谓语不同,混合性谓语在不得已的情况下引入隐形论元 x 时,x 的取值比前三类更自由:对于某个复数性成分中的每个成员而言,谓语中所含隐形论元的取值可以与该成员一致或相异。有趣的是,若混合性谓语的宾语带有数量限定成分(如"买了一栋房子"),则与"都"共现时,不(或很难)允许合作买房的解读,如(32)只能解读为每个人都独立买了一栋房子①。

(32) 他们都买了一栋房子。

鉴于(32)这样的例子,笔者认为"买了一栋房子"之类的谓语不能允准隐形论元。至于,为何会有这样的差异,初步解释为:光杆名词本身不包含个体性或者单位性,因此即便是购买了部分房子的产权,也可以视为具有"买了房子"的属性,从而容易引起多人合作买房(每人只拥有房子中的一部分)的解读;而数量表达具有明确的单位性,可以间接排除了购买部分房产的解读,因此"买了一栋房子"倾向于典型的基于个体的分配性解读,不适合设置隐形论元。

基于上面的论述,笔者认为,谓语主要可分为如下几种类型:分配性谓语、混合性谓语、非典型集合性谓语、典型集合性谓语。分配性谓语从本质上支持基于个体的分配;而典型集合性谓语关联群体,并不支持对于群体内部成员进行分配,所以也无须考虑到底分配是基于集盖还是基于个体。非典型集合性谓语一般与复数性集合关联,获得类似集合性的解读,但这类谓语亦从一定程度上关注集合内个体如何参与谓语语义关系。如果在某些情况下(如"都"出现时),谓语语义必须与个体相关联,为了解决语义上的冲突,便需要引入隐形论元,进一步转化为支持基于个体分配的谓语。混合性谓语的情况较为复杂,可以支持分配性以及集合性解读,同样,只有在语义组合真正有需求的时候,它们才会引入隐形论元。总体而言,对于各种类型的谓语来说,都不需要涉及基于集盖的分配,若语义组合发生困难,引入隐形论元,问题就可以得到解决。

5.4.2.2 隐形论元说的应用实例

下面通过具体的例子探讨如何通过隐形论元说来获得句子的

---

① 当然,有可能他们中的每一个人都独立购买的其实是同一栋房子(如遭遇黑中介,同一栋房子被违规多次售卖的情况),但这与合伙买房有本质的差异。

各种可能解读。首先看例(33)〔重复自(25)〕。

　　(33)他们都长得很像。

假设(33)中的"他们"指谓集合{a，b，c，d}，符合(33)的情况大致有两种：其一，"他们"每个人都长得很相似。其二，"他们"中可以分为若干小组，小组内的人很像，而小组之间的相似度并不高，例如 a 与 b 长得很像，而 c 与 d 长得很像，然而 a 与 c 或 b 与 d 之间却不像，如(34)中的语境所示。

　　(34)这次实验找的被试是两对同卵双胞胎，他们都长得很像。

根据隐形论元说，(33)的语义表达式重复如(35)，那么如何得到这两类解读呢？我们认为这取决于 x 的进一步取值。若相对于每个 y，x 的取值固定，则得到第一种情况；若相对于每个 y，x 的取值不固定，或者说随着 y 变化，则可得到第二种情况。

　　(35)　$\forall y[y \in \parallel$ 他们 $\parallel \to y$ 跟 x 长得很像]

再看例(36)：

　　(36)他们都合用一个厨房。

可以使得(36)为真的情况主要有以下几种情况[①]：

――――――――――

　　①　另外，还有一种可以使(36)为真的情况，即他们中的每一个人都跟他们以外的某个人合用一个厨房(他们使用的厨房的总数大于1)。这种情况比较少见，但也不无可能，如假设厨师长 e 掌管四个厨房($k1$、$k2$、$k3$、$k4$)，他们({a,b,c,d})分别在厨房 k_1、k_2、k_3、k_4中工作，则 e 与 a 合用厨房 k_1，e 与 b 合用厨房 k_2，e 与 c 合用厨房 k_3，e 与 d 合用厨房 k_4。

（37） a. 他们每个人都合用同一个厨房。

b. 他们互相之间合用若干个厨房。

c. 他们每个人都与他们以外的其他人合用厨房。

d. 他们中，有些人合用同一个厨房，有些人与他们以外的人合用厨房。

为了便于理解，笔者用图示对（37）中的各种情况进行更直观的描写，其中他们对应 A、B、C、D 四人：

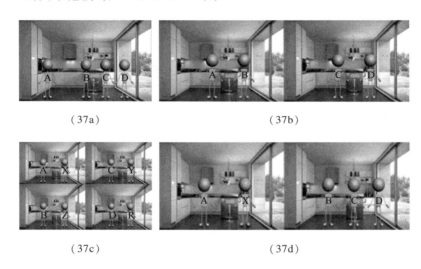

（37a）   （37b）

（37c）   （37d）

（37）中的各种可能情况，是由两个因素所导致的：其一，他们中的每个人合用厨房的伙伴可以从"他们"所指谓的集合中取值如（37a）、（37b），也可以在他们之外的个体中取值，如（37c）。还有一种更复杂的情况，即某些人合用厨房的伙伴属于"他们"所指谓的集合，而另外的人则和他们以外的人合用厨房，如（37d）。其二，他们所使用的厨房可以是同一个，也可以是若干个。第一种因素引起的变化，其根本原因是隐性论元 x 的取值可以多种多样；第二种因素引起的变化，则是与无定名词短语"一个厨房"到底对于他们中的每一个人取宽域还是取窄域有关。

　　根据隐形论元说,(36)中的谓语"合用一个厨房"应理解为"跟 x 合用一个厨房"。因此(36)的语义解释如(38)所示,其中 x 的具体取值由语境进一步决定。

（38）$\forall y[y \in \|他们\| \rightarrow y 跟 x 合用一个厨房]$

　　我们已经知道,隐形论元 x 的取值比较灵活[①],对于每个 y 来说,x 的取值可以从"他们"中选,也可以从"他们"以外的人中选。若要得到符合(35a−d)中的各种情况,只需依据语境对 x 的取值做进一步的限制即可。另外,若一个厨房所引出的存在量化算子对于全称量化算子取宽域,则对于每个 y 来说,y 跟人合用的都是同一个厨房;若对于每个 y 来说,存在量化算子取窄域,则 y 可能跟人合用若干个不同的厨房。由此,假设要得到(37a)中的解读,我们只需要求 x 的取值是从"他们"所指谓的个体中选择,而且约束"一个厨房"的存在量化相对于每个 y 取宽域即可,其具体表征如(39)。注意:此处 x 的取值无须是"他们"除却 y 的所有人。

（39）$\exists z[厨房(z) \wedge \forall y[y \in \|他们\| \rightarrow (y 跟 x 合用 z \wedge x \in \|他们\|)]]$

　　由上述论述可知,隐形论元说将看似不基于个体分配的非典型解读归因于某些类别的谓语的特殊语义。此类谓语并不是典型的集合性谓语,并不支持在复数性集合层面上的分配。在参与语义组合的时候,这些谓语会引入一个隐形论元 x。由此转化为支持个体分配的谓语。另外,我们还可以通过调节 x 的取值来得到相关句子的各种可能解读。

---

　　① 　需要注意的是,谓语"合用一个厨房"的词汇语义会要求:对于每一个 y, x 的取值不能与 y 相同,即排除一个个体和他本身合用一个厨房的情况。

汉语量化现象研究

5.5　本章小结

　　本章重新审视了一个在全称量化及分配性研究中被广泛应用的概念——集盖。集盖说的提出最初是为了解释英语中的一些非典型解读。本章罗列了集盖说在解释英语分配性算子 D 以及汉语"都₁"时可能产生的问题。鉴于这些问题,我们认为,对于集盖这一理论假设的应用应当慎之又慎。

　　同时,可以发现:集盖这一概念并非必不可少,隐形论元说也具有相当的解释力。隐形论元说将相关的非典型分配性解读转化为谓语的特殊性质,从而避免了在解释分配现象时广泛使用集盖这一假设,由此绕开了由集盖而产生的许多真实语料中并不存在的解读。另外,隐形论元的不同取值可以为相关句子的歧义提供理论解释,而相形之下,有时,单靠集盖说并不能得到句子的所有可能解读。

　　另外,本章将谓语类型分为分配性谓语、混合性谓语、非典型集合性谓语和典型集合性谓语,并明确了这几类谓语所吸收的论元类型。尤其是,本章指出在不得已的情况下,混合性谓语及非典型集合性谓语可以通过引入隐形论元转化为能够吸收个体的分配性谓语,从而从谓语的角度排除了集盖说的必要性。通过集盖这一与分配性相关的概念的评估,并提出修改方案——隐形论元说,我们得以对全称量化算子"都"的分配效应做出更精确的刻画。

·174·

第六章
量化分析与极性敏感现象
—— 以"都"与"哪"-短语的互动为例

本章探讨"都"与疑问短语"哪+CL+N"的非疑问用法之间的互动,尤其说明全称量化逻辑与任选义的区别与联系,以此为例来阐释量化成分与极性敏感现象的关联。量化成分的研究往往会牵涉极性敏感现象,而极性敏感现象的研究也会反过来起到质疑或印证相关成分的量化分析的作用。可以说,量化研究和极性敏感研究互相交织,这也是为什么基南和帕佩尔诺(Keenan & Paperno 2012)的跨语言量化调查问卷中也特别设计了有关极性敏感现象的问题。

本书第四章探讨"都"的最大化分析方案时,已经提到了一些与"哪+CL+N"有关的极性敏感现象,不过其实这类短语并不只对否定极性环境敏感,此外还有别的用法。因此,本章从詹纳基杜和郑礼珊(Giannakidou & Cheng 2006,以下简称 G&C)对于"哪+CL+N"以及"都"的分析出发,对"哪+CL+N"(简称"哪"-短语)的各类非疑问用法的分布以及允准条件做更全面的分析,更好地说明"哪"-短语的意义本质、分布特点,并更系统地解释"都"的量化分析与"哪"-短语的意义分析之间的互动关系。

疑问短语的非疑问用法也被称为"wh-indeterminates",文献中提到的疑问词的非疑问用法包括表存在、全量、任选等,而允准各类用法的环境则包括否定语境、情态语境、未来时等。汉语疑问词研究中,相关理论争议的焦点则包括:汉语疑问词各类解读的允准条件是什么,如何赋予各类非疑问用法统一的解释,疑问用法和非疑问用法具有何种联系,等等(参见 Kuroda 1965;C. -T. Huang 1982;Cheng 1991;Li 1992;J. -W. Lin 1998b,2014;Hua 2000 等)。针对"哪"-短语,詹纳基杜和郑礼姗的一系列研究(G&C 2006,Cheng

2009，Cheng & Giannakidou 2013）从任选词理论的角度出发,基于希腊语和汉语的对比指出汉语疑问短语的非疑问用法可以依据其内涵性分为两类:"哪"-短语和"任何"-短语属于内涵性疑问短语,而可单独出现的疑问词(如"什么")则为非内涵性。她们认为,"哪"-短语属于典型的内涵性任选词,只有任选义,且对否定极性不敏感。

根据詹纳基杜(Giannakidou 2001)的理论,内涵性疑问短语的语义含有一个未被约束的可能世界变量,该变量的取值允许相对于所有可能世界的穷尽性变化(exhaustive variation)。所谓穷尽性变换,指的是在每个可能世界中,由内涵性"哪"-短语引入的个体变量必须被赋以不同的值。在形式表征上,詹纳基杜用i-选项(identity-alternative)来表示这种变换要求,其定义见(1)。i-选项的概念最初由达亚尔(Dayal 1997)为了解释自由关系从句的语义而提出,需要注意的是,达亚尔的分析中,i-选项所涉及的那些可能世界中,言者是基于参考世界所形成的那些为真的信念,而詹纳基杜所说的i-选项则不对可能世界的选择加以区别,涵盖了所有可能世界。笔者认为,这一改变的主要动因是,詹纳基杜想要通过i-选项的概念来解释极性成分常有的"扩域(domain widening)"效应。

(1) i-alternatives: A world w_1 is an i-alternative wrt α iff there exists some w_2 such that $\| \alpha \|^{w1} \neq \| \alpha \|^{w2}$ and for all β,

$\| \beta \|^{w1} = \| \beta \|^{w2}$ （Giannakidou 2001）

如(1)所示,除了由疑问词引入的变量的赋值以外,i-选项在其他方面都始终保持一致。引入i-选项意味着,比参照世界(往往也就是真实世界)更不典型的可能世界中的实体也被包含进来,这样就产生了针对疑问词所指对象的扩域,从而得到了近似全称量化的效应。从(1)中,可以看出,詹纳基杜希望能够仅仅通过极性敏感词或者任选词本身的意义贡献来解释其所体现出的"量化效应",而不是依赖于相关句子中的量化成分来赋予任选词量化义。这一思想在 G&C(2006)对于"哪"-短语和"都"的分析中也得到体现。

汉语疑问短语常常可由"都"允准。传统认为"都"是全称量化词,而疑问短语引入的实体集合则为之提供量化域(参考 Lee 1986;J. -W. Lin 1998a;Pan 2006)。G&C(2006)则给出了完全不同的分析,认为全称量化是疑问短语的任选义产生的伪像,"都"只是类似定冠词的有定标记,功能是对疑问短语引入的实体集合进行最大化操作。所以,对于(2)而言,持全称量化观的研究会认为"都"对于"哪本书"引入的书的集合做全称量化,得到"对于每本书 x,我都想买 x"的解读,而以 G&C(2006)为代表的最大化分析则会认为"哪本书"的内涵性本质令句子得到"我想买任何书"的解读,这种解读有类似全称量化的意味,但其实属于任选义,"哪本书"的任选义由内涵性动词"想"允准,而"都"只是对于"哪本书"所引入的书的集合做最大化操作,起到限定集合范围的作用。

(2)哪本书我都想买。

与 G&C 的分析不同,陈莉(L. Chen 2013)提出了"哪"-短语分析的新角度,指出"哪"-短语可以出现在阶段性语境中,其表现与内涵性任选词不同,更适用否定极性词的解释。冯予力(Feng 2014)在分析"都"与疑问短语的互动时,对 G&C(2006)的任选词分析提出更多不同意见,发现:"哪"-短语与典型任选词不同,并不对所有内涵性环境敏感,而是只能被某种特定的内涵性环境——认识情态所允准,而在这种环境下,"哪"-短语浮现的不是任选义,而是更弱的模态变化效应(modal variation effect);从跨语言的角度看,"哪"-短语的表现接近于(但不等同于)西班牙语无定成分 *algún*,适用认识性无定成分(epistemic indefinite)的分析方案。其后,刘明明和崔延燕(Liu & Cui 2019)在分析汉语疑问词语义时亦提到模态变化效应及其与 *algún* 的相似性,但未全面讨论"哪"-短语对允准其出现的情态环境的限制及"哪"-短语在各类允准环境下的表征方案(亦参考 Z. Chen 2021)。

在此背景下,下面的讨论从跨语言对比的角度更深入地考察汉语"哪"-短语的分布,并进一步在认识性无定成分框架内分析其意义本质。基于与德语、西班牙语及罗马尼亚语等语言中相关成分的对比,笔者认为"哪"-短语属于认识性无定成分,在表现上最类似罗马尼亚语无定成分 *vreun*,从跨语言的角度看,其功能符合哈斯普马特(Haspelmath 1997)的功能毗连假说,"哪"-短语可以产生无知效应(ignorance effect),表示言者或主句主语对相关实体的名称、感知证据或具体描述方面有一定程度的知识缺失,由此将"哪"-短语纳入认识无定成分的跨语言图景。"哪+CL+N"有两种允准条件,即出现于认识情态算子或者向下蕴涵成分(或者说否定极性环境)的辖域内,在认识情态辖域内"哪+CL+N"不做任选词解释,而是产生无知效应及模态变化效应,而"都"的限定域则是后一种允准条件之下的一个子类。本章的讨论可以为汉语疑问短语的用法、认识无定成分的跨语言表现以及量化理论与极性敏感理论的关系等重要语义问题提供参考。

本章第 6.2 节说明 G&C(2006)对于汉语"哪"-短语的内涵性任选词分析的问题;第 6.3 节讨论"哪"-短语的允准条件(包括由"都"允准的情况)及产生的语义效果对任选义和全量义进行辨析;第 6.4 节从跨语言比较的角度分析"哪"-短语作为认识无定成分的特点;第 6.5 节给出"哪"-短语的形式化定义以及在各类允准条件下所呈现出的具体表征;第 6.6 节为结语。

6.1 "哪"-短语的任选词分析的问题

本节说明"哪+CL+N"不具备典型内涵性任选词的两大特征,

反阶段性以及量化可变性。

G&C(2006)及其后续研究指出：内涵性任选词的基本属性是反阶段性和量化可变性。内涵性任选词所含的可能世界变量需要进一步受到内涵性算子的约束，这决定了内涵性任选词只能出现在非阶段性和非真实的环境中，而无法出现在表达阶段性事件的句子中（即反阶段性），而且它们可以与不同类型的量化算子相容，只要算子可以约束可能世界变量就能够允准它们的出现（即量化可变性）。内涵性任选词分为有定和无定两个子类，希腊语中，有定内涵性任选词以自由关系从句的形式实现，而无定内涵性任选词则以名词短语形式实现。"哪"-短语属于内涵性任选词，其内涵性由短语中隐含的"无论"所赋予；"都"的功能是针对名词域进行最大化操作从而表有定，因此与"都"共现时，"哪"-短语变为有定任选词。

下面基于语言事实论证"哪"-短语不具有G&C(2006)所归纳的任选词的两大基本属性。

6.1.1　"哪"-短语没有反阶段性

内涵性任选词一般不能出现在表达特定事件的阶段性环境，因为在此类环境中任选词的可能世界变量无法受到约束。汉语典型阶段性环境标记包括完成体标记"了"和否定标记"没有"，此外，阶段性和动词语义也有关。G&C通过(3)至(5)说明"哪"-短语无法出现于阶段性肯定句、否定句和问句中，因此具有反阶段性。

（3）＊哪个学生都进来了。
（4）＊他哪本书都没有买。
（5）＊他们有没有介绍哪个崇拜者给你？

然而，陈莉（L. Chen 2013）指出，在适当的语境下，"哪"-短语

可以出现在阶段性环境中。笔者认同这种观点,具体例证见
(6)至(8)。

> (6) 学校规定只有高三的学生可以进入考场,但是由于管理
> 不严格,结果哪个年级的学生都进来了。
>
> (7) 虽然他想买几本参考书,但由于价格太贵,他哪本书都没
> 有买。
>
> (8) 你要去新公司了,你的老板有没有介绍哪个新同事给你?

关于(6)至(8)与 G&C 的(3)至(5)之间的差别,可以认为:G&C
的例子中的怪异感不能归因于"哪"的反阶段性,而是因为在阶段
性环境中,"哪"-短语倾向于指向语境中一组已知的对象
(Pesetsky 1987),或者至少言者有理由相信这组对象的存在。
"哪"适用于那些能够与已知的话语对象或者言者观念中的对象
建立联系的语境。在(6)至(8)中,语境均暗示存在一组已知的对
象。(6)中的"哪"-短语指"学校里的学生";(7)中的"哪"-短语
指"他"心目中想买的那些书;(8)中的"哪"-短语则指新公司里的
人。可见"哪"-短语并不具反阶段性,只要语境合适,无论句子表
达阶段性还是非阶段性的解读,这类短语均可出现。所以,从这个
角度来看,"哪"-短语和典型内涵性任选词不一样,不适用 G&C
的分析。

6.1.2 "哪"-短语没有充分的量化可变性

按照詹纳基杜(Giannakidou 2001)的任选词理论,含有待约束
的可能世界变量的内涵性任选词可被各种内涵性算子或者说非真
实算子(irrealis operator)允准,显示出与各种量化环境相容的量化
可变性。G&C(2006)认为"哪"-短语也确实表现出这种可变性。
然而,事实上,"哪"-短语的量化可变性相当受限,与典型内涵性

任选词有本质区别。此外,在很多非真实语境中,"哪"-短语必须与"都"共现,若认为"都"是有定性标记,则意味着:有定性和内涵性任选词的允准关联起来,这种有定性的要求从理论以及跨语言比较的角度看都缺少可靠的依据。下面分三类情况来评估"哪"-短语在量化可变性上的限制。

6.1.2.1　条件句以及祈使句允准"哪"的情况

G&C(2006)归纳了多种"哪"-短语可以出现的内涵性环境,但仔细分析就会发现:她们的归纳中,汉语"哪"-短语若没有"都"的支持,只能出现在下列两种非真实语境中,即条件句[见(9)]和祈使句[见(10)]①。虽然"哪"-短语确实可以出现在这两种语境中,却有充分证据表明内涵性并不是允准其出现的根本原因。

(9) 如果哪个人打电话来,就说我不在。

(10) 随便你拿哪个苹果。　　　　(Cheng & Giannakidou 2013)

对于条件句而言,是条件式前件而非后件允准了"哪"-短语的非疑问义用法。对比(11):

(11) 如果张老师不在,哪个老师顶替她?

(11)只能理解为关于老师身份的疑问句,而没有"如果张老师不在这里,任何一位老师都会取代她"的解读。按道理,条件句的前件和后件都是非真实语境,两个部分应当都能够约束可能世界变量,然而非疑问义的"哪"只能出现在条件句的前件而非后件,这

---

① G&C也意识到,与典型任选词相比,"哪"-短语的量化可变性比较有限,但并未对此做出具体的解释。

种对前件的选择性说明内涵性不是允准"哪"-短语的关键因素①。

同样,G&C 关于祈使句允准"哪"-短语的例子也存在干扰因素。像(12)这样的普通祈使句并不能允准"哪"-短语。

(12) *拿哪个苹果。(意为:听者可以拿任何一个苹果。)

一般认为,祈使句允准任选词的原因在于祈使句中隐含了道义情态算子,属于可以约束可能世界变量的内涵性环境。然而,比较(10)和(12),可以发现"哪个苹果"并不是由祈使结构及其中隐含的道义情态所允准,而是被"随便"所允准。需要注意,"随便"的补足语通常是问句,如(13)、(14),表示从这个问句提供的选项中选择任意一个都可以。因此,含有"随便"的祈使句中的"哪"其实是疑问义。

(13) 随便你来还是不来。
(14) 随便你选什么日子结婚。

总而言之,G&C 所列举的条件句和祈使句结构的确可以允准"哪"-短语,但是,这两种结构所含的非真实性并不是允准"哪"-短语的真正原因,"哪"-短语在这些环境中的分布与内涵性任选词也不相同。

6.1.2.2 "哪"与"都"共现的情况

G&C(2006)还指出,当"哪"-短语出现于"都"左边时,可以被情态动词、表达认识态度的动词、惯常类副词、NP 比较结构和类指算子等内涵性环境允准。按照他们的分析,"都"表达针对名词域的最大化,属有定性标记,因此在上述环境中,"哪"-短语属于有

---

① 条件句前件允准"哪"-短语的原因会在第 6.2 节再说到。

定任选词。而笔者则认为出现在"都"之前的"哪"-短语并非有定,"哪"-短语在上述语境中的表现也与希腊语等语言中的典型有定任选词很不一样。允准"哪"的并不是这些内涵性环境,而是必须与"哪"共现的"都"。

G&C 观察到,"哪"位于"都"左边时可被情态成分允准,比较(15)和(16):

(15) *伯苓可以看哪本书。(此时,无法表达"伯苓可以看任何书"的意思)

(16) 伯苓哪本书都可以看。

当"哪"-短语出现在"可以"的辖域内的宾语位置时,只能作疑问义解释。要想获得非疑问义解读,"都"必须出现,且"哪"-短语要移到"都"之前。G&C 认为(16)中允准"哪"的是情态成分"可以",而"都"的贡献还有待讨论。然而,再比较(17a),"可以"的辖域直接允准任选词"任何",完全不必用"这里"等词来限定"任何"所指称的名词域。而相反,(17b)没有道义情态或其他内涵性成分,"哪"-短语在"都"的支持下仍可出现。

(17) a. 伯苓可以看任何书/这里的任何书。

　　 b. 伯苓天天都待在图书馆,他哪本书都看。

(15)至(17)的比较促使我们质疑"哪"受内涵性成分允准的分析,因为分明是"都"的出现切实提高了句子的接受度。

同样,惯常类副词虽属内涵性环境,本身却无法允准"哪"-短语,在这类情况下"哪"的出现必须有"都"的支持,如(18a)和(18b)所示。再比较(18c),即使将副词删去,只要有"都"的支持,"哪"-短语的使用依旧符合语法。

（18）a. 我一般／通常哪种蔬菜都吃。

　　　b. * 我一般／通常吃哪种蔬菜。

　　　c. 我不挑食，我哪种蔬菜都吃。

如果像 G&C 所论证的那样，"都"是最大化算子，能够相对于可能世界输出一个最大的复数实体，那么问题就变成：为什么惯常类副词约束可能世界变量及允准内涵性任选词，还必须有最大化操作的支持？从逻辑上说，惯常类副词并不要求对于名词域的最大化，相反，它们通常允许例外，即非最大化的解读，比如（19a）在某些人把头发分到右边的世界里还是为真。在汉语中，这类解读同样也不需要最大化算子来允准，也是允许例外存在，如（19b）所示。

（19）a. People generally part their hair on the left.

　　　b. 人一般是在左边分头路。

对于（18c），或许可以认为"哪"-短语由隐性类指算子允准，此时还是可以说"哪"-短语是出现在非真实环境中的。然而，即使我们认同"哪"-短语是由类指算子允准，还是需要回答一样的质疑：为什么隐含的类指性必须要由显性的最大化或者有定性成分来支持？这两个概念之间并没有充分的逻辑联系。笔者认为，其实（18c）的解读对应的是全称量化句，因为这种全量的要求，在句子后面接上例外情况会显得怪异，见（20）。

（20）我哪种蔬菜都吃，#但是，不吃西兰花。

此外，G&C 认为"哪"-短语含有可能世界变量，通过穷尽性变换可以把可能世界中所有相关实体包括进来，产生扩域效果［参见（1）中的定义］。然而，这种解释并不适用于（18a）这样含有惯常副词的句子。(18a)可以在(21)所描述的情境下使用,此处蔬菜种类被限定在特定的四种。

(21) 情境:食堂午餐时间供应沙拉。可供顾客选择的蔬菜有:土豆、绿叶菜、黄瓜和胡萝卜。在多数情况下,言者都吃包含了这全部四种蔬菜的混合沙拉。

在情境(21)中,言者通常吃一个恒定范围内的所有蔬菜,并不涉及所有可能世界中的蔬菜,而"哪"-短语的使用也很合适。(18a)在情境(21)中意为:一般而言,在情境 s 中,我在食堂吃饭,对于 s 中的每种蔬菜 x,我在情境 s 中都吃 x。类指算子"一般"约束的是情境变量 s,表达的是一般典型情境下的情况,"哪"-短语不是内涵性的,不直接受类指算子约束,"哪"-短语引入了表示蔬菜种类的变量 x,而约束 x 的是全量算子"都"。

如果认为"都"是可以约束疑问词所引入的变量的全量算子,那么 G&C 无法解释的(22)[重复自(15)和(16)]也可以得到合理的解释。

(22) a. *伯苓可以看哪本书。
　　　b. 伯苓哪本书都可以看。

(22a)表明,道义情态本身不能允准"哪本书",而(22b)中,"哪本书"引入有关书的变量,并受到全称量词"都"的约束,这句话的意思是:对于每本书 x,伯苓都可以看 x。

上述讨论显示,当"哪"-短语与"都"共现于内涵性环境的时候,环境中的内涵性算子不是允准"哪"的原因,"都"作为全量算子,其左边的位置才是允准"哪"的关键因素。若像 G&C 那样将"都"分析为最大化或有定性成分,则"哪"与"都"的共现无法得到很好的解释,因为任选性与有定性并不存在逻辑上的联系。

6.1.2.3 "哪"-短语与希腊语任选词的区别

下面对比"哪"-短语和希腊语内涵性任选词,以进一步说明前者与内涵性任选词的差异。理论上,内涵性任选词,不管有定还是无定,都可以被非真实算子允准,而表现出量化可变性。如(23)至(25)所示[摘自 G&C(2006)],希腊语任选词的有定性由不同的句法形式标记。(23)和(24)中,以名词形式出现的任选词是无定的,而(25)中,以自由关系从句形式出现的任选词是有定的。可见,希腊语不要求有定性标记与内涵性任选词共现。

(23)希腊语

    a. Boris   na   dhanistis   opjodhipote vivlio.

       can.2sg subj borrow.2sg FCI   book

       'You may borrow any book.'

       汉译:你可借任何书

    b. Bori   na   anapse   opjosdhipote   to   fos.

       can.3sg subj lit.3sg   FCI-person   the   light

       'Anyone may have turned on the light.'

       汉译:任何人都可自己开灯。

(24)希腊语

    Stis sigentrosis, I Ariadne sinithos milouse   me

    at-the-meetings the Ariadne usually talked.imperf.3sg with

    opjondhipote fititi.

    FCI   student

    'At the meetings, Ariadne usually talked to any student.'

    汉译:开会时,通常,Ariadne 跟任何学生都说话。

(25)希腊语

    Opjadhipote jineka ine   i arxisindaktria aftou   to

    FCI   womanbe.3sg the editor   this.gen the.gen

periodikou, perni sinithos pola vravia.
magazine.gen get.3sg usually many awards.
'Whichever woman is the editor of this magazine usually
gets a lot of prizes.'
汉译：无论哪位女性担任这本杂志的编辑，通常，都会
取得很多奖项。

如果将"哪"-短语分析为内涵性任选词，把"都"理解为有定标记，则其在汉语非真实环境中的分布就显得很反常，要求对于一些汉语中的内涵性环境，任选词必须为有定。这种跨语言的对比也促使我们重新审视 G&C 的分析。

6.2 允准"哪"-短语的两种环境

本节归纳"哪"-短语作为内涵性任选词的问题，也说明"哪"-短语与"都"的互动关系和有定性内涵性任选词的本质差别。本节继续明确非疑问"哪"-短语的允准条件，包括两类：广义的否定性语境（即向下蕴涵的环境）以及认识情态。

6.2.1 否定性语境

笔者先解释"哪"-短语与"都"在某些非真实语境中的强制共现，说明，在这种情况下，是全称量化词"都"的限定域允准了"哪"。"都"的限定域、否定句、条件句的前件和单调递减的副词都属于广义否定语境，这种环境中所含的向下蕴涵的语义特质允准了"哪"-短语。

我们已经知道所谓"哪"-短语被非真实算子允准的情况常常需要"都"的支持，且"哪"-短语需出现在"都"左边。若"都"被分析为全称量化词，则其左边是其限定域，本文认为"哪"-短语只与

其限定域相容,归因于全量"都"的限定域而非核心域具有向下蕴涵的属性(L. Chen 2013,Feng 2014,Pan & Feng 2016)。向下蕴涵指缩小相关集合的范围,相关命题的真假保持不变。如(26)所示,假设(26a)为真,那么(26b)必然为真,(26c)则不一定为真,这说明缩小而非扩大"书"的集合可以令句子真值保持不变,即"都"的限定域向下而非向上蕴涵。同样地,比较(26a)、(26d)和(26e)可以发现,"都"的核心域向上而非向下蕴涵,"都"的表现符合典型全称量化词的蕴涵关系特点。

(26) a. 他们哪本书都可以看。

b. 他们哪本数学书都可以看。

c. 他们哪个出版物都可以看。

d. 他们哪本书都可以看和借。

e. 他们哪本书都可以看或借。

再来看更多论证"都"的限定域而非内涵性环境可以允准"哪"的例子。(27)和(28)都表达具有阶段性的真实环境,只要有"都","哪"–短语就可以出现。

(27) 现在,我们班里,除了我和你,哪个同学都结婚了。

(28) 这里真不安全。我知道/很惊讶哪个人都被偷过手机。

从解读上看,(27)和(28)中的"哪"–短语不是内涵性的,而是关联的一个已知的有限的集合,该集合作为"都"的限定域,参与和构建全称量化关系。而(29)中,句中谓语不具阶段性,句子也不指谓某一事件。此时,"哪"并不需要与语境中的已知集合相联系。相反,它指代"人"这个整体,"都"具有的全称量化性质使句子表达人们的普遍倾向。

（29）现在,哪个人都想找一个好工作／喜欢手机支付。

由此可见,"哪"-短语被全称量词"都"的限定域允准,引入集合为其提供量化域,其具体范围的确定与语境有关。在阶段性语境中,倾向于与一个已知集合关联,而在非阶段性语境中,则倾向于指称符合其语义的集合整体。

"哪"-短语还能够出现在否定句、条件句的前件以及向下蕴涵的副词辖域内等语境中,如(30)所示。这些环境和"都"的限定域一样,都向下蕴涵,属于广义否定环境。

（30）a. 如果哪个人打电话来,就说我不在。

　　　 b. 张三不想去哪个地方。

　　　 c. 小美喜欢在户外运动,她很少去哪个健身房锻炼。

6.2.2　认识情态辖域中的"哪"-短语

虽然"哪"-短语可以被否定性语境允准,但我们不能就此认为它是否定极性敏感词,因为从语言事实的角度看,它的表现更复杂,还能够受到特定的情态算子的允准。本节在冯予力(Feng 2014)的基础上说明,"哪"-短语只对认识情态而非广义的内涵性环境敏感,在认识情态环境中,"哪"-短语不表达任选义,而是引发较弱的模态变化效应,表达言者或者主句的主语所指称的个体对句中所表达的情况的了解不够充分。

第6.1.2节提到,道义情态词"可以"无法允准"哪"。本节则更系统地考察"哪"与情态的匹配。情态类型由其情态基础(modal base)决定,而情态基础则取决于所要评价的世界(或者说参照世界)和有待量化的可能世界之间的投射方式(Kratzer 1981),例如,认识情态(可由"可能""一定"等表示)表达言者对命题所依据信息的确信程度,其情态基础会将要评价的世界(通常就是真实世界)投射到某个可能世界,这个可能世界是依据说话者对其评价的世界(即真实世界)的看法成立的。除了认识情态之外,道义情态(可由"必须""可以"等表示)与某些规范、期待或言者的愿望有关,说明世界应该是怎样的,而动力情态(dynamic modality)(可由"肯""会"等表示)则表达句中主体的能力或意志。

笔者发现,"哪"-短语只受认识情态允准,而无法与道义情态或动力情态相容。具体的对比见(31)至(36)。

(31) 小王这么晚不回家,一定去哪个酒吧喝酒了。

(32) 嫌疑犯可能已经乘哪班飞机离开日本了。

(33) *为了结婚,他必须先在市中心买哪个房子。

(34) *因为没有城市户口,他可以在郊区买哪个房子。

(35) *这次演出,他肯演哪个角色。

(36) *三年级的小学生会写哪个字。

在(31)和(32)这样包含认识情态的句子中,没有"都"的支持,"哪"的使用也完全可以接受。在这些例子中,"哪"-短语并不表达任选,而是说明言者一定程度上不知情(另见李艳惠1992,J. -W. Lin 1998b),例如,(31)中,言者认为小王去酒吧喝酒了,却无法提供关于"哪个酒吧"的确切信息。相比之下,道义情态或者动力情态,无论是表可能性还是必然性,都不能允准"哪"。

花东帆(Hua 2000)发现,"哪"-短语可用于阶段性肯定语境,同样也表达言者不知情。

(37) 李四的爸爸是哪个公司的总经理。

对此,笔者认为相关句子其实隐含认识情态算子,是隐性认识情态环境。因此,(37)意为:根据言者已知的信息,李四的父亲一定是某家公司的总经理;然而,言者并不知道具体是哪家。

　　和汉语"哪"-短语类似,德语无定成分 *irgendein* 也可用于阶段性肯定语境,以表达言者不知情,如(38a)所示。此外,*irgendein* 也可用于表达施事者不关心具体情况,如(38b)。

（38）德语

　　a. A:Irgendein　　Student　hat　angerufen.

　　　　IRGENDEIN student　has　called

　　　'Some student called.'

　　　B:#Wer?

　　　who

　　　'Who?'

　　b. John　ist　hinausgelaufen　und　hat　an　irgendeine

　　　John　is　ran-out　　　　　and　has　on　IRGENDEIN

　　　Tuer　geklopft.

　　　door　knocked

　　　'John ran out and knocked at some door.'

　　（Chierchia 2013）

（37a)所表达的不知情/无知(ignorance)是由隐含认识情态导致的;而(37b)表达的不在意则可用隐含动力情态解释,即对 John 来说任何一扇门都可以被选为敲的对象。与 *irgendein* 不同,"哪"-短语在阶段性肯定语境中只与隐性认识情态相容,无法表达由动力情态引发的"不关心"义。因此,(39)只能表示言者不知道约翰敲了哪扇门,而不能表达约翰无所谓敲哪扇门。

（39）约翰冲出去敲了哪个房间的门。

　　通常,"哪"在阶段性肯定语境中的无知义是关于言者的。在某些情况下,这种不知情也可以是相对主句主语而言的,如(40)所示。

  (40) a. 他后悔多给了哪个顾客十块钱。(Hua 2000)

    b. 他猜莉莉和哪个语言学家结婚了。而我知道是谁。

    c. 他猜莉莉和哪个语言学家结婚了。#其实他知道是谁。

(40a)的意思是:"他"后悔给了一个顾客十块钱,但"他"不知道具体是哪一个。(40b)中,对于主语"他"而言,语言学家的身份不明确。通常来说,无知义是不可以被取消的。(40b)中,无知义是相对"他"而言的,言者知道语言学家的身份这一事实并未取消无知义;而(40c)中,后一句取消了"他"对于语言学家身份的不确定,导致语用不适宜。至此,可以发现:汉语"哪"-短语只与显性或隐性的认识情态相容,表达言者或主句主语的不知情。

  冯予力(Feng 2014)指出,汉语"哪"在认识情态语境中所表现出的无知义属于模态变化效应,这种效应相对于任选义来说更弱,从形式刻画的层面最先将"哪"-短语与典型任选词区分开。阿隆索-奥瓦勒和梅嫩德斯-贝尼托(Alonso-Ovalle & Menéndez-Benito 2010)设置了(41)中的情境区分这两种意义,任选义指的是所有 x 都可能令命题 φ 为真,而模态变化义则表示不存在一个 x 的赋值一定可以令 φ 为真,在(41)所描述的情境中,Pedro 知道 John 不在浴室或厨房里,所以不是所有房间的取值 x 都可以令命题"John 可能在房间 x 里"为真,因此该情境与任选义不相容,而与此同时,Pedro 也无法确定 John 一定在某个房间中,因此情境与模态变化义相容。

  (41) 任选义:$\forall x \Diamond \varphi$

    模态变化义:$\sim \exists x \Box \varphi$

    情境:Maria、John 和 Pedro 正在别墅里玩捉迷藏。

Pedro 认为 John 藏在房子里,但并不在浴室或厨房里。

Pedro 说:

#John might be in any room of the house.

由于(41)中的情境与任选义不相容,所以任选词 *any* 的适用不适宜。相反,(42)中的西班牙语无定成分 *algún* 在(41)的情境中是可接受的。

(42) 西班牙语

Juan tiene que estar en alguna　　habitacion de la　casa.

John has　to　be　in ALGUNA room　　of the house

'John must be in a room of the house.'

(Alonso-Ovalle & Menéndez-Benito 2010)

与 *algún* 相类似,汉语"哪"-短语也可以用于(41)中的情境;而通常被解释为任选义的"任何"则不能被用于(41),见(43)中的对比。

(43) 约翰可能在这栋房子的哪个/#任何房间里。

综上所述,"哪"-短语可以在否定语境或者认识情态的辖域内被允准。在认识情态语境中"哪"引发的是无知义或者说逻辑上的模态变化效应,而非任选义。"哪"与其他情态并不相容,更遑论得到任选义解读。

6.3　跨语言对比视角下的"哪"-短语的语义特点

上节说明了"哪"-短语不是内涵性任选词,其分布实则由广义否定极性语境以及认识情态所允准,在认识语境中,"哪"-短语表达无知义。在论证"哪"-短语的分布时,笔者已经引入希腊语和德语的类似成分的表现与之比较。本节则进一步从跨语言对比看"哪"-短语的分布,将"哪"-短语与其他语言中可表无知义的成分加以对比以确认"哪"-短语属于认识性无定成分,并归纳其语义特点,从而将"哪"-短语纳入认识性无定成分的跨语言版图。

认识性无定成分指表达言者对于某些信息不知情的无定成分(Strawson 1974,Haspelmath 1997)。此类成分可以产生无知效应,这种效应属于规约含义,往往无法被后句取消。如含有罗马尼亚语认识性无定成分 *vreun* 的例子(44)所示,在前句所表达的无知义的语境下,后句"其实,我知道是谁"会与之形成语义冲突,从而造成语用上的不适宜。

(44) 罗马尼亚语

(Maria) s-o   fi căsători cu   vreun
Mario REFL-FUT-2.3SG be married with VREUN
linguist. #De fapt ştiu   cu   cine.
linguist in   fact know.1SG with whom
'I guess Maria marred some linguist. #In fact I know whom.'(Fălăuş 2009)

同样,在认识情态语境下,汉语"哪"-短语的无知义也不能取消,见(45)[另见(40b)和(40c)],这番比较进一步佐证了"哪"-短语在情态语境下确实具有无知义解读。

(45) 我猜莉莉和哪个语言学家结婚了。#其实,我知道是谁。

根据阿隆索-奥瓦勒和梅嫩德斯-贝尼托(Alonso-Ovalle & Menéndez-Benito 2013)的研究,在某些语言(如西班牙语)中,认识性无定成分的无知义可以被后续信息加强,而在另一些语言(如德语)中,则不能被强化。在这方面,汉语与西班牙语类似,如(46)

中前句"哪"-短语表示言者对"语言学家"的某个方面无知,而后句则进一步说明言者对"语言学家"的具体身份无知,属于对无知义的强化和补充。

（46）莉莉一定和哪个语言学家结婚了,但我不知道她老公到底是谁。

明确了"哪"-短语的无知义解读后,下面再来看"哪"-短语在其他方面是否和认识性无定成分的跨语言表现相容。阿洛尼和波特（Aloni & Port 2010）将认识性无定成分的功能概括如下（亦参考Alonso-Ovalle & Menéndez-Benito 2013, Alonso-Ovalle & Menéndez-Benito eds.2015, 等等）:

Ⅰ. 特指用法（Specific Use, SU）: 特指用法（即阶段性肯定语境）中的无知义。

Ⅱ. 认识性用法（Epistemic Use, EpiU）: 认识情态下的无知义。

Ⅲ. 否定极性敏感词（Negative Polarity Item, NPI）: 否定语境中的存在义。

Ⅳ. 道义任选义（Deontic Free Choice, DeoFC）: 道义情态下的任选义。

如表 6.1 所示,认识性无定成分在德语、西班牙语和罗马尼亚语中显示出不尽相同的功能（Aloni & Port 2010, 2012; Fălăuş 2014）[①]。

---

① 不同文献对于西班牙语 *algún* 是否在道义情态下有任选义有争议,因此表 6.1 中记作"?"。有研究认为该成分与道义情态不相容（Aloni & Port 2010）,另有研究用如（i）的事实说明 *algún* 可以被道义情态允准（Alonso-Ovalle & Menéndez-Benito 2010, Fălăuş 2014）。

(i) 西班牙语
Maria *tiene* que　　　 terminar ***algún***　 artículo para mañana.
Maria has　COMP finish　ALGUN article　for　tomorrow
'Maria has to finish some paper for tomorrow.'

表 6.1　不同类型的认识性无定成分

	SU	EpiU	NPI	DeoFC
irgendein（德语）	Yes	Yes	Yes	Yes
algún（西班牙语）	Yes	Yes	Yes	?
vreun（罗马尼亚语）	No	Yes	Yes	No
哪–CL	Yes	Yes	Yes	No

由表 6.1 可知，"哪"-短语与罗马尼亚语 *vreun* 类似，都对情态类型有一定限制；"哪"-短语又与西班牙语 *algún* 和德语 *irgendein* 一样可以在特指用法中表无知义（此时三者都是由隐性认识算子允准）。表 6.1 中认识性无定成分的表现皆符合哈斯普马特（Haspelmath 1997）提出的功能毗连（function contiguity）假说，即其用法都对应表格上的某个连续区域。认识无定成分基于是否产生无知效应来定义，但可以具有更多样的功能或者说允准条件，按照功能毗连的假设，从表 6.1 可知，不存在可由道义情态引发任选义却无法被否定语境允准的认识性无定成分。显然，"哪"-短语的分布和解读也符合这一假设。从跨语言类型比较看，"哪"-短语被认识情态和否定极性敏感环境允准显得很合理，类型学的外部解释视角支持第 6.2 节对于"哪"-短语的分布的分析。

　　此外，根据阿洛尼和波特（Aloni & Port 2010）的研究，认识性无定成分所表达的无知义往往不是完全无知，也可能是部分不知情，可以基于存在性证据的不同方面对无知义进一步加以细分。一般而言，识别对象身份的方法主要有三种：示意（即感知性证据）、名称、描述。无知义则是由于言者无法通过上述方法识别无定成分的指称对象而产生的。不同语言中的认识性无定成分所允许的无知义在上述方面有微妙的差异，如德语 *irgendein* 能表达的片面无知义包括：言者可以描述指称对象，但不知其确定名称；言者知道对象的名称而不能通过示意手段来识别；言者可以通过示意来识别指称对象，但不知其名称。而意大利语 *un qualche* 的无知义不适用于言者可以通过示意辨认指称对象但不知其确切名称的情况。

那么，当言者使用"哪"-短语时，其无知义涉及哪方面呢？笔者的观察显示，"哪"-短语中言者对指称对象的存在并非完全无知而是已有一定片面的了解，但对上述三方面的某一方面仍不知情，如缺乏感知证据所以无法通过示意手段标定对象的存在，不知对象的名称或无法对之进行描述等。（47）中，言者可以描述出"他"可能藏身的房间，或对"他"的躲藏之处有亲眼所见的证据，却无法说出房间确切的名称或位置。（48）中，言者知道"她"交往对象的名字，甚至见过该对象，却无法做出更多描述。（49）中，言者知道球员的名字或者能够描述其特征，却缺乏感知证据。在这些片面不知情的语境下，"哪"-短语都可以使用，可见"哪"所表达的无知义是相对广义的（即容许多样的片面情况），不如上述德语或意大利语无定成分那么受限。

(47) a. 他可能正躲在哪个房间里。那个房间在二楼最隐蔽的地方，但我不知道房间号。

　　b. 他可能正躲在哪个房间里。我看到他往一个房间跑了，但我不知道房间号。

(48) a. 她好像在跟哪个有钱人交往，那个人叫章三，但我不知道他到底干什么的。

　　b. 她好像在跟哪个有钱人交往，那个人我上周还撞见过，但我不知道他到底干什么的。

(49) a. 好像刚刚哪个球员摔倒受伤了，就是那个叫章三的，但我没注意事情的经过。

　　b. 好像刚刚哪个球员摔倒受伤了，就是那个很高很壮的，但我没注意事情的经过。

最后需要说明,在一些语言(如西班牙语)中,只有单数无定成分可以产生无知义,而复数无定成分则表特指。而在其他一些语言(如德语)中,单数或复数的无定成分都可以表达无知义。汉语"哪"-短语的复数形式通过量词"些"标记,复数形式也可产生无知效应,没有如西班牙语中的单数限制,如(50)所示。

(50)他投资股票挣了那么多钱,一定是从哪些秘密渠道得到了内部消息。

经过上述讨论,汉语"哪"-短语作为认识性无定成分的语义特征,可总结如表6.2所示。

表 6.2　汉语"哪"-短语的语义特征

对何种线索无知	有无单复数限制	无知义是否可被取消	无知义是否可被加强
名称 感知证据 描述	否	否	是

6.4　"哪"-短语的形式化表征方案

本节基于基耶尔基亚(Chierchia 2006, 2013)的选项排除(alternative exhaustification)理论解释和表征"哪"-短语在不同允准环境下所实现的各种功能(亦参考 Feng 2018,冯予力 2022b)。上节讨论已经指出,认识性无定成分的允准环境多样,若仅从否定极性理论或任选词理论来分析,都得不到较为完善的解释。相比之下,选项排除理论可以给"哪"-短语一个统一的解释,"哪"-短语在各类情况下的基本意义都是提供语义-语用选项,在不同允准环境下"哪"-短语所浮现出的意义则可以通过选项的类型以及对选项所进行的排除操作推导出来。

6.4.1　否定性语境中的"哪"-短语——以"都"的限定域为例

先来看"哪"-短语出现在否定性语境中的情况,下面的讨论以"哪"出现在"都"的限定域内的情况为例。

（51）伯苓哪本书都看。

假设(51)的语境中含三本书{a,b,c},则(51)的断言可写作命题合取的形式,如(52)所示①。此外,在断言的层面之上,"哪本书"可以激发名词域选项(domain alternative, DA),即缩小名词域范围得到的选项,如(52b)所示。同时,"哪本书"还激发梯级选项(scalar alternative, SA),即由数量梯级引发的选项,即"伯苓看了三本中的一本""三本中的两本",如(52c)所示,注意此处的数量梯级义是借由命题的合取或析取来表示的。

（52）a. Assertion：$a \wedge b \wedge c$

　　　b. DA：$a \wedge b$, $b \wedge c$, $a \wedge c$, a, b, c

　　　c. SA：$a \vee b \vee c$, $a \wedge b$, $b \wedge c$, $a \wedge c$

(52b)和(52c)中的选项需要经历句中隐含的排除操作(exhaustification operation)O的筛选。基耶尔基亚的选项排除理论认为针对选项的排除操作可以在句子断言的基础上进一步强化句子的意思。排除操作检查每一个选项,并且排除掉不被句子断

---

① (52)中,a表示伯苓看书a,b表示伯苓看书b,c表示伯苓看书c。

言的(52a)蕴涵的选项。由于(52b)和(52c)中的选项在逻辑上都被(52a)所蕴涵,因此这些选项都与句子断言相容而无须排除,排除操作后的产出就是句子断言本身,而这便解释了为何"哪"-短语与"都"的限定这样的否定性语境相容。

再来比较肯定性语境的情况。如(53)所示,句中缺少"都"等否定性语境的标记,句子往往不合语法。在选项排除理论的框架内,这种不合语法的情况,其原因在于针对选项的排除操作所产生的命题会和断言发生语义上的矛盾。

假设语境中含有三本书{a, b, c},如(54)所示,因为缺少了"都","哪本书"只能作存在量化解读,因此句子的断言为:伯苓看书 a 或伯苓看书 b 或伯苓看书 c[即(54a)],而"哪本书"所产生的选项如(54b)和(54c)所示。当排除操作对其名词域选项进行筛选的时候,就会发生如(54d)所示的问题:因为句子的断言并不蕴涵任何一个名词域选项,因此,所有的名词域选项都需要通过否定操作来排除,而否定这些选项却会与句子的断言发生逻辑矛盾。这就解释了为什么一般而言,"哪"-短语与肯定性语境不相容,而且"哪"-短语无法在这类环境中作存在解。

(53) *伯苓看哪本书。

(54) a. Assertion:$a \lor b \lor c$

b. DA:$a \lor b$, $b \lor c$, $a \lor c$, a, b, c

c. SA:$a \land b \land c$, $a \land b$, $b \land c$, $a \land c$

d. $O_{DA}(a \lor b \lor c) = a \lor b \lor c \land \sim (a \lor b) \land \sim (b \lor c)$
$$\land \sim (a \lor c) \land \sim a \land \sim b \land \sim c$$
$$= \perp (即产生矛盾)$$

当然,此处所说的"肯定性语境"指的是简单的、无标记的情况。如果一句话虽然不含有否定性语境,却含有隐性或显性的认识情态算子,则"哪"-短语还是可以被允准,只是在这类情况下,

"哪"-短语体现的是无知义,而不是单纯的存在义。下面就会探讨"哪"在情态算子辖域内的情况。

6.4.2　"哪"-短语的模态变化效应

再来看"哪"-短语被认识情态允准并产生模态变化效应的过程。

第 6.2.2 节已经说明,类似(55)的句子会产生模态变化效应而非任选义。此处,我们假设一共有三个房间{a,b,c},则模态变化效应表示:言者认为约翰可能在某个房间里,但对房间 a、房间 b 或房间 c 这三个选项都不确定。一般认为,逻辑上较强的任选义是通过排除较大的名词域选项(large domain alternative)得到的(Chierchia 2013),而若将排除操作的对象限制为单元集型的名词域选项(singleton domain alternative),则可以得到较弱的模态变化效应。换言之,我们可以通过限制排除操作所针对的选项类型来获得各类不同的句义增强效应。

(55) 约翰可能在这栋房子的哪个房间里。

(55)的断言如(56a)所示,而(56b)为单元集名词选项。需要注意,(56b)的选项逻辑上强于断言(56a),直接对之进行排除操作会得到与断言矛盾的命题,这样就无法顺利地推导出句子的无知义了。为了解决这一问题,我们需要如基耶尔基亚(Chierchia 2013)所假设的那样,允许排除操作是递归的。所谓的"递归性的排除操作"(recursive exhaustification)是指允许排除操作层层嵌套,不直接排除(56b)中的选项,而是排除已经分别经历过一次排除操作的单元集选项,从广义的角度看,假设排除操作具有递归性也与语言的本质特点相契合。按照这种思路,则针对单元集选项 ◇a 的排除操作如(57a)所示,而对经过排除操作后的各个单元集选项所做的排除操作如（57b）所示。（57b）中，O 表示排除操作，下标$_{DA}$则表示排除操作所针对的选项，两次排除得到的结果为：如果$\Diamond a$，$\Diamond b$ and $\Diamond c$ 中有一个为真，则剩下的选项中至少有一个也为真，但注意此处并不要求所有选项都为真，因此排除操作所得的命题属于较弱的模态变化义。

（56）a. Assertion：$\Diamond(a \vee b \vee c)$①

b. Singleton DA：$\Diamond a$，$\Diamond b$，$\Diamond c$②

c. SA：$\Diamond(a \wedge b \wedge c)$

（57）a. $O \Diamond a = \Diamond a \wedge \sim \Diamond b \wedge \sim \Diamond c$

b. $O_{DA} = \Diamond(a \vee b \vee c) \wedge \sim(\Diamond a \wedge \sim \Diamond b \wedge \sim \Diamond c) \wedge$
$(\Diamond b \wedge \sim \Diamond a \wedge \sim \Diamond c) \wedge \sim(\Diamond c \wedge \sim \Diamond a \wedge \sim \Diamond b)$
$= \Diamond(a \vee b \vee c) \wedge (\Diamond a \rightarrow (\Diamond b \vee \Diamond c)) \wedge (\Diamond b \rightarrow$
$(\Diamond a \vee \Diamond c)) \wedge (\Diamond c \rightarrow (\Diamond a \vee \Diamond b))$

6.4.3 "哪"-短语对情态的选择限制

我们已知，对经过排除操作的单元集选项再进行排除操作可得到模态变化效应。本节说明，如何从形式表征的角度解释"哪"-短语只与认识情态相容这一选择限制。

笔者首先明确认识情态与其他情态的差异，以及道义情态和动力情态的表达相对某个规则系统或个人能力愿望的可能性或必然性。例如，（58a）中，"任何"表达任选义，在与言者所允准的规则相容的世界里，任何一块蛋糕都可以成为听者的选项，而如若言者不允

---

① 命题 a 表示约翰在 a 房间，命题 b 表示约翰在 b 房间，命题 c 表示约翰在 c 房间。

② 第 6.3 节提到"哪"可以与复数量词"些"搭配。不过"些"的复数性与选项的单元性并不矛盾，"些"的复数性针对的是每一个单元集选项内部的构成。当"哪"搭配"些"时，单元集选项的单位便是一个个复数体，而非一个个单数个体。

许其中一块蛋糕成为选项,则他就不会使用"任何"一词。同理,对
(58b)而言,若言者不愿某块蛋糕成为吃的选项,也不会用"任何"。

（58） a. 你可以吃任何一块蛋糕/*哪一块蛋糕。

　　　 b. 我愿意吃任何一块蛋糕/*哪一块蛋糕。

而认识情态则没有上述严格的要求,认识情态命题是相对言者所
掌握的信息而言的,信息变化也可能最终否定命题所含的选项,此
时,言者所遵从的规则或者自身的意愿等主观因素是不起作用的。
对于(59)[重复自(55)],进一步的信息可能表明约翰并不在其中
一间房里,且言者在说出(59)的时候也认识到这种可能性或者说
不可控的力量。这种可能性可表征如(60)。

（59） 约翰可能在这栋房子的哪个房间里。

（60）　$\sim \diamond a \vee \sim \diamond b \vee \sim \diamond c$

若要解释"哪"-短语对情态的选择,可尝试将(60)融入选项
排除的过程中,从而将认识情态环境和其他情态环境区分开来。
参考法罗斯(Fălăuş 2014)的做法,为了表征其他情态下的任选
义和认识情态下的模态变化义的差别,我们在梯级选项中,还特
别引入与任选义相关的选项 $\diamond a \wedge \diamond b \wedge \diamond c$,并通过针对该梯级
选项的排除操作来得到(60),从而区别认识情态环境与其他情
态环境。(61d)为针对名词域选项和梯级选项加以排除后得到
的句子解读,其中,第一行为句子断言,第二行为排除名词域单
元集选项得到的推论,第三行为排除梯级选项得到的推论,其
中,通过排除选项得到的推论义包括:在 $\diamond a$,$\diamond b$,$\diamond c$ 三个选项
中,超过两个为真,但不一定全部为真(即模态变化义)。此外,
言者也认可约翰不在某个房间中的可能性[即(60)所表达的认
识情态义]。

（61）a. Assertion：$\Diamond (a \vee b \vee c)$

　　b. Singleton DA：$\Diamond a$，$\Diamond b$，$\Diamond c$

　　c. SA：$\Diamond (a \wedge b \wedge c)$

　　　　　$\Diamond a \wedge \Diamond b \wedge \Diamond c$

　　d. $O_{DA} O_{SA} (\Diamond (a \vee b \vee c)) =$

　　　$\Diamond (a \vee b \vee c) \wedge$

　　　$(\Diamond a \rightarrow (\Diamond b \vee \Diamond c)) \wedge (\Diamond b \rightarrow (\Diamond a \vee \Diamond c)) \wedge (\Diamond c \rightarrow (\Diamond a \vee \Diamond b)) \wedge$

　　　$\sim \Diamond (a \wedge b \wedge c) \wedge \sim \Diamond a \vee \sim \Diamond b \vee \sim \Diamond c$

　　综上所述,在基耶尔基亚（Chierchia 2006,2013）的选项排除理论框架内,我们可以明确"哪"-短语的具体表征方案。"哪"-短语可以激发名词域选项以及梯级选项,其中梯级选项还包括有关任选义的选项以便凸显较强的任选义与较弱的模态变化义之间的梯级差异。通过针对单元集名词域选项的递归性排除可以得到"哪"-短语的模态变化义,而针对任选义选项的排除则可以解释"哪"-短语与认识情态而非其他情态相容的原因。相比之下,支持任选义的成分（如"任何"）则不激发有关任选义的梯级选项,其名词域选项的排除操作也不限于单元集选项,因此排除操作会得到任选义的推论。而在否定性语境中,选项与断言命题兼容,所以选项排除操作不产生新的推论义。

6.5　本章小结

　　本章考察"哪"-短语的允准条件以及"哪"-短语与"都"的互动,对"哪"-短语的代表性研究 G&C（2006）中的内涵性任选词观点及"都"表有定的观点的问题做了系统梳理,并在量化理论和认识性无定成分理论的框架内对"哪"-短语的分布及其与"都"的关系做了更全面的解释,指出"哪"-短语可以被认识情态和否定性语境允准,而"都"的限定域属于广义否定性语境,从而为"都"的量化分析提供了极性敏感方面的支持。

基于跨语言比较,本章在冯予力(Feng 2014)的基础上进一步考察"哪"作为认识性无定成分的语义特点,解析其无知义的逻辑本质、无知义的现实来源以及无知义与语法和会话层面的互动,并赋予"哪"-短语的各类功能具体的形式化表征。本章的讨论融合了形式语义分析和类型学比较的视角,运用认识性无定成分的理论以及选项语义学工具为"哪"-短语做了解释和表征,而跨语言类型学考察则为"哪"-短语的形式分析提供了更可靠的理据,也为"都"的量化解释提供了来自极性敏感以及类型学比较两方面的理据。

第七章

量化成分的语义及语用限制

——以"各"的量化分析为例

本章关注量化成分"各"的意义刻画。一般认为"各"表分配,其语义内核与"都"一样都是全称全量,而全称量化是导致分配解读的根本原因。全称量化和分配解读的关系,在第四、五章已经讨论过了。本章说明,尽管拥有同样的量化逻辑核心,"各"和"都"表分配时,在句法、语义和语用上仍然受到不同的限制,其中,句法和语义两方面的不同,学界已有所讨论,而语用方面的分析则很少。汉语中,若干全量成分(如"都""各")可以共现于一句句子中,从一定角度看,这似乎是一种冗余,但是从本章的分析可以看出,"都"和"各"在意义上有着微妙的区别,而且这种区别可以通过对于其量化结构组成的细致比较和形式化表征来加以明确,而这么看,所谓的意义上的"冗余"其实并不存在,这也解释了为什么"都"和"各"甚至其他的全量成分可以同时出现在一句话中而不显得突兀。

在下面的讨论中,笔者将全量所引导的分配关系拆分为三个部分来讨论:主导分配关系的量化算子、分配关键词(sorting key)以及分配成分(distributed share)。其中分配关键词对应的就是量化限定域,指的是参与分配关系的对象,而分配成分则对应量化核心域,指的是被分配的份额。本章第 7.1 节总结"各"的现有研究所得的结论和有待解决的问题,第 7.2 节和 7.3 节则基于"各"的语言事实明确"各"的分配关键词(即限定域)和分配成分(即核心域)的语义及语用限制。"各"和"都"一样,其量化分析也受到过质疑,而第 7.4 节则重新评估"各"不表分配的理据,为其全称量化本质提供进一步的佐证。最后第 7.5 节为结语。

值得一提的是,本章对"各"的讨论是在全量逻辑的框架下进行的,认可"各"本质上是一个全量算子,但是笔者在分析中也关注"各"的个性,并通过"各"与"都"的比较来凸显这一点。为了更直观地刻画"各"特有的句法、语义及语用限制,本章的分析有两个特点,其一是将表分配义的全量结构拆分为量化算子、分配关键词和分配成分三个部分,通过研究"各"对于后两个部件的限制要求来明确"各"在全量逻辑核心以外的个性特点;其二是引入事件语义学的理念(Davidson 1969,1985)刻画"各"的分配关系的构成。此前的研究主要认为分配成分需要由个体的集合来提供,不过语言事实表明"各"还可以分配由动量词结构或者表持续时间的状语来允准。为了给上述两种情况一个统一的解释,笔者选择事件语义学的视角,因为事件可以通过映射函数与个体、时间等各个维度相关联,此外引入事件这种抽象的实体,也可以使得我们对于"各"的分配关系的形式化描写更直观。从这一点看,本章对于"各"的分析采取了融合的视角,是对于量化理论解释力的扩展。

7.1 "各"的现有研究及问题

不同语言中表分配的成分具有不同的句法、语义表现(Choe 1987,Gil 1995,Zimmermann 2002,Champollion 2010,2016a,2016b)。例如,英语中表分配的 *each* 可以充当限定词或副词,也可以置于谓语中充当分配成分的名词短语之后。如(1)中所示,*each* 可以占据三种不同的句法位置,在(1a)中充当限定词,称作 determiner *each*;在(1b)充当副词或者说状语,称作 adverbial *each*,因为此时 *each* 关联的分配关键词是位于主语位置的 *the children*,但是在句法上却是充当谓语的修饰性副词,甚至 *each* 还可以被助动词 *have* 阻隔,从而进一步拉远与主语的距离,因此过往研究会认为 *each* 发生了句法上的漂移,在一定程度上远离了它所关联的量化对象,并将这种情况称作 floating *each*;在(1c)中,*each* 的位置更为特殊,是连在充当分配成分的名词短语 *one apple* 之后的,因此称作 binominal *each* 或者 adnominal *each*（此处前缀 *bi*- 就表示"联合"，而 *ad*- 则表示"添加"）。更有趣的是，（1c）中的 binominal *each* 与其所搭配的名词短语还有语义上的限制（Sutton 1993，Szabolcsi 2010），如（2）所示。（2a）和（2b）中的 *a problem* 和 *one problem* 在数量上应该是等价的，而（2c）和（2d）中的 *most of the films* 和 *more than 50% of the films* 也是数量关系上等价，但是，*each* 搭载在这两对从数量上等价的名词短语之后，最终产生的句子在接受度上却有差异，可见我们需要发掘数量逻辑关系以外的语义因素来解释这种微妙的差异。上述有关 *each* 的现象，充分说明了：分配性关系在实际分析中需要描写和表征的因素其实超越了其全称量化内核，这也是为什么有关分配性的研究目前已经成了一个自成一体的议题。

（1）a. Determiner *each*：Each child ate one apple.

　　b. Adverbial *each*（or floating *each*）：The children each ate one apple. /The children have each eaten one apple.

　　c. Binominal *each*（or adnominal *each*）：The children ate one apple each.

（2）a. * The boys have a problem each.

　　b. The boys have one problem each.

　　c. * The boys have seen most of the films each.

　　d. The boys have seen more than 50% of the films each.

　　（Sutton，1993）

下面再来看本章的主题，即汉语中各类分配算子的具体情况。汉语中研究最多的分配算子是"都"（Lee 1986，F. -H. Liu 1990，J. -W. Lin 1998a，冯予力、潘海华 2017），这方面的研究本书第五章已经详细讨论过了。由于"各"与"都"在意义上的相似性，"各"的分配性也受到学界关注（T. H. Lin 1998，2001；Soh 1998，2005；

李宝伦、张蕾、潘海华 2009a)。"各"的现有研究主要集中于语义
和句法,虽然数量相比"都"的研究显得很少,但是也产生了很多
有意义的观察,所持的观点也各有不同。本节只回顾"各"的量化
分析,其非量化分析将在第 7.4 节中加以探讨。

林宗宏(T. H. Lin 1998)观察到"各"的量化域具有外延性,因
此内涵性的、没有指称的短语无法充当"各"的量化对象[有兴趣
的读者可参考李宝伦、张蕾、潘海华(2009a)以了解对于这一点的
不同看法]。例如,(3a)的光杆名词倾向于得到类指而非有定的
解读,因此无法充当"各"的量化对象。此外,文章也指出,"各"需
要无定(准)宾语来允准其出现,因此(3c)不合乎语法。

(3) a. * 老虎各吃了一个人。

b. 那几只老虎各吃了一个人。

c. * 那几只老虎各逃跑了。

索惠玲(Soh 1998,2005)主要考虑的是"各"的分布对于识别
句法结构的作用,她认同"各"的成分统制域需要含有一个无定成
分,也指出"各"的分布是 vP/VP 投射的判断标准。当然,她也认
同"各"是一个具有全称量化逻辑内核的分配性算子。

李宝伦、张蕾、潘海华(2009a)则更多从语义限制的角度考
察"各"的特殊句法、语义表现,借鉴崔在雄(Choe 1987)对分配
关系的分解来考察"各"的用法特点。崔在雄认为分配性是一种
依存关系,分配关键词(sorting key)大体上对应全称量化的限定
域,而分配成分则需要从全称量化的核心域中寻找。所谓分配,
就是要求分配关键词中的每一个成员都关联一个分配成分。虽
然崔在雄所解构的分配关系和全量结构在本质上是相同的,但
是相比之下,崔在雄的分析把分配关系基本上看作实体之间的
联系,而全量结构从逻辑上并不要求限定域和核心域的意义表
征具有实体性,比如说核心域往往对应句子的谓语语义,而传统

一阶逻辑将谓语语义翻译为抽象的属性,而不是实体。综上所述,崔在雄的依存关系更具有实体性,换句话说,更关注量化结构中限定域和核心域的成员构成,因此对分配关系的解析更直观。在崔在雄的框架内,李宝伦、张蕾、潘海华(2009a)认为"各"的分配关键词是一个复数性集合,而"各"的成分统制域中需要存在能够提供变量的短语,其语义负责提供"各"的分配成分。提供变量的短语主要包括无定数量短语,但是也可以包括光杆名词短语、反身性名词短语以及疑问词短语。按照其分析,(4a)不合语法主要是因为缺乏一个提供变量的短语以充当分配成分,而(4b)则符合这个要求。

(4) a. *那些女孩各笑了。

　　b. 那些女孩各采了两朵花。

李宝伦、张蕾、潘海华(2009a)还观察到"各"有"分别"的意思,有一种"不同性"的要求。(5)中,"一个歌星"引入了歌星的集合以提供分配成分,而分配成分需要有不同,所以不允许"他们"喜欢同一个歌星——邓丽君,从而导致了(5)不适宜。

(5) 他们各喜欢一个歌星。#那就是邓丽君。

　　李宝伦、张蕾、潘海华的研究对于"各"的语义限制的观察更细致。此外,其分析的优势还在于联通了句法和语义两个模块,为"各"成分统制域中含有一个无定短语这一句法要求提供了一个语义机制。

　　冯予力(Feng 2014,2016)在前人研究的基础上,参考 L. 商博良(Champollion 2010),在事件语义学的框架内分析对"各"的分配关系的特点。采取事件语义框架的主要动因是,此前的研究往往认为分配关键词是由个体构成的。但是(6)中,虽然含有无定名词短语,表达的都是频率和持续时间,而不是引入个体,因此无法很好地融入前人研究所建立的分析框架。相比之下,引入事件这种特殊的实体可以联通个体、时间、地点等维度,从而令分配关系的表征更直观。

（6）那些闹钟各响了一次／十分钟。

在事件语义的框架中,冯予力(Feng 2014)认为,"各"是基于事件的分配算子,它要求分配成分中的事件是不同的。"不同"可以体现在事件的时间／地点维度或题元角色的指派上。"各"之所以要求其辖域内有一个可以贡献变量的短语,其原因在于:变量允许自由赋值,是"不同"的先决条件。由此,将"各"对于其成分统制域的句法要求和其"不同性"的意味通过语义机制联系起来。

　　虽然有关"各"的研究已经很细腻,但还是存在有待研究的问题。其一,我们已知"各"的分配关键词含有多个成员,那么这些属于什么样的成员?也就是说,"各"对于其分配关键词的颗粒度有什么要求,从而导致了(7)这样的差异,为什么(7a)中"这本书"可以充当"都"的限定域,而(7b)中一样的短语"这本书"却无法充当"各"的限定域。

（7）a. 这本书我都看完了。

　　b. 这本书都／*各由一个编辑校对。

　　其二,"各"要求"所分配事件之间有不同"这一条件仍然需要更精细、更准确的刻画,以解释(8)中的差异。乍看之下,(8)中的两个例句,都将分配成分映射到同一个人,但(8b)相比(8a)显得更为自然。

（8）a. 他们各喜欢一个歌星。#那就是邓丽君。

b. 张三和李四各推荐了一个同事。恰好他们推荐了同一
个人,那就是王五。

下面的讨论就着重回答上述两个问题,明确"各"对于分配关
键词和分配成分的语义要求,在这个过程中,分析也注重"各"的
语用限制,以期为(8)中的差异提供合理的解释。

7.2　"各"对分配关键词的要求

本节说明"各"的分配关键词受到何种语义限制,下面主要从
分配关键词中成员的颗粒度(即到底是个体还是其他聚合形式的
成员)的角度来分析,讨论的出发点则是基于"都"和"各"在分配
关键词构成方面的比较。

7.2.1　"都"的分配关键词的限制条件

首先,"都"的分配关键词中的成员类别可以多种多样,呈现
出不同的颗粒度,如(9)至(13)所示。

(9) 那些女孩都喜欢一个歌星。(个体)
(10) 一年级和二年级的学生都在数量上超过了三年级的学
生。(群体)
(11) 那本书我都看完了。(语义复数体)
(12) 我一直都在等你。(时间)
(13) 他们都是夫妻。(复数体)

上例中,(9)的分配关键词是女孩的集合,分配性关联的是集合中女
孩的单独个体;(10)中,分配关键词并非个体的学生,而是一年级学
生和二年级学生这两个整体,此时,学生的个体性并不重要,我们将

(10)中的颗粒度用群体的概念来表征,群体可以由复数集合产生,而一旦复数集合生成了群体(或者说被看作群体),其中成员的个体性就不再重要了,也就是说群体的概念注重的是整体而不关注整体内部的具体构成;(11)中,"都"关联"那本书"这一单数个体,但是"都"的分配关键词却不是由这个单一个体构成,而是由"那本书"所产生的语义复数体,用大白话说相当于"那本书的各个部分";(12)中,分配关键词的特殊性在于,时间是一个本质上没有单位性的不可数维度,而"都"的分配性要求也迫使时间维度变成了一个语义上的复数体;(13)是林若望(J. -W. Lin 1998a)所提出的经典例子,其中,"都"所分配的是两人组成的复数性集合。由此可见,"都"的分配关键词基本涵盖了我们所熟悉的所有颗粒度类型。

7.2.2 "各"的分配关键词的单位性要求

相比之下,"各"对于分配成分的颗粒度的限制则更多,且看(14)至(18)。

(14) 那些学生各选了三门课。
(15) 男孩和女孩各种了三棵树。
(16) *我最近(这段时间)各用一支新钢笔写日记。
(17) *那本书各由一个编辑校对。
(18) *他各买了两件新衣服。

如(14)所示,"各"显然可以关联个体作为分配关键词的成员;(15)可以理解为男孩和女孩每个人各种了三棵树,即基于个体分配的解读,此外,也允许基于群体的解读,即男孩这个群体和女孩这个群体各种了三棵树。从这两句来看,"各"的要求和"都"是相似的。

那么,(16)至(18)不合乎语法,是出于什么原因呢?对此,笔者尝试从分配关键词限制的角度加以解释。一种解释是:"各"不允许对于特定种类的实体的分配,比如,(16)说明"各"不允许对时间域做分配,而(17)则说明"各"无法对某一个单数个体中的子部分做分配,而例(18)旨在表述的是针对情境(situation)的分配,即表示"在某语境的若干相关情境中,他在每个情境中各买了两件衣服"。由此,我们似乎可以认为"各"不允许针对情境、单数个体内子部分(也就是语义复数体)以及时间域进行分配。然而,这样的归纳是片面的,上述实体类型、分配对象的单数性等限制都不是"各"在分配关键词方面的真正限制条件。且看(19)至(21),加上了"这两天""每个章节""昨天和今天"等表达后相关句子[即(19)至(21)]就合法了。根据(16)至(21)的差异,笔者认为:"各"的分配关键词成员多为个体,因为个体具有天然的单位性(natural unit)(参考 Krifka 1995,1998;Rothstein 2008),而时间、事件、情境、单数个体也可以充当"各"的分配关键词,前提是其单位性在句中得有显性的表达加以明确(即 fully specified units)[如(19)至(21)所示]。

(19) 我最近这两天各用了一支新钢笔写日记。

(20) 那本书的每个章节各由一个编辑校对。

(21) 他昨天和今天各买了两件新衣服。

再来看(22),一般而言,事件也属于抽象的实体,其基本单位是什么,到底事件域是可数的还是不可数的,在学界仍然是有争议的问题。然而对于事件,这样抽象的实体,如果明确了事件具体是什么,也是可以被分配的,(22)中,"离婚"的事件因为明确了参与人而具有了明确的单位性。可见,较抽象的时间、情境和事件等维度或实体并不一定就不能参与"各"所引导的分配,只要分配关键词的成员具有显性的单位即可。

(22) 张三离婚和李四离婚各由一位律师处理。

再反观"都",如(12)所示,"都"所关联的时间维度是隐性的,并未在显性的句法层面明确其具体单位;又如(23),句子有一个解读是,在某语境的一些相关情境中,他在每个情境例都买了呢子衣服,此时"都"的分配关键词也是隐性的,没有说明其成员的单位性。

(23) 他都买呢子的衣服。

过往的研究中已经提到"各"的分配关键词有数量要求,其成员必须多于一个。而本节的讨论则引入颗粒度和单位性等概念,以更全面地揭示其分配关键词构成的限制。本节的对比显示,"各"与"都"在分配关系构建上有差异,"都"是一个广义的全称量化算子,分配义只是其用法之一,而其分配义也是广义的,要求比较宽松,允许分配关键词具有各种颗粒度,而且可以是隐性的、不具有明确单位性的。"各"则和"都"不同,没有多种用法,是一个功能专一的全量成分,只引起分配关系。也许就是因为这种原因,"各"要求其分配关系是明晰而非模糊的,这种明晰的特点在分配关键词的构成中就体现在其颗粒度倾向于在显性的句子层面加以明确。

7.3 "各"对分配成分的要求

在明确了"各"对分配关键词的要求后,再来看其对于分配成分的要求。这里笔者还是主要关注"各"由其成分统制域内的无定名词短语允准的情况,因为这是最主要、最基本的情况,而"各"由其他短语(如光杆名词短语等)允准的情况则留待后续研究再讨论。笔者的博士论文(Feng 2014)提出了对"各"的分配成分的事件语义学分析,而本节则是在其基础上的进一步探索。

7.3.1　"各"的事件语义学视角

本章所运用的事件语义学理论框架（Bach 1986，Schein 1993）中，"事件"采取的是广义的解释，主要指的是用事件这种抽象的实体来表征动词的语义，从而形成动词域和名词域之间的类比，所以"事件"并不限于动态的事件，而是涵盖了我们惯常认为的含有终结点的、动态的典型事件，没有自然终结点的行动，以及静止的状态。下面的讨论不关注上述事件类型对于"各"的限制，因为事件类型（比如说有无终结点、是否具有动态等）对"各"与谓语的兼容性没有影响，允准"各"的最关键的一点是其成分统治域含有无定短语。

在明确了"事件"的概念后，笔者说明事件是如何联通动词域、名词域，以及时间、空间等维度的。事件是一种抽象的实体，一个事件 e 可以通过题元角色以及时间和空间相关的映射函数映射到参与 e 的个体、发生 e 的时间间隔以及发生 e 的空间间隔，由此与个体、时间和空间的维度相联通。题元角色等映射函数满足"和同构"（sum homomorphism）的关系，也就是说，通过映射函数，事件域内的加合（sum）关系可以被投射到个体、时间或空间维度里的加合关系，而且这种由加合关系形成的事件域的结构等同于由加合关系所形成的个体、时间或者空间域的结构。

和同构可表征如（24），假设有 e_1 和 e_2 两个事件，而 a 参与 e_1 以承担某种题元角色 h，而 b 参与 e_2 以承担角色 h，则对于一个由 e_1 和 e_2 加合起来的事件 $e_1 \oplus e_2$，经由映射函数 h（比如说施事角色）会映射到复数性个体 $a \oplus b$，即事件域的加合关系经由 h 的映射会转化为同构的个体间的加合关系。（24）等式左边涉及事件域的加合关系，右边涉及个体域的加合关系，两者通过映射函数 h 形成同构，从而得以联通（Krifka 1989，Champollion 2010，Champollion & Krifka 2016）。上面，笔者用题元角色函数举例，而

h 代表的是广义的事件映射函数，也包括将事件和时间、空间互相映射的函数。

(24) 假设 h 是一个事件映射函数，则

$$h(e_1 \oplus e_2) = h(e_1) \oplus h(e_2)$$

在上述背景下，我们将谓语语义刻画为事件而非属性（property），引入了事件的概念以后，就可以认为"各"所引导的分配关系中的分配成分就是以事件这种实体来实现的，这样"各"的分配关系结构就具有了实体性，表达的是各类实体之间的依存关系，显得更加直观。而笔者认为"各"的成分统制域内的无定名词短语的功能则是对分配成分中的事件加以限制，而不是如前人研究所认为那样是直接充当分配成分。

除了可以让分配关系的分析更直观以外，引入事件的概念还有助于赋予（25）和（26）之类的句子一个统一的解释。

(25) 那两个小孩各看见了两只猴子。

(26) 那两只闹钟各响了十分钟/一次。

按照李宝伦、张蕾、潘海华（2009a）的观点，（25）中的分配关键词是某两个孩子，而分配成分则是由无定名词短语"两只猴子"提供。的确，按照海姆（Heim 1982）等的观点，无定名词短语可以引入变量，换言之，就是一个由一对一对猴子构成的集合，而这一对一对猴子在分配关系中充当分配成分，每个小孩都与一对猴子形成依存关系，是一种非常合理的语义解释。所以说，在（25）中，分配关系是由个体与个体之间的依存关系构建起来的。

然而，个体间的依存关系并不适用于（26），（26）中基数式的表达（即"十分钟"和"一次"）并不占据论元位置，而是充当计数的动量词结构（如"一次"），或者表示时间持续的状语（如"十分

钟")。我们可以把这些表达也看作广义的无定名词短语,但是它们显然不引入个体,自然也无法直接充当分配关系中的分配成分。

而如果采取事件语义学的视角,那么就不必认为(25)中的分配关系是在个体和个体之间建立起来的,而是可以认为在(25)中,"各"的分配成分是符合谓语语义的事件,即若干看见的事件,而这些事件的客体这一题元角色则是由一对一对的猴子来充实的,或者说"两只猴子"是对于看见的事件在客体角色实现上的限制条件。由此,事件的引入可以将个体与个体之间的依存关系转化为个体与事件之间的依存关系。

而(26)中所显示的分配关系也可以用个体和事件的依存关系来表示,此时每一只闹钟都关联响的事件,而这些事件在时间维度等层面受到无定短语的限制。由此可见,由于事件概念的引入,(25)和(26)所代表的两类情况都可以被看作个体与事件之间的依存关系,从而得到统一的分析,这就是运用事件的概念去分析分配性的优势。

7.3.2 "各"的分配成分的单位性要求

从事件语义的角度出发,笔者认为"各"对于分配成分的要求,与对于其分配关键词的要求有类似。"各"要求其分配成分含有多个成员,而且成员的单位性亦需要在句中明确说明。由此,我们可以认为,"各"所建立的分配关系是"多对多"的,而且这种分配关系需要在显性的语言层面加以支持,而不能只依赖隐性的推理或者重新分析(比如将一个单数个体重新分析为语义复数体,或者根据句子中隐性的信息去间接地推出参与分配关系的成员等情况)。

比较特殊的一点是,"各"的分配成分关联的是句子的谓语部分在语义上表达的事件。对于事件域是否有天然的单位性,有些研究认为事件域和可数名词域一样,是由个体单位聚合而成的(如

Landman 1996),有些则认为只有一些事件有单位,而这个性质是和事件是否有界(telic)有关(如 Bach 1986,Mourelatos 1978),也有研究采取比较折中的观点,认为事件域中最小的底层单位是什么可以容许一定的模糊性,就好像我们无法明确不可数名词域的底层单位是什么一样,这种模糊性也不妨碍我们对事件进行加合操作(Nakanishi 2007,Champollion 2010)。笔者认为,事件域和名词域一样,是可以被计数的,是可以具有单位性的,但是如果要对事件进行计数和测量,还是需要有一定的句法手段来明确其单位性(参考 Rothstein 2008)。上文提到,有分析运用有界性这一事件特征来区分事件的单位性,而有界性其实也是需要对应的句法标记来支持的。再回到"各"的分配关系上来,笔者认为,如果事件要充当"各"的分配成分,那么事件的份额或者说计量单位自然也需要得到明确,以便与分配关键词构建起实体间的依存关系。下面看"各"要求何种句法手段来明确事件的单位性。

(27)那两个小孩各看见了两只猴子。

(27)[重复自(25)]中,无定数量名词短语"两只猴子"将个体域划分成若干一对一对猴子构成的复数域,这些由"两只猴子"构成的单位充当"看见"的事件的客体,通过题元映射函数间接地将"看见猴子"的事件划分为若干单位。而后,这些符合谓语语义的事件再作为分配成分,逐一与分配关键词中的小孩相匹配。

再来看(28)[重复自(26)]。在这类句子中,分配的还是符合谓语语义的事件,"一次"和"十分钟"的主要功能是将符合谓语语义的事件划分成若干单位。"一次"这类含有动量词的状语可以直接对事件进行切分和计数(Deng 2013,Liao 2019),而"十分钟"这类表示时间持续的状语先对时间维度进行划分,尔后通过时间维度的事件映射函数将符合谓语语义的事件划分为若干占据十分钟这一时间间隔的单位。

（28）那两只闹钟各响了十分钟/一次。

由此可见，"各"之所以要求其成分统治域内含有一个无定短语，其根本的原因在于：无定短语在语义上引入了一个具有明确单位性的复数域，而该复数域可以通过事件映射函数将相关的事件域间接地划分为若干的单位。如果无定短语占据论元位置，则无定短语负责将个体域划分成若干单位，而个体域内的各个单位则通过题元映射函数对应到这些单位所参与的谓语事件，由此将事件域也划分为若干单位以便参与构建分配关系。而占据非论元位置的无定短语，如果属于动量词类的状语，则可以直接对事件进行切分，如果属于时间或者空间维度的持续性状语，则可以引入复数域并通过映射函数在时间或空间的维度将事件划分为若干单位。在笔者的分析中，无定短语并不直接充当分配成分，而是承担了直接或间接划分事件域单位的功能，这样做的好处是能够给占据不同位置的无定短语在"各"的分配关系中的语义贡献一个统一的分析。

7.3.3　"各"的"不同"义的根源

下面再来看前人研究中提到过的"不同"的意味。前人研究指出"各"的分配关键词含有多个成员，但是对于分配成分的数量并没有提出明确的要求。而笔者认为"各"要求其分配成分含有多个成员，以保证分配关键词的成员和分配成分的成员之间形成多对多（而不可以是多对一）的依存关系。从这种角度看，"各"所引导的分配关系必须是非平凡的（non-trivial）。若分配成分只含有一个成员，又或者分配成分虽然含有多个成员，但分配关键词的所有成员却都无一例外地与其中同一个成员匹配，这时，分配性关系与集合性关系的区别就不明显了，其意义贡献就过于平凡（trivial）了。而正是因为这个"非平凡"分配关系的要求，导致了前人研究所说的"分别""不同"的意味。

且看(29)。

(29) a. * 那两只闹钟从十点至十点十分各响了十分钟。

　　 b. * 那两个女孩各看见了那两只猴子/同样两只猴子。

(29a)中,按理说"十分钟"可以将谓语中所表达的"响"的事件划分成若干持续十分钟的单位事件,然后,修饰语"从十点至十点十分"却将"响"的事件发生的时间间隔限定于一个固定的十分钟间隔。因此,两只闹钟与一个固定的持续十分钟的响的事件相关联,形成多对一的依存关系,即便有一个无定时间状语,也无法保证多对多的非平凡分配关系,因此句子的接受度很差。(29b)中,宾语"那两只猴子"具有唯一性,而"同样两只猴子"致使看见猴子的事件的客体始终是相同的,而相比之下,无定短语则允许其指称对象发生变化,从而将个体域划分成两个两个的猴子所形成的各种单位组合。因为客体上的唯一性或者相同性的限制,我们无法通过变化谓语事件的客体角色承担者来划分出多个事件,因此也无法构建多对多的依存关系。由此可见,"各"的成分统治域中需要无定而非有定的短语允准,其实是其分配关系的限制要求的体现。

再来看(30)中所显示的"各"和"一起"的冲突。

(30) a. ? 他们各一起吃了一个苹果。

　　 b. ? 他们各一起看了一场电影。

　　 c. ? 那两个人各一起打了他一下。

　　 d. ? 那两只闹钟各一起响了一次/十分钟。

(30)说明,"各"与"一起"不能够兼容,这是因为"各"与"一起"在语义贡献上有冲突。"一起"表示时间、空间或社会交往维度上的重叠(Lasersohn 1995)或者表示动词短语所指谓的事件是一个融合的整体(integrated whole)(Moltmann 1997,2004),这些用法要么阻碍通过时间、空间维度对事件进行划分,要么直接将符合谓语语义的事件处理为不可划分的整体。一方面,"一起"要求事件之间的融合或重叠;另一方面,"各"则要求谓语事件可以划分为多个明确的单位,分与合这两种要求之间的拉锯造成(30)的接受度变差。

最后,笔者需要说明,"不同"的意味,或者说"各"不允许"多对一"的平凡的分配关系,这与"各"的语用限制有关,而不属于其真值条件层面。这就是为什么本章(5)中两句之间的关系是语用上的不适宜,而不是不合乎语法。"各"在真值条件层面,要求分配关键词和分配成分都含有多个单位明确的成员。而在语用层面,"各"进一步要求:言者预期,"各"的分配关键词中的成员不都与同一个分配成分中的成员匹配,也就是说不是多对一的依存关系。所以,若假设言者知道动物园一共只有两只猴子,他就不会说"那两个女孩各看见了两只猴子"这样的话。(31)至(33)中的例子更能说明问题。(31)中,B 的质疑显示,当他听到 A 的陈述后,就会预期"他们俩"没有买同一套房子,然而这与他的已知信息(只有一个房源)有冲突,所以就说出"怎么可能"以表示惊讶和矛盾。(32)中,言者的第一句话中含有两人没有推荐同一个同事的预期,假设话语之间具有一致性,则后面接"就是王五"的陈述就显得自相矛盾。但是,(33)在一致性上并没有问题,因为后句表达的本就是未料的情况。

(31) A：他们俩最近各在这个小区买了一套房子。

　　　B：怎么可能?这个小区最近就只有一个房源。

(32) 张三和李四各推荐了一个同事。#那就是王五。

(33) 张三和李四各推荐了一个同事。恰好/结果/没想到,他们推荐的是同一个人,那就是王五。

由上述比较可知,"不同"的意味和参考世界中的真实情况并没有直接的关系,而是与言者的预期或者说信念有关系。"各"的"不同"义并不严格,允许分配关键词和分配成分的匹配有一定程度的重叠。如(34)及(35)所示,学生读的小说,"他们"推荐的同事,可以是重叠的,只要不完全相同,也就是说不是多对一的分配就可以。

(34)那些学生假期里各读了三部小说。

(35)他们各推荐了一个同事。其中,有几个人推荐了李四。

笔者将"各"的语义-语用限制总结如下:

语义要求:"各"的分配关键词和分配成分需要包含多个在句中得以明确其单位性的成员。

语用要求:"各"的分配关键词中所有成员不能与同一个分配成分匹配。

本节结尾,我们再来看看"都"所支持的分配关系是否一定是不平凡的,其答案显然是否定的,从语言表现上看,"都"无须无定短语的允准,可以与其成分统治域内的有定短语"一起"、"同样"等成分和谐共存[如(36)所示],这说明"都"不需要无定短语来划分其分配的事件,而且也允许多对一的分配关系。

(36)a. 他们都交了同样的答卷。

  b. 他们都看见了那两只猴子。

  c. 那两只闹钟都一起在十点到十点十分之间响了。

7.4 再论"各"不表分配的理据

本节讨论"各"不表分配的一些理据,指出"各"的非量化分析还是需要更多的支持。

李昊泽、罗海琪(Li & Law 2017,李昊泽 2019)认为"各"不具有量化义,而是谓语的修饰语,对相关句子的分配义做进一步的限制,其主要证据是"各"可以右向关联,或者说关联对象的位置比较灵活,而他们认为这种表现与典型的量化算子有差异。如(37)所示,"各"是在"他们"和三本书之间建立分配关系,分配关键词和分配成分都在其右边,而非一左一右。

(37) 李白各送了他们三本书。

的确"各"可以右向关联分配关键词,而相比之下"都"表分配义时,则总是关联其左边的成分并将之当作分配关键词。若认为"都"是汉语中具有量化内核的分配性算子,则"各"的差异表现则似乎提示它适用一个不同的分析。但是,需要注意,其实"各"的这种右向关联可以重新分析为(38)中的左向关联,因此我们完全可以给这类右向关联的句子一个句法上的解决方案,而语义上则仍然将"各"看作典型的量化性的分配算子。

(38) 李白送了他们各三本书。

此外,"各"的右向关联是有很多限制的,不像一般谓词修饰语一样灵活,从这个角度看,也并不十分支持"各"的修饰语分析。(39a)中右向关联的例子是不合乎语法的,而其对应的左向关联的说法(39b)也是不合语法的(参考 Soh 2005;Feng 2014)。这也进一步证明"各"的右向关联可能是左向关联的对应结构中"各"向左漂移的结果。

(39) a. *李白各送了那两本书给三个朋友。
　　　 b. *李白送了那两本书各给三个朋友。

从跨语言的角度看,"各"的位置灵活,对其分配义的影响也并不致命。比如英语 *each* 是典型的分配性成分,但其位置也是相当灵活的,也允许漂移。

李昊泽(2019)认为"各"本身不表分配,而是对句子的分配义进行限制,而句子的分配义是由句中隐性的分配算子所导致的。他指出,"各"与添加义有关,因此显示出(40)中的差异。如(40)所示,"各"与重量的度量相容,因为重量满足添加义,两个重量相加可以产出一个更大的值,但是与酒精度数则不相容,因为酒精度数是无法相加以得到更大的值的。

(40) a. 那三个箱子各有五斤重。

  b. *这几种酒各有五十度。

笔者认为,(40)中的对比并不可靠。(41)中的句子都合法,但是下面的这些度量也都无法相互叠加以生成更大的值。

(41) a. 这几种酒的度数各是五十度。

  b. 这三种溶液的浓度各为三摩尔每升。

  c. 这三个保温箱的温度各是二十六度。

  d. 我的两只眼睛各有五十度散光。

  e. 这三瓶酒各有三十、四十、五十度。

  f. 我的两只眼睛各有一百度,三百度。

比较(41a)和(40b),笔者认为,(40b)不合语法的原因是"五十度"所度量的单位在句法层面欠明确,无法知道度量的到底是什么方面,而若如(41a)般明确度量的是酒精度数,句子就合法了。可见,这还是因为"各"要求分配关键词和分配成分在句中明确其单位,而(40b)因为度量的方面在句中没有信息说明,自然也没有依据来将之划分成多个测量的事件了。(41c)和(41d)分别与(42a)

和(42b)也形成类似的对比。

（42）a. ? 这三个保温箱各有二十六度。

　　　b. ? 我的两只眼睛各有五十度。

而(41e)和(41f)中，虽然没有明确度量的维度，但是由于度量单位本身数值上的差异，也可以间接将分配成分中维度不明的测量事件划分成若干不同的单位，因此相关句子也合法。

最后，需要说明，如果"各"不表分配，我们就必须设置一个隐性的分配算子来表征句子的正确解读。随之而来的问题是，既然汉语存在一个隐形的分配算子，为何分配性解读在汉语中往往不易获得。如(43)所示，若没有语境或者分配性副词(如"都")支持的时候，相关句子往往只允许集合性的解读。

（43）他们买了一辆车。

既然汉语在建立分配关系的时候往往需要显性标记的支持，为什么在"各"字句中不把"各"直接看作分配关系的显性标记，而把它当作隐性分配算子以外的谓语修饰语呢？

7.5　本章小结

本章从分配关系构建的角度考察"各"的量化义，以期从意义的层面将其与全量成分"都"有效地区分开来，以解释二者不同的句法、语义、语用表现。本章融合了事件语义学的理念，引入"事件"的概念对"各"的分配关系的构成做了更直观的分析，指出"各"要求分配关键词和分配成分含有多个成员，且成员的单位性构成需要通过显性的手段(如在句子中)加以明确。为了解释"各"的"不同"义，笔者则从语用的角度出发，认为言者使用"各"

的时候,预期其分配性是非平凡的,分配关键词中的成员不都映射到同一个分配成分。

此外,本章也探讨了"各"不表分配而是表修饰功能的分析方案在理据上的问题,指出若"各"不表分配,则需假设汉语中有隐性分配算子,那么就会带来进一步的理论问题:比如需要解释为何分配性解读在汉语中往往需要显性的修饰性成分的"协助",而缺乏修饰性成分支持,相关句子为何往往很难得到分配性解读。

第八章

量化成分的多重语义类型及其核心语义

—— 以"每"和"大部分"的用法为例

本章用语言事实说明,汉语中一些表量成分可能具有多重语义类型,除了表达二元的量化关系以外,还具有其他的语义类型和意义解释。下面的讨论以"每"和"大部分/大多数"的多重语义类型为例来说明这种观点。

　　对于"每"和"大部分/大多数"的形式语义研究基本都是从与英语类似成分的比较开始。主要的思路就是认为"每"和英语 *every* 类似,"大部分"和英语 *most* 类似,而基于这种类似性,则可以把 every 和 most 的意义分析也运用于"每"和"大部分"的意义解释中去。然而,事实证明"每"和"大部分"的表现比 *every* 和 *most* 更复杂,如果认为前者和后者一样属于典型量化词,只表达二元量化关系,则解释不通前者在某一些环境下的句法分布和语义解读,以及由此产生的语义组合方面的困难。

　　本章指出,对于"每"和"大部分"这样的量化成分,不能简单地认为它们和英语类似成分适用同样的意义分析,通过针对性的语言事实考察,笔者认为必须假设它们具有多重语义类型,而非单一的广义量化词解释。而在发现了它们多重语义类型之后,还需要回答更复杂的问题:是不是一定要假设一个成分具有多种不同类型的意义解释? 这些解释之间是否具有联系? 如果有的话,那么是否可以进一步发掘,找出该成分的多重解释中最基本、最核心的是哪一种?

　　遵循这样的研究思路,本章第 8.1 节从对比的角度考察 *every* 和"每"的用法,指出后者有多种语义类型,可以解释为全量成分、有定性成分及受约变量,接着在此基础上讨论针对"每"的多重语义类型的解释方案。第 8.2 节则讨论"大部分／大多数"和 *most* 的区别,指出前者具有多种语义类型,包括二元量化关系、一元名词域算子以及属性,进而分析"大部分／大多数"的多重语义类型中,哪一种解释适合被当作其核心语义。第 8.3 节为结语。

8.1 "每"的多重用法及其核心语义

本节基于 *every* 与"每"之间的比较来说明"每"的用法多样性。根据笔者的考察,*every* 的用法可以在全称量化逻辑的框架内加以解释,而"每"的情况则更复杂,除了具有全称量化解释外,还具有一些无法与量化逻辑框架相适配的非量化用法。

8.1.1 every 的全量用法

前文已经提到,基本上 *every* 可以视为全称量化在英语中的体现。此处,笔者仔细分析 *every* 在三种情况(即 *every*-短语作宾语、*every*-短语与无定量化短语共现、两个 *every*-短语共现于同一句话)下的表现。这三种情况之所以值得讨论是因为,在第一种情况中,*every*-短语的量化义解释与其表层位置不能形成位置上的映射关系,这一问题是否能够得以解决,会影响其量化分析;而后两种情况则包含 *every*-短语与其他量化成分之间的互动,在这些情况下 *every* 的意义解释有助于验证该成分是否的确具有量化逻辑内核。针对上述问题的总体结论是:在这三种情况下,*every* 的用法都可以在全量逻辑的框架内加以解释。

先来看 *every*-短语作为宾语的情况,如(1)所示。

(1) That editor corrected every mistake.

(1)意为:每一个错误都无一例外由那位编辑修改了。显然这种解读很容易就可以用全量逻辑表达式来刻画,如(2)所示。

（2） ∀x[mistake(x) →corrected (that editor, x)]

对于(1)的意义表征(2)而言,主要的问题在于：(1)的表层结构与(1)的意义解释(2)之间在顺序上的差异。量化词 *every mistake* 在(1)处于宾语位置,在表层结构上无法将句子的其他部分纳入其辖域。而(2)中, *every* 所引入的全量算子处于量化式的首位,能够将命题余下的所有部分都纳入其辖域中。一方面,(1)中的 *every* 可以用全量逻辑来表征,但另一方面(1)的语义解释(2)和句子(1)在结构上并不形成映射关系。不过,这类不匹配从本质上并不影响 *every* 的全称量化解释,因为结构上的不匹配完全可以运用语言学内部的策略来解决,比如,假设量化词提升(May 1977,1985),从而在句法层面扩大 *every* 的辖域;或者运用量化语义储藏方案(Cooper 1975),推迟 *every* 参与语义组合的时机,从而让它能够将句子其余部分的意义解释置入其辖域中;又或者运用语义灵活赋类(Hendriks 1993)的思想,提升与 *every* 组合的成分类型以满足语义组合的要求等(亦参考第 1.1.1 节)。

在此,笔者简单地演示如何运用量化词提升和语义储存这两种方案来化解(2)所展示的语义解释与句子(1)的表层句法结构的不匹配,以切实说明这个问题可以通过理论内部的手段来解决。首先是量化词提升手段,我们假设在句法结构存在一个对应域语义解释的结构层面,其在语义解释的层面上和表层结构不同,宾语 *every mistake* 由原来的宾语位置提升至一个层级更高的位置,该位置超越主语 *that editor* 和动词 *correct*,形成如(3)中的结构(May 1977,1985)。经过提升的量化短语 *every mistake* 在其原有的宾语位置留下一个语迹(trace)t_1,其语义为赋值未定的个体变量 x。

（3）［every mistake 1［that editor［corrected t_1］］］

根据结构（3），that editor corrected t_1 先组合，其语义则对应一个含有自由变量 x 的开放命题（4）。

（4）corrected（that editor, x）

开放命题（4）中的变量 x 进一步由索引 1 约束，在语义上，索引 1 的作用是非常虚的，它的功能主要是引入一个 λ-算子来约束自由变量 x，从而将原来语义类型为命题的表达式（4）转化为一个有关个体的谓词，如表达式（5）所示。这种引入 λ-算子来转换语义类型产生谓词的过程也被称为 λ-抽象，而（5）中抽象所针对的便是算子所约束的个体变量 x，因而相应地，λ-抽象产生的是一个有关个体的谓词。

（5）λx［corrected（that editor, x）］

（5）表示那位编辑所修改的错误的个体 x 的集合，在语义类型上属于一元谓词。再回看（1）所对应的语义解释层面（3），就会发现，经过量化词提升，以及索引 1 所引入的 λ-抽象后，原先句子表层结构所引发的语义组合的问题就不存在了。经过提升后，全称量化词 *every* 依次与两个有关个体的谓词组合，一个是由普通名词 *mistake* 所提供的，而另一个则是由表达式（5）所提供的，而 *every* 则对两个谓词之间的关系进行限制，要求：对于每一个错误 x 而言，那位编辑修改了 x。

　　我们同样也可以运用语义储藏的策略来解决问题。按照库珀的分析（Cooper 1975），语义组合不一定要与句法结构组合同步。在语义层面，量化成分的语义贡献可以暂时先储存（store）起来，等句子其他成分完成语义组合之后再参与组合。因此，对于（1）而

言,宾语 *every mistake* 组合生成(6a)之后,就被储存起来,等到
that editor corrected 组合成为(6b)之后,*every mistake* 才参与组合
得到最终的全称量化式(6c)。Cooper 的语义策略允许量化成分
在参与语义组合时有一定的滞后性,但 *every* 的定义保持不变,仍
然符合全量逻辑。

(6) a. $\lambda Q \forall x [\text{mistake} (x) \rightarrow Q(x)]$

    b. $\lambda y [\text{corrected}(\text{that editor}, y)]$

    c. $\forall x [\text{mistake}(x) \rightarrow \text{corrected}(\text{that editor}, x)]$

在解释了 *every*-短语作宾语的句法语义问题后,再来看 *every*
和无定量化词共现的情况。在这种情况下,两类量化成分的辖域
关系会导致辖域歧义。这是因为 *every* 所引入的全称量化与无定
量化词(如 *a*, *three* 等)所引入的存在量化都具有完整的量化结构
(Ruys & Winter 2011),换言之,两者都有各自的量化辖域,而两者
辖域的相对宽窄会造成句子呈现出多重解读。

(7)中包含两个量化短语,全称量化短语 *every building* 及 无
定量化短语 *a guard*。笔者在第一章中已经提到过,(7)的两个可
能的解读就是由于全称量化和存在量化的辖域关系不同而导致
的,解读1中,存在量化的辖域内包含了全称量化,存在量化所约
束的守卫的取值不依赖于全量关系所约束的"楼"的取值,因此产
生了每一栋楼前都安插了同一个守卫站岗的"怪异"解读。而解
读2中,全称量化的辖域包含存在量化,守卫的取值会随着全称量
化所约束的"楼"的变量的具体取值而变化,极有可能楼₁前安排的
守卫ₐ,而楼₂前安排的是守卫ᵦ,因此便得到了每栋楼前有不同的守
卫站岗的解读,相对而言解读2比解读1合理很多。(7)所展现出
的量化辖域歧义体现了 *every* 所具有的全称量化力,如果 *every* 的
内核不是全称量化逻辑,或者说 *every* 不具有完整的量化结构,就
无法与存在量化的辖域发生上述互动。

（7）A guard is posted in front of every building.（Szabolcsi 2010）

解读 1：有一个守卫，被安排在每一栋楼前站岗。

解读 2：每一栋楼前都安排有一个（可能不同的）守卫站岗。

再来比较（8）中的两句。（8a）中，若 *every boy* 相对 *three movies* 取宽域，则三部电影的赋值依赖于每个男孩的赋值，造成每个男孩各租了三部（可能不同）电影的解读。因此，假设总共有三个男孩，则他们总共租借的影片总数是 9。若 *every boy* 相对 *three movies* 取窄域，则每个男孩的赋值依赖于某三部电影的赋值，得到每个男孩都租了相同的三部电影的解读，在这种情况下，若仍假设总共有三个男孩，则总共租借的电影总数只能是 3。由此可见，虽然（8a）中的无定名词短语 *three movies* 与（7）中的 *a guard* 不同，在存在量化的基础上还含有计数上的限制，我们还是可以通过量化辖域关系以及变量取值间的互相依赖关系来解释（8a）所允许的不同解读。

（8）a. Every boy rented three movies.

b. The boys rented three movies.

然而，若将 *every boy* 换作有定短语 *the boys*，如（8b）所示，则句子会允许一种额外的特殊解读——累积性解读（cumulative reading）。累积性解读指的是，所有的男孩一共租了三部电影。乍看之下，这种解读似乎与（8a）中的 *three movies* 的宽域解读差不多，因为上文提到，*three movies* 的宽域解读中，租借的影片数量就是 3。然而，累积性解读和辖域引起的解读是有本质区别的。*three movies* 取宽域的解读要求：存在三部电影，假设是电影 a、电影 b、电影 c，而每一个男孩都租了这三部电影 a、b 和 c。而（8b）

的累积性解读虽然要求男孩所租影片的总数为3,但不要求每个男孩都租了三部电影,而是允许其中有男孩只租了一部或两部电影的情况。换言之,在累积性解读中,男孩的取值和电影的取值之间没有具体的依赖关系,所谓的累积,顾名思义就是只限制这些男孩的个体所累积而成的这个整体与三部电影这个整体之间构成一定的关联关系,即男孩的集合和三部电影之间在整体上形成租和被租的关系,而至于说男孩集合中的个体与三部影片之间具体是如何关联的,则不是累积性解读的真值条件所能限制的。造成累积性解读和无定量化短语的宽域解读差异的根本原因是,有定短语 the boys 本身不具有量化力,其语义贡献只是引入一个特定的复数体,无法进一步对 the boys 中的个体施加限制;而 every 作为全称量化词,即便其辖域被包裹在 three movies 的存在量化的辖域内,every 也可以在存在量化的辖域内,进一步对三个男孩中的每一个施加一致性的要求,即要求他们每个个体都符合看了某三部电影的条件。由此可见,(8)是 every 表达全量逻辑的又一佐证:the 表示有定,负责挑出某个特定的集合,允许累积性的解读;而 every 则被分析为全量成分,与数量短语互动时必然产生辖域歧义,且不允许累积性解读(参考 Krifka 1992)。

最后笔者讨论第三种情况,即当两个相同的 every-短语共现于一句话时的 every-短语所具有的解读。需要注意,在这种情况下,后出现的 every-短语有独立且完整的全称量化结构,不能与第一个 every-短语形成照应关系。相比之下,若将第二个 every-短语用反身代词替换,则反身代词可以与第一个 every-短语所约束的个体变量构成照应关系,则所得到的句义会完全不同,如(9)所示。

(9) a. Every man likes every man.

$\forall z[\,man(z) \rightarrow \forall x[\,man(x) \rightarrow like(z, x)\,]\,]$

b. Every man likes himself.

$$\forall x[\, man(x) \to x \ likes \ x\,]$$

（9a）表示，对于每一个人 z 来说，z 喜欢每一个人 x，假设人的集合为$\{a,b,c\}$，要使得句子为真就要求 a 喜欢 a、b、c，b 喜欢 a、b、c，c 喜欢 a、b、c。（9b）则表示，每个人 x 都喜欢 x 自己，要求 a 喜欢 a，b 喜欢 b，c 喜欢 c。由此可以看出，两个 *every*-短语即便一模一样，但由于两者本质上具有独立的量化结构，分别约束不同的变量，因此在一句话中也无法形成共指关系。

若将（9）中的 *every man* 替换为表有定的专名，如（10）所示，所得的解读就大不一样，此时，（10）中的两句话在意义上是等价的，换言之，有定短语和反身代词所形成的共指关系，在将反身代词替换为有定短语本身后，共指关系是可以得到保留的。这再一次说明，*every*-短语和表有定的专名是有本质区别的。

（10） a. John likes himself.

b. John likes John.

（9）中 *every*-短语都占据论元位置，而若 *every*-短语占据修饰语的位置，仍然需要作全量成分解释，且看（11）。（11）选自电影《汉尼拔》。① 其语境是 Barney、Mason 以及 Dr. Doemling 三人的第一次会面，Mason 是一个富翁，并无任何专职工作，Mason 和 Dr. Doemling 早已相识，三人通过对话进一步互相了解。Mason 在最后总结时说了（11）这句话，此时他指的不是每个人知道他们自己的姓名和职业，而是表示互相清楚对方的信息，是只有全量逻辑才能赋予的解读。

（11） Mason：Okay，**everybody has everybody's real names**

---

① 该选段取自 COCA 语料库。

and credentials now. Except mine. Mine are，well，I'm just very wealthy，aren't I?

综上所述，*every* 对句子的语义要求可以用全称量化逻辑来解释。*every* 与无定量化成分之间的互动，可以引起辖域歧义，符合全量逻辑的辖域特点；并且 *every* 不允许累积性解读，两个相同的 *every*-短语不能构成照应关系，这和有定成分之间也有明显的差异。上述表现都支持我们将 *every* 表征为全称量化成分。

8.1.2　"每"的全量用法及其他用法

every 在汉语中似乎对应限定词"每"，这提示我们也许同样可以用全量逻辑来分析"每"的语义。但是，以 *every* 为参照，仔细考察"每"的语义特点，就会发现两者有巨大的差异。本节在前人研究的基础上，更加深入地比较 *every*-短语与"每+（一）+CL+N"（简称"每"-短语）的用法①，指出：与 *every* 不同，"每"-短语作主语时往往需要"都"的支持，而只有在某些特殊情况下"每"-短语才可以单独作主语并表示全量；"每"-短语作宾语时无法引起辖域歧义，而且和有定短语一样会允许累积性解读，在这种情况下，"每"必须定义为加合操作才能解释其累积性解读；两个相同的"每"-短语共现时允许照应关系的建立，这与典型的量化成分的表现有本质的不同，而这类情况下，后出现的"每"-短语只能解释为引入变量的操作。这种种区别显示："每"虽然常参与全量关系表达，但其语义具有多样性，无法用全量逻辑给出一致的分析。"每"和 *every* 与全量逻辑的匹配度可总结为表 8.1，从表中的对比可以明显看出"每"和全量逻辑的匹配程度比 *every* 要低很多，其表现也

---

① 本章主要探讨"每"与个体量词搭配的情况，"每"搭配动量词的情况可参考黄瓒辉、石定栩的研究（2013）。另外，"每"与大于 1 的数词搭配的情况，读者可参考黄瓒辉和蒋严的研究（Huang & Jiang 2009）。

比 *every* 要复杂很多。

表 8.1　"每"/*every* 与全量逻辑的匹配度

用　　　　法	每	*every*
作主语	有时匹配	匹配
作宾语	不匹配	匹配
两个相同的"每"/*every*-短语共现	有时匹配	匹配

　　下面对上面提及的"每"的各种用法一一进行讨论。

　　和 *every* 一样,"每"-短语可以单独出现充当主语(或话题)并传达全量的意味,但这类情况非常受限,相关句子的谓语必须满足一定条件才能允准"每"-短语作主语;相比之下,更普遍的情况是:"每"-短语需要"都"的支持才能作主语并表达全量关系。

　　"每"单独表示全量关系的情况很有限,主要分四种: 谓语中含有数量短语,谓语中含有"自己",谓语中含有"不同","每"字句后承接对于其谓语部分进行详细分类描述的句子,如(12)所示。其中,前两种情况由黄师哲(S. -Z. Huang 1996)最先观察到。

　　(12) a. 每个人吃了三碗饭。

　　　　 b. 每个人有自己的指导老师。

　　　　 c. 每个人有不同的遭遇。

　　　　 d. 每个人埋头苦干,有的擦窗,有的扫地。

　　需要注意,由"自己"所允准的"每"-短语是比较受限的,若"自己"充当宾语修饰语,则句子的接受度高;而若"自己"直接充当宾语,则句子接受度低,如(13)中的两例所示。

(13) a. ？ 每个人喜欢自己。

　　b. 每个人喜欢自己的父母。

　　根据上述语料,笔者认为:"每"-短语单独作主语是有条件的,要求从谓语部分或者上下文中能较为明确地推导出"每"-短语所关联/匹配的份额。(12a)中,"每个人"所关联的份额是"三碗饭";(12b)中,关联的是各自的导师;(12c)中,关联的是各自不同的遭遇;(12d)中,关联的是若干不同的事件。鉴于(13),我们还认为此类匹配不能是将一个集合映射到一个集合本身,而是需要在两个不同的集合之间进行关联。从形式化分析的角度看,在此类情况下,可以认为"每"和 *every* 一样是全量逻辑的诠释(Huang 1996,潘海华、胡建华、黄瓒辉 2009,Luo 2011),"每"-短语单独作主语的时候,"每"引入全量算子在其修饰的名词域和句子谓语部分的语义之间建立匹配关系。当然,我们也无法排除另一种可能的分析思路,即"每"在此类情况下并不表示全量,全量关系是由一个隐性全量算子引入的(Feng 2014)。按照这种思路,可以认为,汉语有显性和隐性的全量成分,而其适用条件各有不同。"每"与"都"共现时,"都"作为全量成分将"每"-短语所指谓的集合与谓语语义匹配;而"每"-短语单独作主语时,隐性的全量算子将"每"-短语所指谓的集合与数量短语等成分所指谓的集合相匹配。

　　除了"每"单独作主语的情况,另一种更常见的情况是"每"-短语表达全量时需要"都"的支持,如(14)所示,主语位置的"每条龙"需要"都"的支持才能表达全量;如果缺少"都"的话,则句子往往不合法。

(14) a. 每条龙都守护宝藏。

　　b. * 每条龙守护宝藏。

　　直觉上,"每"和"都"皆与表达全量有关,那么"每"和"都"与全量逻辑到底是如何匹配的? 若把两者都理解为全称量化算子,会出现双重量化的问题,即两个全称量化算子同时约束同一个变量的情况,这是一种不被允许的算子-变量约束关系(徐烈炯 2014)。

　　为克服双重量化的窘境,语义学研究主要提出过两类解决方案。一类方案是假设"每"是表达全量逻辑的核心算子,而"都"则仅在"每"的量化结构内发挥作用。例如,黄师哲(S. -Z. Huang 1996)认为,"都"的作用是挑出所有符合谓语语义的事件,由此为"每"的量化结构提供核心域,从这种角度看,"都"是一个与事件有关的一元加合算子,并不引发完整的量化结构,从其约束对象以及语义本质两方面看都不会引发双重量化问题;郑礼珊(Cheng 2009)则认为"都"的作用在于确定全称量化的限定域的范围,其本质是针对名词域的最大化操作,从形式表征角度看,若"都"针对名词域的一元算子,则不具有完整的量化结构,不会对谓语部分的语义进行任何限制,而"每"则负责在"都"所输出的最大复数体内部的成员和谓语语义之间建立匹配关系,因此也不会面临双重量化的问题[①]。第二类方案则假设"都"是表达全量逻辑的核心成分,而"每"则在其引发的二元量化结构中发挥作用,例如认为"每"负责将所有相关对象加合起来为"都"提供限定域(J. -W. Lin 1998a),属于针对单一集合的一元操作;而为了更好地刻画"每"所带来的"逐一性"的意味,冯予力(Feng 2014)则认为"每"在"都"的量化结构内进一步发挥两个作用,其一是类似林若望(J. -W. Lin 1998a)所说的加合操作,其二则是限制谓语语义的关联对象是"每"的修饰对象,例如"每一个男孩"中的"每"要求谓语语义的关联对象是男孩的单个个体,而非任何男孩聚合而成的复数体,所以才会令句子有"逐一性"的意思,而"都"则在此基础上负责核

---

　　① 从语言事实和理论的角度看,将"都"看作定冠词(或者说最大化算子)以及事件加合算子会导致诸多问题,有兴趣的读者可参见冯予力(Feng 2014)、蒋勇(2015)等的研究,也可以参考本书第四章。

查每一个男孩的个体是否与谓语语义相关联,因此"都"与"每"的语义贡献并无重合,也不会发生双重量化的问题。另外,也有研究认为"每"具有歧义,既可以分析为全称量化,也可以分析为针对限定域的操作,而具体采取哪种语义策略则取决于"每"所出现的环境。换言之,这类方案综合了上述两种方案的思路,允许"每"的两类意义解释根据其实际用法进行转换(Pan 2005;潘海华、胡建华、黄瓒辉 2009;Luo 2011)。

笔者暂不详细探讨上述每一个解决方案的优点和存在的问题,但明确其中一点,即无论采取何种方案,我们都必须从一定程度上对"每"或者"都"的语义进行弱化,仅允许两个成分中的一个是全称量逻辑的体现,而另外一个成分则负责对全称量化结构内的某一部分(限定域或者核心域)施加影响。这些解决方案是基于全量逻辑和语言事实所做的语义理论内部的精细化处理,体现了形式语义研究脱胎于逻辑研究并继续根据自然语言的特点深化发展的走向。

在分析了"每"-短语作主语的情况后,再来看"每"-短语作宾语的情况。有趣的是,"每"-短语可以单独作宾语,不需要"都"的支持,但在此类情况下,"每"的表现并不符合全量逻辑,笔者主要通过"每"-宾语和数量短语的互动来证明这一点。

一些研究(Cheng 1991, S. -Z. Huang 1996, J. -W. Lin 1998等)认为"每"-短语不能出现于宾语位置;而另有一些研究(Pan 2005,潘海华等 2009, Luo 2011, Feng 2014 等)则指出"每"-短语可以单独作宾语。笔者认同第二种观点,认为"每"-短语可以单独出现于宾语位置,不过需要进一步指出的是:"每"-宾语的出现,需要满足一定的语用条件。先前研究中提出的"每"-短语作宾语不合法的例子[如(15)所示],其违反的是语用而非语义层面的限制。

(15) a. ?? 李四喜欢每个老师。(S. -Z. Huang 1996)

b. ?? 我看了每一本书。(J. -W. Lin 1998a)

"每"–宾语所指谓的范围,一般可由三种方法确定:诉诸常识,诉诸语境信息,或从句子本身寻找线索。(15a)缺乏上下文,句内也无有关老师范围的信息,因此听者倾向于诉诸常识,将"每"–宾语指谓的范围限定为世界上所有的老师或其心目中所有的老师,导致(15a)的解读不符合常识或逻辑。(15b)和(15a)有同样的问题,而且助词"了"表示"看每一本书"的事件已经完成,时体上的限制使得"看了听者所能想到的每一本书"之类的解读显得更不符合常识。

相比之下,(16)中,修饰语或语境信息限定了"每一个孩子"所涉及的范围,这使相关句子获得了合理的解读。(17)中,"要"表示言者的计划,"看每一本书"尚有完成的可能,因此(17a)比(15b)接受度高;(17b)摘自一名教师讨论教学的博客,其中的"每"–宾语不专指某个特定的学生集合,而是泛指一切学生,因此无须额外的限定就能得到合理的解读。(17c)中,"每"–宾语提升到"都"之前,接受度反而差了。这是因为,"每"–宾语位于句子左边,对应话语中的旧信息,倾向于与话语中的某一个特定的学生集合关联,反而不能传达泛指的意味①。

(16) a. 我喜欢幼儿园的每一个孩子。

　　　b. 幼儿园老师看着班级里的孩子,说:

　　　　我喜欢每一个孩子。

(17) a. 我要看每一本书。

　　　b. (如果你要)喜欢每个学生,就要先了解每一个学生。

　　　c. ?? (如果你要)每个学生都喜欢,就要每一个学生都先了解。

---

① 潘海华、胡建华、黄瓒辉(2009)还指出,"每"–短语的形式也可能影响其作宾语时的接受度,有兴趣的读者可以进一步参考该文献。

前人研究认为,宾语位置的"每"-短语,不具有完整的全称量化结构,因此"每"必须弱化为针对其所修饰的名词语义的一元加合操作(Pan 2005,潘海华等 2009, Luo 2011, Feng 2014)。笔者进一步通过数量短语与"每"-短语的互动来证明这种处理的必要性。

(18) a. 三家餐馆提供了这次宴会的每道餐点。

b. 他向三位老师解释了论文中的每个观点。

(18a)有两种可能的解读。假设餐馆的集合为$\{r_1, r_2, r_3, r_4\}$,宴会餐点为$\{c_1, c_2, c_3\}$,解读 1 为"三家餐馆"的宽域解读,表示:存在三家餐馆,其中的每一家都提供了会议的每道餐点。图 8.1 所示的是符合解读 1 的一种情况,其中 r_1, r_2, r_3 都提供了每道餐点,而 r_4 则仅仅提供了部分菜品。

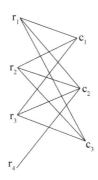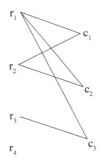

图 8.1　宽域解读　　　图 8.2　累积性解读

解读 2 为:总共有三家餐馆为宴会提供餐点,而宴会所有餐点仅由这三家餐馆提供。解读 2 属于累积性解读[亦参考(8b)],仅要求有三家餐馆参与提供了每道餐点,而不要求其中每一家都提供每一道餐点。图 8.2 所示的是符合解读 2 的一种情况。解读 1 和解读 2 中,我们都可以认为"每"不表达全量关系,仅仅负责将所有相关的餐点都加合成为一个特定的复数性集合。

更重要的是,如果"每道餐点"具有完整的全称量化结构,就可以像宾语位置的 *every*-短语一样,通过句法和语义策略顺利地将"三家餐馆"纳入其辖域中,得到每道餐点各由(不同的)三家餐馆提供的解读,然而,(18a)没有这种解读。同理,(18b)也不允许"对于论文的每个观点,他向(不同的)三位老师做出解释"的解读。这说明:和 *every*-短语不同,在宾语位置的"每"-短语不能通过语义或句法策略以全量成分的角色参与语义组合;相反,其表现更类似 *the*-短语,在语义上表达一个特定的复数性集合。从这一点看,"每"的语义和全量逻辑是有本质区别的。

上述讨论中,"每"与"都"共现以及"每"单独出现的情况下,我们不一定或者不能够将"每"分析为全量成分。最后,笔者探讨两个相同的"每"-短语共现的情况,以此进一步说明"每"与全量逻辑的不匹配。

一句话含有两个相同的"每"-短语时,其语义解释具有多样性,如(19)至(21)所示①。

(19) 每个人相信每个人。

(20) 每个人有每个人/自己/他自己的处事方式。

(21) 每个人知道每个人的事。

(19)的解读和(9a)类似,两个"每"-短语都作全量成分解释,表示:对于每个人 x 而言,x 相信每个人 z(即每个人不但相信自己,还相信所有除自己以外的人)。笔者在 BCC 语料库内对含有两个"每个人"的句子进行了穷尽性搜索,发现第二个"每个人"作论元的例子很少。最普遍的还是(20)这样的用法,(20)中,第二个"每个人"作修饰语,意为:对于每个人 x 而言,x 有 x 的处事方式,将

---

① (21)及下文的(22)、(23)均来自 BCC 语料库。

第二个"每个人"用"自己"替换,也不影响句子的解读。(16)中,第二个"每个人"并不是全量成分,而是被理解为一个类似英语 *himself* 的受约束的变量[参考(9b)]。(20)的形式化表达如(22)所示。

(22)　$\forall x[\,man(x)\rightarrow x\ has\ x's\ way\ of\ doing\ things\,]$

更有趣的是,(21)具有歧义,一种解读为:每个人知道他自己的事;另一种解读为:每个人知道所有人(包括自己)的事。

结合上述例子,笔者认为:当两个相同的"每"-短语共现时,若第二个"每"-短语作论元,则"每"作全量成分解释。若第二个"每个人"作修饰语,则相关句子可以具有歧义,第二个"每"-短语可以作全量成分解释,或作约束变量解释;有时第二个"每"-短语只能理解为受约变量,这是因为"每"-短语作全量成分所产生的解读是不合理的。如(20)中,对于一个人而言,他不太可能有所有人的处事方式,这样的解读违背常识,因此被压制了①。

另外,需要注意的是,当"每"-短语作约束变量解释时,两个"每"-短语可以被无定短语代替,且保持句子解读不变。请比较(20)和(23)。

(23) 一个人有一个人的处事方式。

除此之外,"每"-短语与全量副词"总"共现时,也可以被无定短语替换,如(24)所示。

---

① 需要注意,同一句话中的两个相同的"每"-短语,其量化的范围可能是不同的。例如(i)意为:对于每个人 x 而言,x 是所有除 x 以外的人生命中的过客。换言之,对于每个人 x 而言,第二个"每个人"的范围是除去 x 以外的人,因为一个人不可能是其自己生命中的过客。这种限制是由语境信息和句中一些成分的词汇义等因素导致的。

(i) 每个人是每个人生命中的过客。(摘自 BCC 语料库)

（24）a. 每个人／一个人在心灵深处总有好与坏善与恶的
　　　较量。
　　　b. 每个人／一个人一生中总会碰到这样的事。

综上可知，汉语"每"可以有不同的解释，包括全量成分、加合操作，以及引入变量。相比之下，英语中，every 的解释是单一的，对应全称量化，即使一句话中含有两个相同的 every-短语，也不允许 every-短语获得约束变量的解释，而且 every 也不能与表示存在量化的无定代词 some／a 相互替换。"每"和 every 的主要语义差异总结如表 8.2。

表 8.2　"每"和 every 的主要语义差异

	作主语	作宾语	两个相同 every／每-短语共现	允许累积性解读	允许辖域歧义	允许建立照应关系	允许与无定量词互换
every	全称量化	全称量化	全称量化	否	是	否	否
每	全称量化或加合操作	全称量化或加合操作	全称量化或约束变量	是	否	是	是

8.1.3　"每"的语义解释方案

上文比较了英汉全量限定词 every 和"每"的语义特点和句法分布，可以发现：every 的语义可以用全量逻辑分析，every 作宾语会导致语义组合困难，但这一问题可以通过设置句法和语义层面的策略加以解决，无须改变其全量逻辑定义。相比之下，"每"具有语义多样性，除了参与全量关系的表达以外，还可以表达针对单一集合的加合操作或仅仅引入变量。此外，"每"在辖域歧义、累积性解读以及照应关系等方面也与 *every* 有相当大的差异。从这些角度看,"每"在一些情况下,无法解释为表达二元量化关系,不属于典型的全量成分,而它在各类情况下的意义解释视乎其出现的具体环境而定。*every* 和"每"的语义差异说明:像全量这样的基本逻辑概念与自然语言量化成分不是一一对应的关系,量化逻辑需由语言成分和句子环境一同去诠释。此外,自然语义研究还要考虑语义组合与句法组合的匹配度。从这两个角度看,逻辑工具有其局限性,逻辑研究不能代替自然语言意义研究。

　　"每"的多重用法也说明,就全量和存在这两个概念在自然语言中的具体实现而言,其界限可能并不总是十分清晰。而在逻辑研究中,全量和存在则总是两个本质截然不同的概念,因为它们对量化对象所施加的限制是完全不一样的。汉语中,"每"可以表示全量,而"一"允许存在量化解读,例如(25)表示存在一本书 x 且我读了 x。

　　（25）我读了一本书。

但在有些情况下,"每"也可以被"一"代替［参见(23)及(24)］。这类"每"和"一"互相替换的例子并不代表全量和存在这两个逻辑概念是雷同的,而是说明:自然语言中的"每"和"一"与全量和存在两个概念可能并不构成清晰的一一映射关系,仅仅是在某些情况下表达全量或存在关系。

　　虽然英语中的 *every* 属于较典型的全量成分,但是就全量和存在这两个逻辑概念在英语中的实现形式而言,其界限并非完全清晰,同一个语言成分可以承载两种本质不同的量化解读。奥尔恩（Horn 1972）、拉杜萨夫（Ladusaw 1979）以及达亚尔（Dayal 1998,2004）等都探讨过 *any* 的两面性。（26a）中,*any* 有类似全称量化的意味,表示:对于每一个找约翰的女人而言,约翰都和她说话了;（26b）中,*any* 则有存在的意味,意为:不存在一个 x,x 是女人且约翰和 x 说了话。

(26) a. John talked to any woman who came up to him.

b. John didn't talk to any woman.

any 在否定环境下作存在解,在肯定环境中,若有定语从句修饰的情况下则可作全量解,由此可见此类"多义"成分的解释与其所出现的环境息息相关,*any* 既不对应典型的全称量化算子也不对应典型的存在量化算子,有的研究认为 *any* 具有这两种量化本质,而另一些研究则认为 *any* 所体现的不同的量化解释其实是由约束它的不同算子所决定的。

亚特里杜(Iatridou 2003)以及格里姆等(Grimm et al. 2014)则发现表示处所的 *a* + N 短语也显示出全量和存在两种解读。(27a)表示"我们"离所有车库都很远,此时 *a garage* 似乎作全量解释;而(27b)表示存在一个车库,且我们离这个车库很近。乍看之下,*a garage* 具有多义性,但是我们也可以认为 *a garage* 仅仅引入变量,而到底拥有何种量化解读则是由 *far away* 以及 *close to* 的语义特点所决定的。

(27) a. We are far away from a garage.

b. We are close to a garage.

基于这些事实,再反观"每"的解读,我们是否也可以跳脱先前从全量逻辑出发的研究,分析其多重解读与句子其他要素之间的互动,从而发掘其真正的意义本质呢? 若能找出一种统一的解释方案,且该方案适用本节所提到的"每"的各种用法,则这个方案应该是理论上最理想的。下面让笔者再来梳理一下"每"的多重用法之间的联系,看看是否能发掘出其核心语义。

先看"每"-短语作主语的情况。上文说过,"每"-短语单独出现作主语的时候可以以全量逻辑来解释,"每"-短语和"都"共现的时候,现有的研究认为可以将"每"当作全量逻辑算子来解释,也可以用一元加合操作来定义"每"。那么,"每"单独出现作主语,以及"每"和"都"共现这两种情况下,"每"的解释是否可以加以整合呢?对此,笔者认为主要有如下三种方案:其一是认为"每"表达全称量化,在这种情况下,为了避免双重量化的问题,就需要给句中的"都"一个非量化的分析。参考本书前几章的分析,笔者已经论证了"都"的量化分析的合理性,因此为了解释"每"和"都"的共现,而放弃"都"的量化分析方案,其代价是比较大的。其二,我们可以认为:"每"和"都"都是全量成分,但是当两者共现时,两者的全量意义都得到了一定程度的弱化,从两个可以引入完整量化结构的成分,变为了两个协同构建量化关系的成分,比如在"每"和"都"共现时,我们可以认为修饰名词域的"每"确定全量关系的限定域范围,而"都"与谓语部分在句法上关系更近,其作用在于负责将范围内的成员逐一与谓语语义所对应的核心域相关联从而建立匹配关系。按照这种思路,则基本上"每"仍然可以作为全量逻辑全部或部分的体现。此外,还有第三种方案,即认为"每"在单独作主语或者与"都"共现的时候,其本身都不具有全称量化的能力,句子的量化解读总由其他成分提供。"每"的主要功能是针对其所修饰的名词域的一元操作,负责加合语境中所有相关的成员,在"每"和"都"共现的时候,"都"而非"每"负责建立全称量化关系,而"每"-短语单独作主语的时候,则可以认为由于句子谓语部分的一些标记(如数量短语等)可以充当分配成分,因此激发了一个隐性的全称量化算子来建立分配关系。这种分析支持"都"的全量分析,也不需要假设全称量化力在特定情况下被弱化,但是"缺点"就是要假设隐性成分来做出语义上的贡献,不过,因为"每"单独出现时,句中的确是需要有明显的标记来建立分配关系的[参考(12)],这可以从一定程度上为假设隐性全称量化算子提供动因。相比之下,第三种方案是比较特殊的,给了"每"一个非量化的分析方案,认为相关句子的量化解读不是"每"所赋予的。

再来看"每"-短语作宾语的情况,对此我们已经说明"每"-短语在宾语位置无法引起逆向辖域解读,且支持累积性解读,这和典型的全量成分还是有差异的,而且有时候有"每"-短语在宾语位置表现得像较为简单的有定成分,不引起分配关系。从这个角度出发,将这种情况下的"每"-短语解释为针对名词域的一元操作也是可行的。综合来看,"每"-短语作主语和宾语的情况,将之分析为名词域的一元加合操作,是相对最具统一性的解释方案。从理论角度看,这两类用法("每"-短语作主语或作宾语)之所以可以整合,是因为全称量化和加合操作不完全冲突,加合操作可以被看作全称量化的一个子部件。

我们进一步面临的问题是,将"每"定义为针对名词域的一元操作,是否可以解释两个"每"-短语共现的情况呢?我们已经知道,在这种情况下,"每"具有歧义,有时候允许全量解读,而有时候允许特殊的受约变量解读。这两种情况似乎都很难与名词域的加合操作加以整合,尤其,受约变量的用法是在个体与个体之间建立联系,是针对个体而言的,而加合操作确实将符合名词语义的个体合到一起从而输出复数体,两者限制的对象和输出的结构都是不同的。而与之相对的是,我们是否探寻另一种思路,即探索"每"引入变量的意义解释方案是否能够适用于"每"单独作主语、"每"与"都"共现以及"每"单独作宾语这三种情况。

由本节的讨论可知,与量化有关的自然语言成分(如"每")不一定与量化范畴形成一一对应关系,我们需要对相关的语言事实有更全面的考察,以展现量化范畴在自然语言中复杂的实现机制。而在确定了"每"这样与量化关系有关成分的具体用法后,我们则面对一个新的理论问题:如果说"每"与量化逻辑不匹配,那么它的核心语义是什么?对此,我们可以从量化逻辑的框架内去考虑问题,坚持认为"每"是量化关系的全部或者说部分体现,但是,这样的解释方案却总有不完美的地方。这种解释力上的不足促使我

们推翻原有量化逻辑框架内的思路,从更大范围寻求一个针对
"每"的更为统一的解释方案。

8.2　"大部分"的多重用法及其核心语义

本节关注量化词"大部分"以及"大多数"(简称"大部分"类
量化词)的语义解释,对此类量化表达的用法进行全面、充分的描
写,并在此基础上分析其语义类型及核心意义。下面先回顾冯予
力(Feng 2014,冯予力 2016)对于"大部分"类量化词多重用法的
归纳,继而分析"大部分"类量化词的核心意义。

之所以选择"大部分"类量化词作为研究对象,首先是因为其
句法分布以及语义表现比较复杂且有趣,其次是为了丰富汉语居
间量化词(intermediate quantifier word,即介于全量和存在之间的
量化表达)的研究。目前与汉语有关的量化研究主要集中于全称
量化表达(如"都""全""每""各"等)和表示存在的无定量化成
分,相比之下,汉语居间量化词的研究则很不充分。在非常有限的
居间量化词研究中,"大部分"算是相对比较"亮眼"的研究对象。

以往对于"大部分"类量化词的研究,主要是考虑"大部分"和
"都"共现的情况。而对于"大部分"的分析则主要参考英语 *most* 的
形式化定义。本节对"大部分"类量化词的考察,既考虑其与"都"
共现的情况,亦考虑其所能出现的其他环境,指出此类量化词并不
是典型的广义量化词,不总是表达集合间的关系,而是具有多重语
义类型。"大部分"可以表达集合间的关系,某个满足一定条件的个
体以及某类符合相关条件的个体的集合。在说明"大部分"类量化
词具有多重语义类型后,笔者进一步认为,其核心语义是谓词性的,
表达满足"占大部分"的条件的(复数性)个体所组成的集合,而其他
语义类型则是在相应的环境下经过语义类型转换所得到的结果。

对于"大部分"的语义类型以及核心意义的讨论体现的是针
对表量成分语义的一个经典争论:量化词除了适用广义量化词的

解释之外,是否可能还适用其他解释(如解释为谓词或者特定个体等)? 不少研究认为英语中的基数式量化词本质上是谓词性的,而非表达二元的量化关系。在这一点上,笔者认为,汉语"大部分"的表现也不像典型的量化词,而是和英语基数式量化词更类似。

8.2.1 量化名词短语语义解释的两种方案

在讨论"大部分"类量化词的用法以及语义类型前,笔者先简要回顾名词短语意义解释的几类方案,广义量化词理论的统一性处理方案、非量化的解释方案以及相对更灵活的语义类型转换方案。

量化研究中备受推崇的广义量化词理论(Barwise & Cooper 1981)提出对名词短语这个类别做统一的处理,认为此类短语都表达有关集合的集合,而相应地,量化限定词则都表达集合之间的二元量化关系。按照广义量化词理论,(28)中,every 关联女孩的集合以及具有"笑"的属性的个体所组成的集合,并对这两个集合之间的关系加以限制。要使得(28)为真,every 要求所有女孩都无一例外具有"笑"的属性,从集合间关系的角度便相当于要求女孩的集合是"笑"的个体所组成的集合的子集。every girl 则对应所有女孩都具有的属性所组成的集合,而若"笑"的属性属于该属性集合,则句子为真。从集合论的角度,属性对应的是由个体组成的集合,例如,"张三是学生"表示"张三具有学生的属性",也就是说"学生"的属性是由如"张三"这些具有学生身份的个体所组成的集合。因此,我们说 every girl 表达"属性的集合",就相当于一个由若干个体组成的集合所进一步组成的集合(即 a set of sets)。

(28) Every girl smiles.

上述分析方法可以推广至其他的量化词,如(29)所示,表示

存在的 *some*，不存在的 *no* 以及基数式的量化词 *at most three* 都可以刻画为对集合 A 和集合 B 之间的数量关系所施加的要求。

（29）EVERY A B 为真，当且仅当 A⊆B

　　　SOME A B 为真，当且仅当 A∩B≠∅

　　　NO A B 为真，当且仅当 A∩B=∅

　　　AT MOST THREE A B 为真，当且仅当 |A∩B|≤3。

　　除了（29）所示的典型数量表达，广义量化词理论的解释机制还拓展至并不明显与数量有关的名词短语，例如专名 *John*。*every girl* 表示所有女孩皆具有的属性的集合，而 *John* 则表示所有 *John* 这个个体所具有的属性的集合，若 *John* 具有男性、学生、美国人这三个属性，则 *John* 在广义量化词理论体系下就表达一个以男人的集合、学生的集合、美国人的集合为元素的有关集合的集合（a set of sets）。

　　广义量化词理论为限定词以及名词短语提供了一个统一的解释框架，在此基础上可以对限定词所表达的集合间关系做进一步的比较和分类，从而提炼出自然语言量化词的诸多特性（如守恒性、扩展性、单调性等）（Keenan & Stavi 1986；Keenan & Westerståhl 1997 等）。

　　广义量化词理论的统一解释机制是一种极具创见的处理方法，但并不是唯一的针对量化词的分析，有不少研究举出语言事实以说明量化词不一定总是表示复杂的集合关系，而名词短语的语义类型并不一定总是集合的集合（参考本书第一章）。

　　海姆（Heim 1982）认为无定名词短语主要的作用在于引入个体变量，如 *a man* 的语义表达式为 man(x)，即男人的集合，而不是广义量化词理论所认为的由男性个体所具有的属性组成的集合。林克（Link 1987）针对名词语义以及复数性的研究中，认为数词 *three* 并不是要求两个集合的交集所含元素个数为三的量化词，而是应该处理成形容词一样的成分,因此 *three men* 指谓的是一个集合,其中的元素皆为由三个男人加合而成的复数性个体,与广义量化词理论解释不同,林克认为 *three men* 并不指谓由三个男人所具有的属性所构成的集合。有研究采取类似看法(de Jong 1983,Rothstein 1988,Krifka 1999,Landman 2004 等)。其中克里夫卡(Krifka 1999)还关注经过修饰的基数式量化词如 *at most three* 等,并认为 *at most* 等针对数量的修饰成分,其语义操作的层面是数词所激发的选项集合。上述研究并不单单在理念上与广义量化词理论不同,还提供了相应的语言事实证据。例如兰德曼(Landman 2004)指出,(30)中的数词 *fifty* 并不与定冠词 *the* 紧密相连,而是被形容词 *ferocious* 隔开,也就是说,数量短语 *fifty lions* 需要先和与之相邻的 *ferocious* 语义组合。鉴于如 *ferocious* 这样的形容词属于谓词性的成分,需要与谓词性成分组合才不会产生语义冲突,因此在(30)中,*fifty lions* 不适用广义量化解释,而是应当解释为和形容词类似的谓词性成分。

(30) We shipped the ferocious fifty lions to Blijdorp, and the meek thirty lions to Artis.

我们必须进一步追问,广义量化词理论的解释与上述量化短语的非量化解释之间到底呈什么样的关系?对此,帕蒂(Partee 1986,1987)给出了一个化解两类解释冲突的方案,她认为名词短语的语义解释可以是灵活的,广义量化词理论的解释与其他的名词短语解释之间存在互相转化的关系,这就是所谓的"语义类型转换方案"。名词短语的各种解释之间的转换关系如图 8.3 中的语义转换三角形所示。三角形的三个顶点分别表示名词短语主要的三种语义解释,即表示特定个体、个体的集合(或者说谓词类的属性)、集合的集合(即广义量化词解释),而三种解释之间可以通过特定的语义操作实现互相转换。

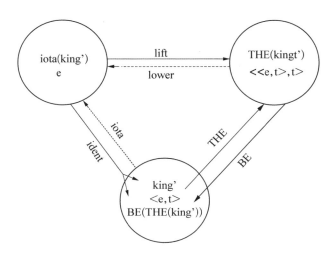

图 8.3 帕蒂的语义转换三角形（Partee 1987）

图 8.3 中的语义类型转换以 *king* 一词的语义解释为例。位于三角
形最下方的顶点是名词短语的谓词性解释，其语义类型为<e，t>，
即表示一个由个体所组成的集合；位于三角形左上方的顶点是名
词短语表示特定个体的解释，其语义类型为<e>；位于三角形右上
方的顶点是名词短语的广义量化词解释，表达的是属性的集合，或
者说集合的集合，其语义类型为<<e，t>，t>。最下方的谓词性解释
可以通过语义操作 iota 和 ident 实现与左上方的个体性解释的互
相转换，iota（即"ι"）操作可以从一个由个体组成的集合中挑出一
个特定的成员，或者将一个只含有一个个体的单元集（singleton
set）（如⎰a⎰）转化成其中所含的个体（如将集合⎰a⎰转化为个体
a）；而相应地，ident 操作则可以将特定的个体转化为含有相关个
体的集合，从而实现从<e>类型到<e，t>类型的转换。最下方的谓
词性解释还可以通过 THE 和 BE 两种操作实现与右上方的广义量
化词解释的互相转换，THE 操作将谓词性解释转化为广义量化词
解释，假设存在唯一的一个国王 k，则 THE 负责将单元集⎰k⎰转化
为 k 所具有的所有属性的集合；而 BE 则相应地将 k 所具有的属

性的集合转化为单元集{k}。注意,这样的转换操作也符合英语的语言事实,如"*John is the king.*",其中的 *be-*动词 *is* 的作用可以理解为广义量化词短语 *the king* 转换为一个单元集,而如果 *John* 所指称的个体属于该单元集,则句子为真,反之则为假,在该例句中,*is* 对应 BE 操作,而 *the* 则对应 THE 操作,两者其实都是实现语义类型转换的功能性成分。左上方的个体性解释和右上方的广义量化词解释之间通过 lift 和 lower 操作实现互相转换,这样的转换其实早已为我们所熟悉,即对于类似 *the king* 这样的短语,我们可以认为它具有简单的语义类型,指称特定个体,而蒙太格语法则告诉我们可以提升个体的类型为个体所具有的属性的集合,而这种思想就对应帕蒂(Partee 1987)所指的 lift 操作,而 lower 则是与这种提升相对的降低语义类型的操作。对于上述三类名词短语解释,帕蒂指出,就英语而言,完整的名词短语(full NP)的默认语义类型(unmarked type)是个体性的或者广义量化词性的,而谓词性解释则属于有标记的类型(marked type);而普通名词短语(以及动词短语)的默认语义类型则为谓词性的,在适当的条件下可以转化为个体性解释或广义量化词解释(而这些属于普通名词的有标记语义类型),例如我们可以说"*John is president.*",此处的普通名词 *president* 其实和 *the president* 一样,不仅仅表示"总统"的属性,还有量化要求,表示担任总统一职的人具有唯一性。综上所述,帕蒂(Partee 1987)的分析允许名词短语解释的灵活性,但同时也支持广义量化词的统一性方案,不反对将广义量化词解释当作名词短语的默认解读。

与帕蒂(Partee 1987)一样,兰德曼(Landman 2004)也认为名词短语的语义类型可以是灵活的;同时,他认为,就英语而言,不同的完整的名词短语的基础语义类型是不同的,而不是和帕蒂一样默认广义量化解释或者个体解释是名词短语的默认语义类型。他指出,典型的量化短语的基础语义表达集合的集合,有定短语则指谓个体,两者皆可以占据论元位置,而无定数量短语如 *three men*

的基础语义则指谓集合。在规定了不同类型的名词短语各自的基础语义类型后,兰德曼认同名词短语的语义类型可以转换,但是转换的灵活度比帕蒂的模型低,不同的语义类型之间不能自由地进行双向转换,而是只允许类型提升的操作,如图 8.4 所示。

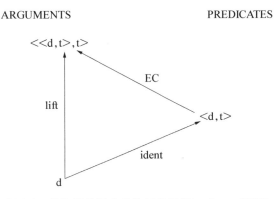

ARGUMENTS   PREDICATES

图 8.4　兰德曼的语义转换三角形(Landman 2004)

需要注意,兰德曼用字母"d"而非"e"表示个体的语义类型,这是因为有的时候"e"还用来表示"事件"(event)这种抽象实体的类型,为了更好地区分不同的实体类型,不少研究用"d"来表示个体。按照图 8.4,名词短语的语义还是三种,分别占据三角形的三个顶点,其中,广义量化词解释和个体性解释可以自然地占据论元位置,而个体集合性的解释则天然地占据谓词性的位置。无定数量短语如 *three men* 的基础语义是谓词性的,其对应的语义类型为<d, t>,即表示个体的集合,若要占据论元位置则可以通过存在封闭(existential closure,EC)操作,从而将之提升为广义量化解释。图 8.4 的语义转换三角形不允许谓词性的解释降低为更简单的个体类型 d,这主要是因为兰德曼考虑的是隐性的操作,而没有考虑有 *the* 这样的定冠词所引发的显性的语义类型转换操作。

综上所述,广义量化词理论赋予限定词和名词短语统一的解释机制,也为名词短语意义组合的形式化表征提供了一个统一的方案。同时,语言事实(例如不同类型的名词短语默认的语义解释以及具体的句法分布)也说明名词短语的句法语义表现并非如广义量化词理论设想的那样统一,因此一些研究认为名词短语可以但不一定要适用广义量化词解释,它们的基础语义可能是其他的类型,而广义量化词解释则是在特定环境下通过语义类型转化得来的。

从上面的讨论可以看出,英语无定数量短语的表现是支持名词短语具有谓词性解释的重要证据。下面探讨汉语"大部分"类量化词的句法语义表现,依托汉语事实来进一步评估上述分析方案的解释力。

8.2.2 "大部分"类量化词的用法

"大部分"类量化词的相关研究很有限(主要参见 J. -W. Lin 1998a,Yang 2000,L. P. Chen 2004,Cheng 2009,Feng 2014,冯予力 2016 等)。其中,林若望(J. -W. Lin 1998a)等较早的研究并非专门针对"大部分"的研究,其出发点主要是"大部分"与"都"共现时的语义组合问题。基本上,此类较早的研究都同意将"大部分"看作等同于英语强量化词 most 的成分,而其语义定义则沿用了薮下克彦(Yabushita 1989)对于 most 的广义量化词定义。此外,现有研究中,绝大部分都认为"大部分"类量化词必须与"都"共现才能构成合法的句子。

而相比之下,笔者的研究(Feng 2014;冯予力 2016)则对"大部分"类量化词的用法做了更全面的描写和分析,认为"大部分"和 most 不同,前者不总是适用典型的广义量化词解释。本节在冯予力(2016)的基础上,回顾"大部分"类量化词的广义量化词分析存在的局限,归纳"大部分"类量化词的各类用法,并明确此类成分与 most 的本质差异。

绝大部分现有研究对"大部分"类量化词的分析主要参照林

若望(J. -W. Lin 1998a)。虽然有的研究(如 L. P. Chen 2004)和
林若望(J. -W. Lin 1998a)在一些问题上持不同的观点,不认为
"大部分"一定要与"都"共现,但几乎所有研究在具体分析中都沿
用了林对于"大部分"的形式化定义。因此,下面先简要回顾林若
望(J. -W. Lin 1998a)的主要结论。

　　林若望(J. -W. Lin 1998a)在研究"都"的分配性用法时,考察
了名词短语与"都"的匹配度,认为汉语强量化词需要"都"的支持
才能构成合法的句子,而"大部分"就属于强量化词。他进一步参
考贝盖利和斯托厄尔(Beghelli & Stowell 1997)的分析为这种强量
化词和"都"的共现机制提供了句法上的解释:"都"是分配短语
(distributive phrase)的中心语;而强量化短语本身带有强分配性
特征[dist],需要提升至分配短语的标志语位置以核查该特征,因
此此类短语总是必须与"都"共现。如(31)所示,林若望(J. -W.
Lin 1998a)认为由"大部分"引导的短语不能够留在原本的宾语位
置,而是需要位移至"都"的左边。

　　(31) a. ?? 我去过大部分的国家。

　　　　 b. * 我都去过大部分的国家。

　　　　 c. 我大部分的国家都去过。

　　　　 d. 大部分的国家我都去过。

　　直觉上,"大部分"大致对应英语中的 *most*。在广义量化词理
论框架下,*most* 被定义为两个集合之间的关系。如(32)所示,A
和 B 分别对应其限定域以及核心域语义,在句法上则分别对应
most 所修饰的名词以及句子的谓语部分,*most* 要求 A 与 B 的交集
(即属于 A 且属于 B 的元素的集合)所含元素数量超过 A 与 B 的
差集(即属于 A 但不属于 B 的元素的集合)所含元素数量。因此,
按照(32),(33)为真的条件为:喜欢语义学的学生的数量超过不
喜欢语义学的学生的数量。

（32）most(A)(B) ⟺ |A∩B|>|A−B|

（33）Most students like semantics.

广义量化词理论提出在复数研究得到充分发展之前,因此广义量化词理论所考虑的集合只限于典型的、由单数个体所构成的集合。对此,薮下克彦（Yabushita 1989）指出, *most* 的广义量化词解释（32）没有考虑到复数性的问题,而在实际的语言使用中, *most* 所关联的集合不一定只涉及单数个体,也可能是由若干个体组成的复数体（plural sum）。比如（34）说的是达成一致的人比未达成一致的人多,谓语"达成一致"所表达的活动只能关联复数体而非单数个体,也就是说"达成一致"表达的是有关复数体的属性。（34）这样的例子无法适用传统的广义量化词解释（32）, *most* 的限定域 A 只能含有单数个体,而谓语语义 B 却偏偏是复数体构成的集合,A 和 B 所含成员的颗粒度不同,无法产生交集。

（34）Most people agree（with each other）on the issue.

鉴于（34）这类例子,薮下克彦（Yabushita 1989）认为需要对 *most* 的限定域进行复数化,使得其既包含限定域中的个体,也包含由这些个体加合而成的复数体（参考 Link 1987）。因为林若望（J. -W. Lin 1998a）认为"大部分"对应 *most*,因此"大部分"也适用薮下克彦对 *most* 的定义,如（35）所示,此处将该定义记为"dabufen$_{Lin}$"。

（35） ‖ dabufen$_{Lin}$ ‖ =
λPλQ∃Z∃X[*P(X) ∧ ∀Y[*P(Y)→Y⊆X] ∧ Z ⊆ X
∧ Q(Z) ∧ |Z|>|X|−|Z|],
P 对应"大部分"所搭配的名词,Q 则对应谓语部分。

（35）中,"大部分"所修饰的名词语义 P 经过复数化算子" * "处理之后,不但涵盖单数个体,亦涵盖由个体加合而得的复数性成分。对于 X 而言,$^*P(X)$ 以及 $\forall Y[\,^*P(Y)\rightarrow Y\subseteq X]$ 这两项条件确保 X 是满足 P 的语义的最大的复数性成分,即由满足 P 的语义的所有个体所加合而成的复数体。相对于该复数体 X 而言,"大部分"要求存在另一个复数体 Z,Z 是由 X 的一个子集构成的(即满足 P 的语义);同时,Z 亦满足谓语 Q 的语义,且 Z 所含元素的数量超过 X 中除却 Z 的那部分中的元素数量,即"占了 X 的大部分"。虽然定义(35)考虑到复数性的因素,比(32)复杂很多,但仍然符合广义量化理论的精神,因为该定义关联名词语义和谓语语义所指谓的集合,并对符合这两部分语义的复数体 X 和 Z 之间的数量关系进行限制。

林若望(J.-W. Lin 1998a)的分析非常具有启发性,是第一个对于"大部分"的形式化分析,而且也顺利解决了"都"和"大部分"的语义组合问题。不过,笔者认为其广义量化词分析存在一定局限:其一,"大部分"并不一定要与"都"共现;其二,"大部分"并没有分配性的语义要求;其三,"大部分"并不总是适用广义量化词解释。笔者下面所举的语例均摘自 BCC 或者 CCL 语料库,其中包括了"大部分"和"大多数"两个量化词。此处,笔者暂且将两者都看作"大部分"类量化词的体现形式,它们之间的差异(包括其用法上的区别,如所搭配的成分在可数性上的差异、内部构成的差异等)将在后续研究中详细讨论。

首先,从分布上看,"大部分/大多数(的)N"完全可以单独出现,并不需要"都"的允准,如(36)所示。

(36) a. 把毛巾拿出来晒一下,可以消灭大部分的细菌。

　　b. 大学生中,女生占了大多数。

　　c. 大部分的女性表示男人幼稚一点不是坏事。

(36a)中,宾语"大部分的细菌"仍留在其原有位置;(36b)中"大多数"不但留在宾语位置,其所修饰的名词甚至并未直接出现,而是可以通过上下文补足;而(36c)中"大部分"出现在主语位置,却不需要"都"的支持。

其次,"大部分"类量化词在语义上并没有分配的要求,因此认为其本身带有强分配性特征[dist]是不合适的。"大部分"类短语可以与集合性谓语相匹配并获得典型的集合性解读。试比较(37a)与(37b),(37a)最自然的解读为大部分的学生一起总共买了一个蛋糕给老师,属于典型的集合性解读;(37b)中,主语换成"每个学生"后,句子的接受度变差,而且一起买同一个蛋糕的解读消失了,只允许每个学生与其他人合买蛋糕(即总共买了数个蛋糕)的特殊解读。这说明,和"每"不同,"大部分"不带有强烈的分配性要求,可以允准集合性解读。

(37) a. 大部分一班的学生合买了一个蛋糕送给刘老师。
　　 b. ？一班的每个学生合买了一个蛋糕送给刘老师。

"大部分"亦允许累积性解读,例如,(38)可以意为:假酒中的大部分来自总共两个制假窝点,而这大部分假酒中的每一瓶到底来自其中哪个窝点则与句子的真值条件无关,有可能其中一瓶是由窝点 a 制造的,而其余的则是由窝点 a 和 b 共同制造的(如 a 负责制成酒,而 b 负责装瓶)。相比之下,典型的分配性解读,则要求这大部分假酒中的每一瓶都出自两个(可能不同)的制假窝点,分配性解读不允许大部分酒中的任何一瓶仅仅由一个窝点制造,而且制造这些假酒的窝点总数极有可能超出 2 个,如其中一瓶是由窝点 a 和 b 制造,而另一瓶是由窝点 b 和 c 制造,则窝点总数已经超过 2 个了。但显然,(38)中,"大部分"的出现不会迫使句子获得这种分配性的解读。

(38) 大部分的假酒出自两个制假窝点。

此外,当"大部分"与混合性谓语搭配时,也并不会自动选择分配性解读,而是也会允许集合性解读。(39)既可以表达分配性解读,即大部分同学里面每一个都给老师表演了一个(不同)的节目,也可以表达集合性解读,即大部分同学一起给老师表演了(总共)一个节目。

(39)教师节那天,班级里大部分的同学给老师表演了一个节目。

以上种种证据都说明"大部分"类量化词本身没有分配性特征。需要说明的是,虽然林若望(J. -W. Lin 1998a)认为"大部分"要求分配性,他对"大部分"的定义(35)也并没有体现出分配性要求,而是主要为了呈现"大部分"所要求的集合间的数量比较关系。

除却上述两种"大部分"单独出现的情况以外,"大部分"类短语还可与"任何"及"这"共现,如(40)所示。

(40)a. 既然大部分西方人认为宗教有害,那这大部分人信仰什么呢?

b. 任何大多数(人)都无权替代少数决定生活方式和价值观念。

指示词"这"与任选词"任何"之后通常接的都是谓词性的成分,如"这家伙""这问题""这事情""任何人""任何原因"等,而谓词性成分在语义上表达集合。这提示我们:"大部分"类短语并不总是适用广义量化词解释,因为对于(40)中的例子,若"大部分"类短语指谓集合的集合,就会与"这"或者"任何"造成语义不匹配。

综上所述,"大部分"类量化词的分布并不如一些现有研究所描写的那么受限制,而且"大部分"的句法分布及其语义组合也不总是适用广义量化词的分析方案,这促使我们重新审视"大部分"

的语义类型和形式化分析。

8.2.3 "大部分"类量化词的多重语义类型

"大部分"类量化词的语义刻画应当能够为其各种用法提供解释,而从上节的讨论中,我们已经发现,基于广义量化词理论的语义刻画在解释力上有一定的局限。"大部分"类短语主要有四类用法:单独出现作主语、单独出现作宾语、作主语且与"都"共现、出现于任选词和指示词之后。为了使得"大部分"的语义解释能够覆盖这四种用法,冯予力(2016)吸收了帕蒂(Partee 1987)以及兰德曼(Landman 2004)所提出的名词短语具有灵活语义类型的思路,认为在不同的环境下,"大部分 +N"可以具有三种语义解释,分别表达二元的广义量化关系,属性或某个复数体,这三种解释对应不同的语义类型,即集合的集合($<<e,t>,t>$),复数体的集合($<e,t>$)以及特定复数体(e)。这四种用法和三种类型不同的语义解释之间的对应关系如表 8.3 所示。

表 8.3 "大部分 +N"类量化词的用法及其语义解释

"大部分 +N"的用法	"大部分 +N"的语义类型
单独作主语	广义量化关系 $<<e,t>,t>$
单独作宾语	特定复数体 e
作主语;与"都"共现	广义量化关系或者特定复数体 $<<e,t>,t>$或者 e
出现于任选词、指示词后	一个有关复数体的集合 $<e,t>$

(Feng 2014;冯予力 2016)

下面回顾这种基于灵活语义类型的分析方案,并进一步指出:相比广义量化词分析方案,为"大部分"类量化词设置三种不同的语义类型确实可以解决"大部分"在不同环境下的语义组合问题,与语言事实的匹配度更高。不过,这种分析也有一个缺点,即它的复杂度比广义量化词分析高,若能够从这三种语义解释中提炼出"大部分"的核心意义,则会形成一个更简洁的分析。

冯予力(2016)认为"大部分"类短语单独出现作主语时,可以适用薮下克彦(Yabushita 1989)以及林若望(J. -W. Lin 1998a)所提出的广义量化解释,此时,"大部分"具有一个完整的量化结构,并要求限定域和核心域的交集与限定域与核心域的差集在数量关系上符合一定的要求。另外,限定域以及核心域不一定只包含个体,而是可以由个体聚合而成的复数性成分组成。在分体论的框架(参考Champollion & Krifka 2016)下,"大部分"的定义可以重写为(41)。

(41) $\| \text{dabufen}_1 \| = \lambda P \lambda Q \exists z [\, ^*P(z) \wedge | \{x \mid x \leq z\} \wedge \neg \exists r[r<x] |>| \{y \mid y \leq \oplus P \wedge \neg y \circ z\} \wedge \neg \exists j[j<y]| \wedge \, ^*Q(z)]$,

P 对应"大部分"所搭配的名词语义,而 Q 对应谓语部分的语义,x、y、z、r、j 皆为个体变量,≤表示"部分"关系(part of),<表示"真部分"关系(proper part),○表示"重叠"关系(overlap)。

(41)中,与薮下克彦(Yabushita 1989)的分析类似,名词语义 P 以及谓语语义 Q 都经过了算子 * 的复数化处理,使得其语义中包含单数及复数个体。不过,与薮下克彦的定义不同,(41)未通过添加 $\forall Y[\, ^*P(Y) \rightarrow Y \subseteq X]$ 这样的条件来获得一个由所有符合 P 的语义的个体构成的复数体。定义(41)运用分体论特有的操作来实现薮下克彦的目的,其中,加合操作"⊕"负责取出符合名词语义 P 的最大的复数体(即由所有符合 P 的语义的个体所加合而成的复数体）。同时,定义(41)表示存在复数性成分 z,z 满足 *Q 的语义,且相对于 $\oplus$P 来说,z 中所含成员的数量比 y(即 $\oplus$P 中除却 z 的那部分)中所含的成员要多,即 z 占了 $\oplus$P 中的大部分。

按照定义(41),(42)的形式语义表达式为(43),其中 P 的语义由"大部分"修饰的名词"学生"提供,而 Q 则对应谓语的语义"离开"。需要注意,(43)中针对学生的复数体 z 的存在量化约束是由"大部分"的定义(41)所引入的,旨在体现"大部分"本身所具有的广义量化内核。

(42) 大部分学生离开了。

(43) $\exists z[\,^{*}学生(z)\wedge|\{x\mid x\leq z\}\wedge\neg\ \exists r[r<x]\ |>|\ \{y\mid y\leq\oplus学生\wedge\neg\ y\circ z\}\ \wedge\neg\ \exists j[j<y]|\wedge\,^{*}离开(z)]$

当"大部分"类短语出现于宾语位置时, 冯予力(2016)认为"大部分"在其 c-统制域内找不到其核心域,无法构建完整的量化结构。因此,"大部分"只能通过语义类型转换(type-shifting)变成针对名词域的一元操作,才能够在宾语位置顺利地参与语义组合。经过语义类型转换后的定义如(44)所示,该定义只针对名词域 P 进行操作,在吸收了所修饰的名词 P 的语义作为论元之后,会从 P 所对应的最大复数体中取出某一个相对于名词域内的所有个体占多数的部分。这种从名词域所有个体中挑出某一个占多数的部分的意图是通过 ι-算子来实现的。

(44) $\|dabufen_{2}\|=\lambda P\ \iota z[\,^{*}P(z)\wedge|\{x\mid x\leq z\}\wedge\neg\ \exists r[r<x]\ |>|\ \{y\mid y\leq\oplus P\wedge\neg\ y\circ z\}\ \wedge\neg\ \exists j[j<y]|]$,其中 P 对应"大部分"所搭配的名词语义。

比较定义(41)和(44)可知,两者其实在数量上有一致的要求,即要求复数体 z 占了名词语义 P 所对应的复数体的大部分,两者在语义类型上的差异则体现在:(41)中的量化解释还要求 z 满足句子谓语部分的语义,而(44)作为针对名词域的一元操作则无此要求。这种比较所体现出来的一致性提示我们,名词短语语义解释的语义类型可能根据相关短语所出现的具体环境而有所变化,但同一类名词短语在语义类型差别之外的形式表征上却仍然可以具有相同的内核。语义类型的差异是为了满足具体环境下的语义组合要求,而我们可以认为之所以允许这种类型上的差异和转换,其基础是因为两者在语义内核上的一致性。

当"大部分"与"都"共现时,当然也可以将"大部分"看作(44)中所定义的一元算子,相对于符合名词语义 P 的最大复数体,取出某个占多数的部分,而"都"作为全称量化算子,则针对该部分进行进一步的分配性操作。此外,冯予力(2016)也指出,在这类情况下,"大部分"也可以适用(41)中的广义量化词解释。

对于(45)而言,似乎"大部分"和"都"都关联学生的语义,有可能会造成双重量化问题。但其实,按照定义(41)以及(46)中"都"的定义来对(45)进行形式化表征,并不会发生语义组合困难,这是因为虽然"大部分"和"都"都是对学生进行量化上的限制,但两者的量化对象并不同。"大部分"的量化对象是所有具有学生的语义的个体所构成的最大复数体,表示该复数体中存在一个占多数的复数性体 z,而且该复数性成分满足谓语的语义,而"都"的量化对象则是该复数体 z 中的每个成员 y,进一步要求每个成员都满足谓语语义,以凸显分配性,或者说每个成员间相对于谓语语义的一致性。两者的语义贡献和量化对象截然不同,各司其职。

(45)大部分学生都离开了。

(46) $\| \text{Dou} \| = \lambda P \lambda x \forall y [\text{Cov}(y) \wedge y \leq x \rightarrow P(y)]$,其中 P 对应谓语语义,x 对应名词语义。(J. -W. Lin 1998a)

"大部分"类短语接于任选词以及指示词之后需要做谓词性解释,不适用(41)中的广义量化词解释,也不适用(44)中的一元算子解释。冯予力(2016)指出,为了使得"大部分"类短语在如(40)所示的情况下顺利地进行语义组合,就必须将其语义类型转化为集合性的,其具体定义如(47)。按照(47),"大部分"吸收其所修饰的名词语义 P,并输出一个由若干复数体 z 所组成的集合,该集合中的成员 z 需要满足一个条件,即在数量上 z 需要占据满足 P 的最大复数体的多数,换言之,(47)所输出的是一个由任意占据 P 的大部分的复数体所组成的集合。

(47) $\| \text{dabufen}_3 \| = \lambda P \lambda z[{}^*P(z) \wedge | \{x \mid x \leq z\} | > | \{y \mid y \leq \oplus P \wedge \neg y \circ z\} | \wedge \neg \exists r[r<x] \wedge \neg \exists j[j<y] |]$,其中 P 对应"大部分"所搭配的名词语义。

需要注意,(47)中所含针对复数体 z 的数量要求和(41)以及(44)中的定义是一致的,而其差别在于,(47)不对 z 进行量化约束,也不负责从若干复数体 z 中挑出特定的一个,因此(47)所定义的"大部分"在吸收了 P 的语义后所输出的成分,其语义类型为<e, t>。

综上所述,冯予力(2016)注意到了"大部分"类量化词的多种用法,并据此设置了三种不同语义类型的定义。虽然三个定义的语义类型不同,其语义内核是有共同点的,都会相对名词语义 P 挑出其中占多数的部分,只是广义量化定义会进一步要求该部分满足谓语的语义要求,而表有定性的一元名词域操作则会从若干占多数的部分中挑出某一个特定的复数体。

从语义内核的角度,可以看出这三种定义之间的关联,而在具体的语义组合过程中到底适用哪种类型的定义似乎视乎"大部分"类成分的具体用法而定。在此基础上,我们还需要追问:这三种定义其中哪一个是"大部分"的基础语义,而其他两种则是通过一定的操作转换而来的?

如果我们追求名词短语的统一解释方案,则会倾向于将广义量化词解释看作名词短语的基础语义,比如帕蒂(Partee 1987)就将广义量化词解释看作完整名词短语的默认语义解释。冯予力(2016)也是将"大部分"的基本类型看作二元关系,并认为语义转换是在有语义类型冲突的时候才做出的不得已的选择。因此,在像(45)这样"大部分"与"都"共现的例子中,因为"大部分"作为广义量化词解释也可以顺利地进行语义组合,所以就不转换为(44)中的一元操作。在下一节中,笔者将引入更多证据来进一步分析"大部分"的基础语义,并提出另一个分析方案。

8.2.4 "大部分"类量化词的核心语义

仔细观察"大部分"的三种语义解释,(41)、(44)以及(47),会发现,相对而言,谓词性的定义(47)是最简单的,因为(47)中有关复数体的变量 z 未受约束,而(41)中 z 受到存在量化的约束,(44)中 z 则受到 ι-算子的约束,因此,从形式表征的角度看,可以认为(41)和(44)是在(47)的基础上通过进一步的语义操作转换而来的。那么,从汉语事实的角度看,我们是否也能够将(47)所表达的谓词性解释看作"大部分"的基础语义或者说核心语义呢?本节下面的分析显示,这种假设是可行的。

本节基于汉语"大部分"类量化词与基数式量化词在分布上的可比性等事实,总结认为"大部分"类量化词的基础语义类型表达的是属性,其广义量化词解释以及个体性解释不是其本身固有的,而是在特定环境中由句子所含的存在封闭操作或者语境信息引发的有定性操作所赋予的。

德容(de Jong 1983)、罗斯汀(Rothstein 1988)、克里夫卡(Krifka 1999)、兰德曼(Landman 2004)在研究英语以及荷兰语基数式量化词的意义时,都指出基数式量化词如 *three* 的基础语义是谓词性的。以 *three boys* 的语义分析为例,复数名词 *boys* 表达的是经过复数化以后的男孩的集合,其中包括单个男孩以及由多个男孩组成的复数体,而 *three boys* 中的 *three* 和典型的交集性形容词一样,属于修饰性成分,其作用在于从 *boys* 所指谓的集合中挑出那些由任意三个男孩所组成的复数体。也就是说,*three* 对男孩的个体和复数体进行筛选,从中选出符合相关数量要求的那些复数体并输出一个集合。与广义量化词解释不同,这种分析方案中,*three* 不负责调节两个集合之间的关系,本身不含有存在量化,而是仅仅对 *boys* 所指谓的名词域进行进一步的限制或者说筛选。当 *three boys* 作论元的时候,句子所含的存在封闭操作,可以约束 *three boys* 所含的个体变量,从而令相关句子成为量化命题,而相应的,其中的 *three boys* 也通过存在封闭获得了广义量化词解释,获得了语义类型上的提升。

笔者认为,从语言事实的角度看,"大部分"类量化词的表现和上述研究中所提到的英语基数式量化词的表现有共通之处,也可以适用谓词性的分析。在下文所列的四种环境中(即"大部分"出现于形容词后、"有"之后、"是"之后、"任何"之后),"大部分"只能作谓词性解释,不适用广义量化词解释。这些表现与典型的强量化词(如 *most*)有本质的差异,反而更类似谓词性的基数式量化词。如此,从语言事实层面看,认为"大部分"类量化词的基础语义是广义量化词从语言事实的层面来看并不合适,而将"大部分"类量化词的基础语义定为谓词性的解释(即表达复数体的集合)也许是更符合语言事实的方案。

其一,"大部分"类量化词可以出现于形容词后,如(48)所示。按理来说,形容词修饰谓词性成分,而"大部分"类量化词出现于形容词之后,这印证了其与名词组合后的产物属于谓词性成分。若在这类环境下,"大部分"类量化词采取广义量化词解释,则其与名词组合后产生的是集合的集合,无法与形容词的谓词性语义顺利地组合。尤其,(48g)中,"大多数"位于形容词之后,而形容词位于指示词"那"之后,指示词之后的位置通常容纳的都是典型的谓词性成分,而形容词之后也是典型的谓词性位置,从这两个方面都说明了"大部分"类量化词出现在这种环境下指谓的是复数体的集合,其中的成员则是占符合 N 的语义的那个最大复数体中大部分的那些复数体。前文也提到过,英语的基数式量化词可以出现于形容词之后[如(49)所示,重复自(30)],而 *most* 却不可以,从这点上看,"大部分"类量化词的表现更像基数式量化词,而非强量化词 *most*。

(48) a. 这恰恰是海南作为一个经济特区的价值之所在,它局部"全息"了全国错综复杂的大部分难题,只有这样的地方搞成的改革开放,才对全国有借鉴意义。①

b. 这就意味着我违背了多年以来的积习,不再属于沉默的大多数。

c. 政府有关部门已在全市著名的大部分古建筑物上安装了避雷设备。

d. 如果把落后的大部分提高到先进的水平,生产效率就会有显著的变化。

e. 安静的大多数一向默认统治阶级的合法性。

f. 所有当地壮丁,老实的大多数已被军队强迫去充夫役,活跳的也多被土匪裹去作喽啰。

g. 我就是喜欢做那沉默的大多数,只对与己有关的事情感兴趣。

(49) We shipped the ferocious fifty lions to Blijdorp, and the meek thirty lions to Artis.

　　其二,"大部分"类量化词可以出现在表示存在的"有"之后,如(50)所示。但是,如果"大部分"和 *most* 一样同属强量化词,则应该无法出现在存在环境下。在与存在环境的匹配度方面,可见

---

① （48a)摘自 CCL 语料库,(48b-g)和(50a-d)摘自 BCC 语料库。

"大部分"类量化词和基数式量化词的表现也更类似。

> (50) a. 江宁虽然撤县设区,但是县情没变,仍有大多数地方
> 是农村。
> b. 一个制度可行与否,要看是否有大多数的人照规则
> 行车。
> c. 有大部分人在正常情况下可以独立进行操作了。
> d. 皖北各城镇街头卖唱艺人很多,其中有大部分借卖唱
> 时兜售唱词作为营业。

其三,"大部分/大多数"可以出现在"是"之后,而"是"作为系动词,可以标记述谓性(predicational)关系,其后常常接的是谓词性成分,如(51a)中,"大学生"指的是具有大学生的属性,是谓词性的。(51b)中,也可以认为"大部分""大多数"是谓词性的,句子的意思是,"支持的人"具有占(总人数)大多数的属性。

> (51) a. 这个女孩是大学生。
> b. 那次投赞成票的人是大部分/大多数,反对的人才两
> 三个。

当然,我们无法排除另一种可能:"是"除了标记述谓性的关系,还可以标记确指性(specificational)的关系。确指性关系中,"是"前的主语表达的是一个类别,而"是"后接的则是一个指示性的短语,与主语构成类别-成员的关系,即"是"后的短语的作用是指明类别中的成员,在这种情况下,"是"后的短语指谓的是个体。(52a)就是确指性关系的例子,主语"那部电影的女主角"只表示一个受限的类别,尚不具有指称性,而"是"后的专名"章子怡"则确指这个类别的成员为何。由于确指性结构中,主语不具有指称性,所以用代词回指,就显得怪异,如(52b)所示。相比之下,(53)

就没有(52b)的怪异感,这说明(53)中的"是"之后容纳的是谓词性的成分,而非表达个体的指示性成分。

(52) a. 那部电影的女主角是章子怡。

　　 b. ？那部电影的女主角,她是章子怡。

(53) 那次投赞成票的人,他们是大部分/大多数。

其四,"大部分"类量化词可以出现于"任何"之后,而任选词总是与谓词性成分进行组合。而相比之下,作为广义量化词解释的 *most* 等量化词则无论如何也不能出现在任选词之后。

鉴于上述四项证据,笔者认为"大部分"类短语适用谓词性解释的情况比冯予力(2016)所列出的要多,这些证据进一步拉远了"大部分"与表达二元量化关系的强量化词之间的距离,并体现出"大部分"与谓词性的基数式量词的可比性。因此,也许将"大部分"类量化词的基础语义设为定义(47)更为合适。笔者将该定义重复如(54),并记作"dabufen$_{base}$"。"大部分"类短语单独作主语时,句中所含的存在封闭操作可以将其类型提升为广义量化词,并对自由变量 z 进行存在量化约束;当"大部分"类短语与"都"共现时,占据论元位置的"大部分"类短语所引入的变量由 ι-算子约束,由此输出一个特定复数体作为"都"提供量化对象;当"大部分"类短语占据宾语位置时,同样由 ι-算子约束变量 z,并将之转换为可以表达特定复数体的成分。笔者进一步认为,因为汉语没有显性的有定性标记,表达有定并约束复数体变量 z 的算子 ι 是由语境信息所激发的。

(54) $\| dabufen_{base} \| = \lambda P\, \lambda z[\,^{*}P\,(z)\wedge|\,\{x\mid x\leq z\}\wedge$
$\neg\,\exists r[r{<}x]\,|{>}|\,\{y\mid y\leq\oplus P\wedge\neg\,y\circ z\}\wedge\neg\,\exists j[j{<}y]\,|\,]$,其中 P 对应"大部分"所搭配的名词语义。

最后,笔者需要说明,"大部分"类量化词和汉语中的基数式量化词也有所不同,相比之下,前者可以更轻易地出现在主语位置。汉语的主语位置也是话题位置,倾向于容纳有定的或者说已知的信息,而基数式量化词天生不含有有定性,因此出现在主语位置的接受度相对较低。至于"大部分"为何更容易单独出现作主语,一种可能的解释是:"大部分"所包含的"占多数"的语义要求是相对符合其修饰的名词 N 语义的那个最大复数体而言的[参考蒋严(2011)对这类量化词的穷尽性特点的分析],这种参照范围的限定性(包括最大复数体范围本身所具有的语境依赖性)使得"大部分"-短语也在一定程度上带上了已知性和限定性,因此更容易出现在主语位置;相比之下,挑选出符合基数式量化词数量要求的个体时,我们是不需要考虑任何更大的参照集合的。而在主语位置上,为了保证语义顺利组合,"大部分"-类短语的谓词性语义可以转化为表存在量化的 dabufen$_1$ 或者表有定的 dabufen$_2$。

8.3　本章小结

现有不少研究倾向于认为"每"和"大部分"的核心语义属于典型量化限定词,这主要还是应用了量化理论中对 *every* 和 *most* 的分析,但是汉语事实却指向不同的结论。本章的分析显示,"每"除了可以作量化关系解释,也可以作一元加合操作或受约变量解释,而"大部分"除了可以作量化关系解释,也可以作一元名词域操作和谓词属性来解释。这说明自然语言表量成分和逻辑研究中所定义的量化关系不一定具有严格的对应关系。自然语言表量成分可能具有多重语义,除了广义量化词解释之外,在不同的环境下可能具有其他不同的用法和语义类型。这说明对于自然语言表量成分而言,我们似乎必须假设它们的语义类型允许一定程度的灵活转换。

对"每"和"大部分"的具体用法做了描写和分析之后,我们还需在此基础上探讨这两个成分的核心语义到底是什么。回答这一问题可以从两方面切入,其一,基于此类成分的各种用法,比较用法所对应的若干形式化定义,从这些形式化定义中提炼出其语义内核和最基础的语义类型;其二,基于此类成分的自然语言表现,比较其各种形式化定义,从中找出与语言事实最适配的基础语义类型。在结合理论分析和语言事实确定表量成分的基础语义之后,则需要进一步说明基础语义与其他类型的语义之间的转换机制受到什么因素影响,有可能是语义组合的需要迫使语义类型发生转换,语义组合的不同方式则往往与句法分布有关,而句法分布有可能与语言的信息结构相关。综上所述,要给予自然语言表量成分的意义一个合适的解释,我们除了逻辑层面的刻画之外,还必须考虑句法、语用等各个层面的因素与其具体用法之间的相互关系。

就汉语"每"和"大部分"的个案研究而言,可以发现,我们似乎很难为表量成分的多重用法找到一个统一的解决方案,无法总结说表量成分的基础语义总是广义量化词或者其他什么类型的解释,因为不同表量成分的用法有其特异性,比如,"每"的多重用法中,受约变量的用法与其他用法的整合有困难,因此目前仍然较难从中析出其意义核心,这一问题仍然需要进一步的研究。又比如,直觉上我们会认为"大部分"属于强量化词,而其实际的句法分布和用法却和基数式量化成分有诸多相似之处,这也促使我们跳脱广义量化词的分析框架来评估其基础语义。

本章探讨量化研究的形式语义视角与类型学研究进一步互相融合的可能。尤其，本章提出可以借鉴类型学研究中的语义地图理论的关键概念——概念空间，来梳理并更直观地呈现量化逻辑结构以及与之相关的各种语义概念之间的联系，以期能够促进量化现象的类型学考察，为量化理论的构建(包括确定自然语言是否存在独立的量化范畴，量化范畴与其他语义范畴之间的关联等关键问题)提供更坚实的外部解释。

本章第 9.1 节在本书第一章和第六章相关讨论的基础上进一步阐释类型学视角对于量化研究的理论意义；第 9.2 节则着重讨论语义地图理论与量化研究可能的融合方式，指出相比由词汇矩阵驱动的方法，由概念空间驱动的跨语言考察可能更适合量化研究；第 9.3 节则结合第二至八章的内容，梳理量化及其相关概念的联系和区别，并在此基础上构建量化概念空间，为促进后续在语义地图理论框架下研究量化现象做出初步的尝试；第 9.4 节为结语。

9.1 量化研究的类型学视角

类型学考察对量化现象的研究有很重要的作用，这一点在第一章和第六章中都有所探讨。在第一章中，笔者提到萨博尔茨(Szabolcsi 2010)将量化研究分为三个阶段，其中的第二个阶段为"多样性"阶段，"多样性"主要是指发掘不同语言中多样的量化现象，并据此建立针对相关语言个案的量化理论分析，而不是像第一阶段那样注重彰显广义量化词理论在统一性分析上的解释力。"多样性"阶段的研究发展得益于形式语义学理论工具的日益丰富,主要包括动态语义、复数性、分配性、事件语义等方面的研究进展,此外,这阶段的发展在很大程度上也受到了语言类型学研究的积极影响。尤其,对于一些代词性论元语言中量化手段的类型学描写对广义量化词理论所主张的语义组合方式提出了挑战。在代词性论元语言中,占据论元位置的是代词,名词短语并不直接与动词组合,而是以类似附加语的形式嫁接到句子上,这种特殊的句法组合形式与广义量化词理论所主张的量化短语的语义组合过程并不匹配,这促使一些学者认为这些语言中没有典型的广义量化词(如 Jelinek 1984,1995),又或者这些语言有独特的量化手段,而这些手段不适用广义量化词解释,而具有其他的语义类型(如 Davis & Matthewson 2009;Davis 2010)。类型学考察拓展了我们对于自然语言表量成分的语义类型的认识,也促使我们思考:逻辑范畴与自然语言范畴之间是如何形成关系的,逻辑范畴是不是自然语言中的原始语义范畴?此外,在一些语言中,表示全称量化的成分往往还带有其他词汇义(如表示一起行动、聚集等),这提示我们:虽然量化范畴在逻辑研究中属于一个独立类别,具有其特有的逻辑语义类型和表现,但是这种逻辑范畴在自然语言中的具体实现形式则是另一回事,量化范畴在自然语言中并不一定对应原始的意义范畴,而是可能由其他意义上更"实在"的范畴慢慢衍生出来的抽象的关系范畴。

类型学的考察,尤其是跨语言的对比研究,还可以为我们甄别一些成分的意义本质提供事实层面的支持,例如在第六章中,笔者基于汉语"哪"-短语与其他语言中认识性无定成分间的共性,最终确定"哪"-短语属于认识性无定成分,并且从跨语言比较的角度提出其三种用法符合哈斯普马特所提出的功能毗连假说(Haspelmath 1997),尤其是跨语言的比较显示,对认识情态敏感的无定成分也很可能对否定极性敏感,这一点为"哪"-短语的各种允准条件之间的联系以及"哪"-短语和"都"的共现机制提供了类型学角度的支持,而这种语言事实上的跨语言共性也为我们的理论研究提供了重要的动因,即促使我们探索如何从形式分析和表征的角度赋予这些用法一个统一的解释机制。

　　量化相关的形式语义研究促使我们重视广义量化关系这类较为传统的概念与其他语义概念之间的联系,这其实是前面各个章节的主要议题之一。仅就此前几章对于汉语的讨论而言,可以看出,量化逻辑和复数性、分配性、累积性、集合性、最大化、有定性、存在性、已知性、程度语义、穷尽性、排他性、梯级性、加合操作、集盖、超预期、任选、否定极性、模态变化效应等各种语义性质和非量化的语义操作有关,要么是量化结构中的一些部件需要满足相关性质,要么是量化成分的一些用法似乎用上述非量化的语义操作也可以刻画。由此可见,如果要考察量化范畴在自然语言中的具体实现形式及其规律,就必须对这些性质或操作与量化逻辑之间的联系和区别进行更系统的梳理,尤其是要解释:在刻画量化成分的用法时,上述语义操作相比量化逻辑,在哪些方面解释力不足,在哪些方面解释力则更强。需要注意,此处说的语义概念和语义操作之间的联系和区别主要是从其关联的自然语言事实角度而言的,而非从这些概念和操作的形式化表征出发所提出的问题。仅就形式化表征而言,运用数理逻辑工具所作的形式化定义可以将抽象概念之间的区别较为清晰地展示出来,但是这种形式表征上的区别到底在自然语言中是如何体现的则属于另一个问题。本书前几章的研究显示:有时,一个自然语言表量成分的某种用法可以用量化逻辑来刻画,也可以用一些非量化的语义操作来刻画;一个表量成分 a 对应量化结构 Q,且需要额外满足某种语义性质,而另一个成分同样对应结构 Q,但却需要满足其他的语义性质。上述情况体现出:在自然语言中量化逻辑与非量化语义操作的(部分)重叠以及量化结构与一些语义性质之间的关联,是自然语言量化理论构建的重要部分,对于解决目前很多有关表量成分的理论争议也有决定性的作用。而如何更直观地展现量化逻辑及其他概念和操作在自然语言中之间的联系,笔者认为在这一方面可以借鉴类型学语义地图理论的方法——构建相关形式化概念和自然语言中用法所组成的概念空间（conceptual space）。

9.2　语义地图理论与量化研究可能的融合方式

本节具体说明语义地图理论与量化现象的形式化研究之间的融合方式。

语义地图指自然语言中多种意义或用法之间的关联格局，一般而言，相似的意义在地图上的距离近，而差异较大的意义之间的距离远，距离的远近可以很直观地反映不同意义或用法之间的差异程度。不同语言中的相关语法形式通过二维空间投射到其所承载的意义上，从而印证多重意义之间的关联。这些投射的分布往往符合哈斯普马特的功能毗连假说，即一个语法形式的投射所覆盖的意义或者用法会形成一个连续区域（Croft 2003，Zwarts 2010，张敏 2010 等）。目前，语义地图理论被用于考察无定成分、情态、描述性形容词、句式、程度补语等的跨语言共性（Haspelmath 1997；van de Auwera & Plungian 1998；van de Auwera & Malchukov 2005；张敏 2010；李小凡、张敏、郭锐 2015）。

根据兹瓦茨的研究（Zwarts 2010），语义地图含有两个主要的部分：其一是概念空间，其形式通常是一个表征多种关联的意义的图表（一般是二维的），其二则是词汇矩阵（lexical matrix），指的是一个展示一组表达中的每一个成员所具有的各项意义的表格，而语义地图则是结合这两个部分，将词汇矩阵的内容投射到概念空间上所得到的结果，由此形成的是在二维空间上有序排列的一系列意义或用法，这种空间上的排列可以清晰地呈现一系列语言表达在意义上的关联。

至于如何构建语义地图，则按照这两个主要部件可以有两种方法。其一是以词汇矩阵来驱动（matrix-driven approach）。按照这种方法，研究者不预设意义是否有关联，而是依照词汇矩阵中所

列的词的实际意义来构建概念空间,列出一系列表达中每个成员
的所有用法,并按照这些用法来绘制语义地图,要求所有的词的用
法都能够形成一个互相连续的图表 G,而 G 中不含有另一个子部
分 G' 同样符合 G 的性质。其二是以概念空间来驱动(space-
driven approach)。按照这种方法,则需要先确定一组意义(或者说
用法),然后检查词汇矩阵中的成员是如何体现这些意义的,从而
来确定语义地图的样貌。由此可见,语义地图可以从跨语言事实
出发,也可以从语义上的理论考量出发。

那么,语义地图的思想和方法如何运用到量化研究中以促进
我们对于自然语言量化范畴以及量化现象的认识呢?笔者认为基
于这方面已有的研究基础,采取第二种以概念空间驱动的方法可
能更为合适。

量化是形式学派研究的重要议题,是逻辑研究与自然语言研
究深度结合的典型范例,从数理逻辑概念范畴和理论框架出发的
研究视角使得量化研究一直以来都注重对于量化相关语言现象的
理论分析和形式表征。本书第一、二、八章对此都已说明:一些自
然语言量化成分具有多重用法,好像适用多种分析(包括量化的和
非量化的分析方案),这就促使量化理论研究深入探索这些本质不
同的方案中所牵涉的理论概念之间的联系和差异,以及联通甚至
统一这些概念的方法,相关方面的讨论也产出了很多成果。因此,
从量化研究的发端以及其研究发展的路径中都显示出对于理论概
念的高度重视,这也为构建量化及其相关概念之间的概念空间提
供了较强的理论基础。此外,运用形式化手段来定义概念空间的
具体构成也有其独特的优势,形式化概念的清晰度高,可以更容易
地保证概念空间上的各个组分之间有明确的差异;通过分辨形式
化概念的操作对象以及结构上的复杂度等因素,也可以更容易地
说明这些概念之间的联系并解释为何相关概念会诉诸同一个自然
语言成分来实现。由此可见,以概念空间驱动的方法对于考察自
然语言量化成分而言是较为可行的。

而相比之下,量化研究的跨语言类型考察则较少,一般的语言类型学考察可能更注重语音、音系、词汇等层面,量化关系是一个较新的议题,而且量化关系的定义和其关联用法的刻画有时候非常微妙,需要先对相关的理论文献有准确的把握,所以进行量化现象的类型学考察难度相对来说要高一些。目前为止,基南和帕佩尔诺合著的两部文献(Keenan & Paperno 2012,Paperno & Keenan 2017)是最为详尽的专门针对量化成分的跨语言调查文献。调查依据基南在前一部作品(Keenan & Paperno 2012)中所提出的量化调查问卷来实施,因此对于每种语言的考察基本是按照相对统一的范式展开的。不过,由于各语言的考察是由不同的研究者分别开展,侧重难免有所不同,调查结果最终呈现形式有所差异,对于相似议题的调查深度也有所不同。总的来说,这两部量化考察文集从根本上说是由理论驱动的各语言量化现象的描写案例集,其中各语言中的量化现象的描写是分别开展的,尚缺乏基于考察结果的比较性的分析和归纳。这些珍贵的资料可以为量化成分的跨语言水平式比较提供基础,从而为构建量化语义地图的词汇矩阵提供很好的参考。

本书中,笔者反复提到,目前的研究趋势倾向于将量化词语义拆分为若干更基本的逻辑操作,研究也发现量化成分可以具有多重表意功能,而非仅仅表达典型的量化逻辑关系。语义学研究需要结合语言事实和逻辑工具去分析量化词的多重意味背后的核心语义是什么,量化成分所含的最基本的语义操作是什么。同时,我们也不禁思考:为什么某些表意功能(如加合、穷尽性、超预期、排他性等)会在量化词(如"都")的使用中得到集中的体现?这些意义范畴之间是否真的具有基于某种更深层的共性而产生的连续引申?量化研究的终极目的是发现自然语言中是否具有普遍的量化范畴,量化范畴具有什么本质的特征,反映出人类语言在概念层面的何种思维共性,而语义地图模型兼具语义功能分析与跨语言比较的作用,可以通过一系列语言表达在用法及相关意义概念上的关联来刻画人类思维中的概念关联。虽说上述两种研究范式(量化现象的形式理论研究以及类型学考察)的出发点不同,但从其根本目的上来说是有共通之处的,即发掘人类语言在思维层面上的共性,而且从实际操作角度看,语义地图理论中由概念和用法驱动的研究视角可以与量化理论形式化研究的已有成果衔接,为量化现象的跨语言考察提供一个理论驱动的参照框架。因此,或许结合量化现象的形式语义研究和语义地图研究的思想,我们可以找到表征量化词特点,探索量化核心概念,构建具有跨语言普遍性的量化理论的更合适的方法。

9.3　量化概念空间初探

　　本节综合第二至第八章的讨论,归纳量化及其相关概念之间的区别,说明构建量化概念空间的理论基础,并在此基础上,以全称量化为例,针对全称量化概念空间的构建做出初步尝试。

　　下面的讨论将着重介绍全称量化关系与其他语义概念或操作的联系,分别从全称量化的子效应、与全称量化部分相关的效应、全称量化的语义子部件、全称量化的等价形式四方面来展开讨论。之所以选择全称量化作为量化概念空间构建的切入点,主要的原因是:就目前而言,文献中所探讨的全称量化相关的用法和概念相对最多,对于量化理论构建的影响也非常大,全量位于量级的顶端,排斥一切例外,包含非常强的逻辑要求,而在实际的使用中更容易带上主观性的情感色彩,和语用的关联也非常强,可以为概念空间的构建提供丰富的理论素材,而若能厘清全称量化与其他概念的关系,则对于开展其他量化类型的研究有重要的启发作用。因此,笔者选择将全称量化作为构建量化概念空间的突破口。

9.3.1　全称量化的子效应

　　全称量化关系在自然语言中可以根据不同的结构来进行量化

结构映射。按照冯予力、潘海华(2018)的观点,汉语"都"的量化结构映射由信息结构来决定,可分为话题-述题映射和背景-焦点映射。冯予力(Feng 2014)提到,除了信息结构所决定的投射方式,量化结构映射还可以由句法结构、句子的预设和断言等因素来确定。更有趣的是,李宝伦、潘海华(Lee & Pan 2008,Lee 2012)基于对粤语全称量化助词"晒"的考察,指出"晒"作为全称量化算子,其量化结构映射同时受到句法和焦点结构两个层面的影响,"晒"关联哪个成分,这一点由有关句法成分的等级排序所决定,而其关联的成分到底映射到限定域还是核心域,则要看该成分本身是不是对比焦点,也即会受到句子焦点结构的影响。如果"晒"关联的成分是对比焦点,则需要按照背景-焦点结构把该成分映射到量化结构的核心域;而如果"晒"关联的成分不是对比焦点,则该成分会被映射到限定域,为全称量化提供量化域。量化结构映射受到焦点位置的影响,这种现象并不限于全称量化成分,比如早在赫布格(Herburger 1997)中就指出 many 这样的居间量化词(即表达居于全量和存在之间的量级的量化词)的量化结构映射会受到焦点位置的影响。如果不考虑焦点结构的因素,仍然按照句法结构(即量化词修饰的名词提供限定域,句子谓语部分提供核心域),则会认为 many 的量化结构不符合自然语言量化词的普遍特征——守恒性,而若按照焦点结构来确定 many 的量化结构,则违反量化词守恒性的问题便迎刃而解了。克拉西科娃(Krasikova 2011)指出俄语类似 many 的居间量化词 Много(mnogo)的语义解释也对焦点结构敏感,如果句子中含有焦点,则数量多少的比较是在焦点成分本身的语义和焦点所产生的其他选项之间进行的。

不止一类量化词的语义解释和量化结构映射会受到焦点结构的影响,但是相比之下,全称量化是比较特殊的,因为由全称量化可以按照其量化结构映射方式进一步分出若干子效应;而 many-类居间量化词的用法无论受不受焦点结构的影响,总是表达较为一致的意思,即表达数量或者比例上相对的多。体现全称量化映射和其子效应的经典例子如(1)所示。

(1) 他都买的呢子的衣服。

(1)含有歧义。(1)可以表示对于某些情境而言,"他"在每个情境都无一例外地买了呢子的衣服。要获得这种解读,"都"的限定域是句子所含的隐性的话题,表示一个由语境所提供的复数性情境集合,而这个解读产生的效应是穷尽性效应,即全称量化逻辑产生的实际效应是对这些情境做穷尽性的核查,确认它们都具有同一种属性,也就是确认"他"在情境中买了呢子的衣服。而若将(1)中"呢子的衣服"重读使之焦点化,对比焦点"呢子的衣服"会引发背景-焦点映射,这会引发排他性解读。此时,"都"的限定域是背景部分,即"他"所买的 x,而焦点成分"呢子的衣服"被映射到核心域。按照全称量化的要求,限定域中所有 x 的赋值都需要具有呢子的衣服这一属性,由此就导致了排他性的效应,即"他"买的是呢子的衣服,而不是别的东西。基于上面的讨论,我们可以认为,全称量化可以根据其映射方式的不同,分为两类子效应,穷尽性效应和排他性效应。

(1)这样的句子,含有一个隐性的有关情境的量化域,如果我们认为句子显性部分表达的是"他"买衣服的事件,那么我们可以将(1)理解为一种广义的分配关系,分配关键词是某个由若干情境组成的集合,而分配成分则是一个个"他"买衣服的事件,"都"则负责将每一个情境与一桩"他"买衣服的事件匹配到一起。不过,语言中还含有更典型的分配关系,如(2)所示。

(2) 他们都卖了自己的房子。

在典型分配关系中,分配关键词往往是一个复数实体集合,比如(2)中,分配关键词是复数集合"他们",相比抽象的情境而言,属于更具体的实体类型。分配成分则是符合谓语语义的事件或者谓语中所含的集合的成员,在(2)中,如果认为分配关系允许事件这种实体的参与,则可以认为分配关系是在"他们"和"卖掉自己房子"的事件之间建立起来的;若我们采取更传统的看法,认为分配关系是在具象的实体之间建立起来的,则可以认为分配成分是"他们自己的房子"。不管是否考虑事件在分配关系中的影响,(2)所含的分配关系都由全称量化引起,此时的量化结构映射属于话题-述题结构,即限定域是句子左缘的话题"他们",而核心域则是句子剩余的述题部分。分配关系自然也体现出穷尽性效应,即分配关系的建立也要求"他们"这一集合中的每一个成员都无一例外地卖了自己的房子①。

　　(1)所含的基于情境的解读,以及(2)所体现的分配关系都符合话题-述题映射,且都具有穷尽性。一般而言,分配关系中的分配成分和谓语语义有关,因此(1)句所含的有关情境的解读往往不被看作典型的分配关系,充其量只是一种非常宽泛的分配关系的体现,所以笔者倾向于认为分配性是穷尽性之下的子效应。允许分配性解读的句子,可以产生分配性蕴涵(distributive entailment)。假设对于(2),"他们"指称{张三、李四、王五}三个人,则根据(2),可以推知:张三卖了自己的房子,李四卖了自己的房子,王五卖了自己的房子。这种蕴涵关系也是由全称量化关系所决定的,因为全称量化要求其限定域中变量的每一个赋值都满足核心域的语义要求。这从

①　需要注意,(2)所表达的分配关系有一定的灵活性,可以表示"他们"中的每一个人都卖掉了自己的房子,也可以表示另一种情况,即"他们"中有一些人共同拥有一套房子并卖掉了这套房子,比如"他们"中有两个人是夫妻,卖掉了两人名下共同拥有的一套房产。对于第二种情况,我们可以认为"他们"作为分配关键词,其分配关系的建立并不限于"他们"中的单数个体,也允许其中的复数体与谓语发生关联[参考林若望(J. -W. Lin 1998a)所提出的"都"是基于集盖的分配性算子的分析]。当然,我们也可以认为这种解读上的模糊性与分配关键词的具体构成无关,因为"自己的房子"可以指自己单独拥有的房子,也可以指自己和别人共同拥有的房子,正是(2)的谓语部分在意义上的模糊性赋予了其所表达的分配关系以一定的灵活性(参考冯予力、潘海华 2017)。

侧面也证明了全称量化和分配性之间前者对后者的决定性影响。最后,笔者想说明,不少研究(如 Lee 1986, J. -W. Lin 1998a, Feng 2014)等都指出"都"表分配的时候要求其限定域中的成员数大于一,究其原因,主要还是因为如果限定域只含有一个成员,则其与核心域的关联是没有变化的,属于平凡的匹配关系。其实,原则上,当全称量化的对象 q 只含有一个成员的时候,全称量化还是可以被定义,但是"都"的限定域若只有一个成员,其分配效应却显得平凡甚至不可接受,从这点看,分配义比全称量化逻辑的要求要更严格,应当视为全称量化的子效应。

综上所述,全称量化因其量化结构映射上的差异,可以细分为两种子效应,穷尽性和排他性效应,而穷尽性效应之下还存在一种子效应,即分配关系。

9.3.2　与全称量化部分相关的效应

下面对与全量相关但不是完全由全量导致的效应加以梳理,这些效应在本书前面的章节中基本都提到过,主要包括:未料、超预期、反预期、程度高、大量、强化义以及极小义。笔者将上述概念整合为三类:未料效应(包括未料、超预期、反预期),大量效应(包括相对/主观大量、程度高、强化义)以及极小效应。

第一类效应,笔者称为未料效应。这组效应包括未料义、超预期和反预期。全称量化结构中限定域和核心域,其构成可以是无序的成员的集合,也可以是含有梯级排序的集合。其中,成员按照梯级排序的集合往往是由焦点化产生的。典型的例子是"连……都……"结构。如(3)所示,因为焦点标记"连","这本书"这个本来没有梯级义的成分,可以产生一个与语境相关的梯级排序的选项集合,排序的依据是言者所认为的听者没看过的某本书的可能性程度,而没看过"这本书"则处于梯级的极端,即"这本书"是听者最不可能没看过的书,换言之,言者认为基本上大家都看过"这本书"。

(3)中"都"的量化结构还是可以按照话题–述题结构来做映射,只是此时因为话题中含有焦点"这本书",其限定域不是"这本书"本身,而是"这本书"的焦点化所产生的一个梯级选项集合,而全称量化在这种情况下仍然产生穷尽性的效应,表示梯级集合中的每个成员,都具有"听者没看过"这个属性。这就解释了为什么(3)可以推出"你"也没看过其他更不常见、相对而言读者较少的书。

　　(3)连这本书你都没看过。

　　有趣的是,(3)除了上述穷尽性的意思以外,明显还含有其他的意味。我们可以认为(3)表示,言者觉得听者没看过"这本书"的可能性非常低,而事实上听者真的没看过"这本书",也没看过其他读者相对更少的书,由此可见听者的阅读量在言者看来低得超乎言者预期,这就是我们所说的"超预期"。如果说,我们认为言者预期听者看过"这本书",因为在言者看来没看过"这本书"的可能性是极低的,而事实上听者没看过"这本书",更没看过其他相对更不常见的书,则(3)就会产生反预期的意味。但总的来说,无论是超预期还是反预期,都体现了言者的始料未及。而句子具体而言是超预期还是反预期,则取决于我们认为言者对于句子的断言[即听者没看过"这本书"也没看过其他(选项集合中的)书]和言者对听者情况的预判之间的关系。言者对于听者情况的预判与对比焦点"这本书"所引发的梯级排序有关,而句子的断言跟梯级排序产生的量化域、"都"的全称量化要求有关。因此,未料效应(包括超预期和反预期)和全称量化逻辑在一定程度上相关,但不属于全称量化之下的子效应。"未料"义的产生与对比焦点引发的可能性的梯级排序有关,其根本的源头是言者基于该梯级排序所做的预判和句子的断言之间的比较关系,而句子的断言属于全称量化义,是由"都"作用于焦点所产生的选项集合而得到的。

第二类与全称量化相关的效应,笔者称之为"大量效应"。有研究认为"都"不表全量,而是表示"程度高"(徐烈炯 2007)、主观大量(蒋严 2011)、相对大量(李文山 2013)。相关的例子如(4)和(5)所示,其中"都"和不表全量的成分"百分之八十的男人""很大一部分人"关联,所以一些学者会认为"都"只是表达大量或者说数量程度高。数量如何可以算作大,这可以是相对言者的主观标准,也可以是相对语境中的某个标准,所以就有了"主观大量"和"相对大量"这两种分析。

(4)据说百分之八十的男人都听过这首歌。
(5)现实生活中,我们有很大一部分人都有高血糖。

这类认为"都"表大量的分析,往往还会指出"都"允许例外,不要求穷尽,由此彻底将"都"和全称量化分割开来。"都"是否允许例外这一问题,本书第三章已经有非常详细的讨论。笔者的主要观点是"都"在逻辑上表示全称量化,是不允许例外的,而其允许例外的情况是相对于不同的限定域选择而产生的伪像。如果不全面考虑语境等因素对于全称量化限定域的限制作用,就会得出"都"允许"例外"的解读。针对(4)和(5)的解释跟第三章的分析一脉相承。冯予力、潘海华(2018)就指出,(4)中,主语"百分之八十的男人"已经在意义上组合完毕,此时"都"的全称量化是对这百分之八十的男人构成的复数集合而言的,"都"对于这个集合做全称量化,要求集合内部的每个成员都具有听过"这首歌"的属性。而"大量"则是相对于所有男人构成的集合(即"百分之八十的男人"的数量比例所参照的集合)而言的。(5)中,如果关注的对象是"我们"所有人,则会得到"都"表"相对大量"的意味,而若认为"都"仅关联"我们"中的某一个大部分,则会发现"都"的作用是对于该大部分中的每个成员进行全称量化,要求其中的每个人都有高血糖的问题。由此可见,"都"所具有的"大量"或者说程度高的效应是相对于语境中某一个参照集合而言的,而不是全称量化本身的逻辑要求,全称量化的操作对象是该参照集合的一个子集。如果参照集合和全称量化的操作对象恰好重合,则会得到最典型的全称量化解读。若全称量化的操作对象是参照集合的一个真子集,而我们关注的对象是参照集合整体,则会得到"大量"的意味。

全称量化成分会显示出"大量效应",这并不是汉语"都"的个性化表现。在有关英语全称量词的研究中,也有类似的观点,认为英语全称量词(如 *all*)其实不一定表示全量,而是可以表示强化义(Labov 1984,1985;Brooks & Serkerina 2005)。例如(6)不是表示言者所有的钱都在家,只是强调言者放在家里的钱达到了某种程度,完全有可能有一些钱是存在银行里的;(7)并不一定表示某件东西的每个地方都脏了,而是强调某件东西脏的程度很高。当然对于这类 *all* 表强化的用法,我们也可以认为其实仍然是表示全量,只是言者的钱的范围以及某件东西的各个部件的范围受言者视角所限。比如对于(6)而言,假设言者只关心他刚领到的 2 万元奖金,他完全可以说"我把所有的钱都放家里了",这里所说的钱仅仅指他脑海里凸显的某 2 万元,当然不排除他的其他钱被放在别处的情况。

(6) I left all my money at home.

(7) It is all dirty.

不少文献认为"都"很特殊,它允许例外,是被误分析为全量成分的,而从上述汉英比较可以看出,*all* 这样我们所认为的更典型的全量成分和"都"在允许例外方面的表现非常相似,而且前者也和"都"一样被分析为表示程度高的强化成分。难道语言中就不存在典型的量化成分了吗?笔者认为对这一问题不应简单地下结论,而是应该把语言量化现象中的逻辑语义因素和语用因素分解开来,全量的逻辑语义内核一直是稳定的,而量化的对象则可以受到语境、主观视角的限制,这就是为什么我们会觉得全量成分有时候其实展现出"大量效应"。大量效应只是与全称量化部分相关,其根源是"大量"和"全量"所参照的对象上的差异,我们不需要因为量化对象选择不同而产生的"大量"意味去重新赋予全量成分一个新解释。不然,对于几乎所有全量成分,我们都要再给它们一个非全量的定义了。

第三类效应,笔者称为极小效应。这是"都"的极小义用法,以(8)和(9)为例,"都"关联极小量"一滴水"和"一分钱"。

(8)他连一滴水都没有喝。

(9)他连一分钱都没有留给儿子。

一方面我们认为"都"表全量,上文中提到"都"会具有大量效应;另一方面"都"却关联极小量。这看来非常矛盾,似乎也预示着或许"都"的本质不是全量成分,但仔细看就会发现,这类极小义用法不单单与"都"有关,还与"连"、焦点成分的语义以及否定词相关,所以笔者将极小义归为与全称量化相关的效应。我们完全可以按照对于"连……都……"结构的分析来看这类例子,而不需要引入任何新的突破全称量化逻辑框架的概念,其实不管是小量还是大量,都适用前文提到的针对"连……都……"句的话题-述题映射。以(8)为例,"连"标记话题焦点(刘丹青、徐烈炯1998),恰好表达的是极小量"一滴水",从而产生了按梯级排列的选项集合,按照常识,集合可以包括更大量的水或者其他比水相对更不平常的饮品。句中含有对极小量的否定,即"一滴水没喝","喝一滴水"是平常的事情,而针对最平常的事情的否定,即"一滴水没喝"则可以倒转可能性的梯级,由此"一滴水没喝"自然在有关不可能性的梯级排序中占据极端的位置。而"都"的功能则主要运用全称量化对相关的事件进行操作,表示"他"没喝一滴水,也没有喝任何更大量的水或者饮品。由此可见,极小义与焦点成分的词汇语义有关,是表达极小量的成分的焦点化与否定协同产生的梯级排序之间相互作用的成果。而"都"在这种情况下,仍然施展全称量化,其核心语义并非发生变化。换言之,极小义只是"都"字句中所含的特定结构和特定词汇因素一起产生的效应,不能归因于全称量化本身。

9.3.3 全称量化的语义部件及等价形式

本节探讨全称量化成分的最大化、有定性、存在性、已知性和加合分析,笔者认为这些分析针对的是全称量化内部所含的语义部件,也可以认为这些概念与非平凡的全称量化在外部世界的顺利实现有关。此外,本节也说明全称量化关系等价于针对存在量化的否定以及命题层面的合取操作。

先来看最大化、有定性、存在性和已知性这一组概念。在第四章和第六章中,笔者指出全称量化成分"都"也被分析为表示有定性的成分,有定性是通过名词域的最大化来表征的。此外,"都"的最大化分析也被认为可以说明一些含有"都"的句子所显示出的存在性和已知性。就这一组概念而言,有定性、存在性和已知性,三者都与名词短语的指称性有关(即关注名词短语与外部世界如何建立联系),有定一般指可以从外部世界中挑出特定、唯一的个体(包括单数个体或复数体),而存在义和已知义则相对弱一点,只是表示根据名词短语的语义能够在外部世界中找到一个对应的集合,或者说名词短语的语义可以关联外部世界中已经提到的某个集合,但是名词短语所指出的集合的具体范围不一定是确定的。

在前人的研究中,这三个概念(有定性、存在性和已知性)都与最大化的形式操作有关(冯予力 2018a,2018b)。最大化作用于名词域以挑出其中最大的元素,最大的元素是唯一的,当然也具有特定性,这就体现出了有定性。需要注意,若要获得有定性所要求的特定性或者唯一性,一般我们需要假设最大化是非平凡的,即要求最大化所作用的名词域含有至少一个元素,只要存在一个元素就会允许比较,因为该元素可以与空集比较以确定该元素本身是最大的元素,而若名词域是空的,那么空集和自身比较只能输出空集作为最大的元素,这样的最大化操作就太平凡了。非空名词域中所含元素的有序比较是非平凡的最大化操作的前提。非平凡的最大化操作要求名词域非空,显然这一要求也引发了存在性的意味。已知性也会预设名词域非空,因为一个空的名词域很难与上文出现过的某个已知的集合相关联,因此詹纳基杜和郑礼珊(Giannakidou & Cheng 2006)认为已知性也和最大化操作对于空集的排斥有关。笔者的看法与她们有所不同,认为她们举出的论证"都"含有已知性的例子和句中所含的"哪"-短语的关系更大,而不是"都"引发的。总的来说,有定性蕴涵存在性,已知性也蕴涵存在性,已知性还与量化成分以外的其他因素(如"哪"有关),而最大化则是上述三个概念的一种形式化表征方式。

　　厘清了最大化、有定性、存在性、已知性的关系,再来看这些概念与全称量化的关系。因为笔者认为已知性与全量以外的因素有关,此处便不对这一概念进行讨论。总的来说,最大化、有定性和存在性都与全称量化限定域有关。有研究认为全称量化本身要求限定域成员的存在性或有定性,按照这种思路,笔者认为有定或者存在是自然语言中非平凡的全称量化要求的一部分,如果要把全称量化分解成若干更基础的语义操作,那我们可以认为最大化的形式化操作是全称量化的一个子部件,是表征有定或者存在的一种方式。持有类似这种看法的,比较早的有德容和维库尔(de Jong & Verkuyl 1985)以及林克(Link 1987)。德容和维库尔认为全称量化的可定义条件中有一个限定域非空的条件,如果限定域根本不存在任何成员,那全称量化就不能被定义。林克(Link 1987)则认为全称量化含有三个部件,有定性、全量(相当于我们现在所说的最大化）以及全称量化（相当于我们所说的分配性）。
而更近的研究也将全称量化拆分为两个形式化的部件：最大化操作和分配性操作（如 Brasovean 2008）。另一些研究的看法则不那么绝对，认为全称量化虽然逻辑上并不严格要求存在性或者有定性，但是与有定或者存在关系密切，常常倾向于表达有定或存在的意思。勒布纳（Loebner 1987）认为 *all* 等全称量词属于狭义量化词，其特点就是可以插入表示有定的成分，如 *all the students* 中，限定域 *students* 前可以插入 *the*，这说明 *all* 倾向于与有定性相容；拉平和莱因哈特（Lappin & Reinhart 1988）认为逻辑上全称量化表示限定域和核心域之间的子集关系，而在评估这种子集关系的时候，通常要对限定域集合的每个成员做核查，而如果限定域集合是空的，那么核查就自然停止，所以会产生怪异的感觉，这么看来，虽然有定性或者存在性并不是全量的逻辑要求，但却是为了保证全量逻辑的相关真值条核查可以顺利进行下去的条件。奥尔恩（Horn 1997）则认为全量关系分成两种，经验性（empirical）的和规律性（lawlike）的，经验性的全量关系要求限定域非空，而规律性的全称量化可以允许限定域为空。注意此处的"为空"是相对于参考世界（通常是现实世界）而言的，而考虑与规律相关的所有那些可能世界，则我们仍然可以认为全称量化要求限定域是非空的（亦参考 Geurts 2007）。综上所述，最大化、有定性、存在性可以被看作全称量化本身的要求或者看作全称量化关系的顺利实现的要求，所以笔者倾向于认为这些性质与全称量化的内部语义构成有关，属于全称量化的语义部件。

接下来分析"加合"概念。加合可分为名词域的加合以及事件域的加合。名词域的加合指的是将名词域中的成员都加在一起组合为一个集合的过程，加合的最终结果往往与最大化操作相同。不过其产生最终结果的机制不同，名词域的加合关注集合内所有成员之间的组合，而最大化则是对集合内的成员（包括单数及复数性的成员）进行有序比较后挑出其中最大的成员（冯予力 2018）。

名词域的加合操作和最大化操作的结果是一样的,加合操作的顺利进行也要求名词域非空,即名词域内有成员以便可以实现组合的过程,所以加合操作也隐含存在性。基于这些相似性,我们可以认为名词域的加合和名词域的最大化操作一样,都可能是全称量化关系的限定域所含的语义要求,目的是保障量化关系可以被评估。

再来看针对事件域的加合。黄师哲(S.-Z. Huang 1996)和袁毓林(2005)都认为"都"表示事件域的加合操作,认为"都"对于一组最小的事件(minimal event)进行加合从而输出一个复数性的事件。此处我们暂不考虑如何定义什么样的事件是最小的,这又是一个复杂的本体论(ontology)问题。如(10)所示,按照事件加合的思路,"都"表示一个由若干个"他"买呢子衣服的小事件组成的"他"买呢子衣服的复数性事件。

(10)（在那段时间里）,他都买呢子的衣服。

笔者认为复数性的事件与全称量化并不矛盾,按照话题-述题映射,(10)表示对于某些情境而言,每一个情境中"他"都买呢子的衣服,按照"都"的要求,其限定域中的情境要多于一个,那么自然所关联的"他买呢子衣服"的事件也是含有多于一个子事件的复数体。所以这么看来,"都"所表达的全称量化蕴涵复数性事件。但是复数性事件这个要求比全称量化松散得多,前者不似后者那样包含穷尽性的检视,如果认为"都"仅仅表达事件域的加合,有的时候就无法准确得到一些"都"字句的意思。比如,如果从事件加合或者说复数性事件的角度看,(11)仅仅表达一个有一些男孩子笑的事件所组成的复数性事件。然而,(11)并不仅仅表示一个有关那些男孩的复数性事件,"都"有更强的语义要求,要求"那些男孩"的每一个都无一例外地关联一个"笑"的事件。

（11）那些男孩都笑了。

由此可见，黄师哲（S.-Z. Huang 1996）以及袁毓林（2005）所提出的加合成复数性时间的操作无法精确地刻画"都"这样的全量成分的意义，我们充其量将复数性事件视作全称量化所含的一个语义部件。

最后讨论两种与全称量化等价的形式。第一种比较简单，关乎全称量化和存在量化之间的等价转换。全称量化要求对于量化算子所约束的变量的每一个赋值 x 而言，若 x 满足限定域 P，则 x 也满足核心域 Q。要求每一个满足 P 的 x 都满足 Q，就相当于要求我们无法找到一个满足 P 不满足 Q 的 x。而这种意义可以用对于存在量化的否定来表达，如（12）所示。（12）告诉我们，否定辖域内的存在量化可以令这个逻辑式浮现出全量的意味。

$$（12）\sim\exists x[P(x)\wedge\sim Q(x)]$$

除了全量和存在这两种经典的量化手段之间的转换所构成的等价关系以外，全量关系还可以转化为与之等价的命题间的合取式。且看（13），假设"那些男孩"指谓集合{小王，小张，小白}，则（13）在逻辑上与（14）等价，即（13）为真的条件和（14）为真的条件一样。

（13）那些男孩都笑了。

（14）小王笑了，小张笑了，小白也笑了。

（13）与（14）的形式化表达如（15a）和（15b）所示。其中（15a）的全称量化逐一检视 x 的赋值是否符合"笑了"这一要求，而（15b）则将检验的过程以命题的形式穷举出来，两者自然是等价的。

（15）a. $\forall x[x \in \{xiaowang, xiaozhang, xiaobai\} \rightarrow smiled(x)]$

　　　b. $smiled(xiaowang) \wedge smiled(xiaozhang) \wedge smiled(xiaobai)$

在事件语义学框架下，我们可以认为命题表达的不再是真值，而是事件，因此命题的合取也可以转变为相关事件的加合。在事件语义框架内（15a）可以表示如（16a），而命题的合取可以转化为句子所表达的事件的加合，如（16b）所示。（16a）要求，限定域内的每个个体都关联一个笑了的事件，并充当事件中的施事角色，而（16b）则是将这些事件穷举出来并且通过事件层面的加合操作组合在一起。

（16）a. $\forall x[x \in \{xiaowang, xiaozhang, xiaobai\} \rightarrow \exists e[smiled(e) \wedge agent(e) = x]]$

　　　b. $e_1 \oplus e_2 \oplus e_3$, where xiaowang smiled in e_1, xiaozhang smiled in e_2, xiaobai smiled in e_3

前文说加合操作得到的复数性事件不等同于全称量化[参考（10）及（11）]，此处（16b）中又说事件的加合形成了等价于全称量化的解读，这并不矛盾。这是因为，前文所说的加合并不要求穷尽性，只是要求加合的对象多于一个，而此处（16b）中的加合，则隐涵了穷尽性，要求把所有限定域中个体所关联的符合谓语语义的事件加合在一起。加合操作本身并没有穷尽性的要求，但是我们可以通过（16b）那样穷尽地将所有限定域内成员关联的事件加合操作来获得等价于全称量化的解读。

9.3.4　全称量化的概念空间

第9.3.1节至第9.3.3节探讨了四个主要问题：完全由全称量化

逻辑产生的子效应有哪些？与全称量化部分相关但同时又依赖于其他因素的效应有哪些？全称量化逻辑可以拆分成哪些语义子部件？全称量化的等价形式有哪些？这些问题的答案可以帮助我们厘清文献中所出现的跟全称量化有关的概念,也可以帮助我们分析与量化分析形成竞争关系的那些概念(比如最大化)到底为什么会联系到一起。更重要的是,这对于我们构建量化概念空间,从跨语言比较的角度确定量化范畴的本质有启示作用。下面将基于前面对全量及相关概念和效应的讨论来构建以全称量化为中心的概念空间,为后续针对全量成分的跨语言考察提供一个概念空间驱动的方向,而这样的思路也可以进一步推广至有关非全量量化范畴的考察中。

首先,按照量化结构映射的方式不同,全称量化可以产生穷尽和排他两种主要的效应,而穷尽性之下还含有一种常见的子效应——分配性。如图9.1所示,"话题-述题"和"背景-焦点"为量化结构映射方式,而图中层级则对应全量关系所产生的各级效应。

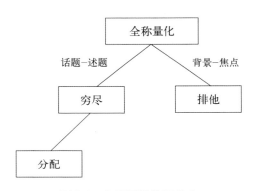

图9.1　全量逻辑的子效应

全称量化还可以与其他因素互动产生一些效应,如图9.2所示。如果有一个与全称量化限定域形成对比的参照集合,则全量还可能产生大量效应(表示大量、强化、程度高);如果与梯级选项互动,则可以产生未料效应(表示超预期、反预期等);如果句中含有表达极小量的成分以及否定,则可以产生极小义。这些效应以菱形表示,用虚线连接,以便与完全由全量逻辑产生的效应做出区分。

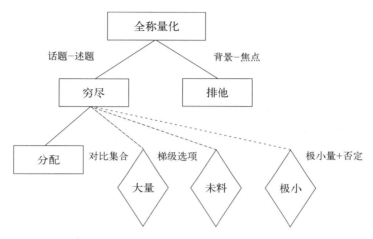

图 9.2 全称量化子效应及与全称量化部分相关的效应

接下来,我们试图在图 9.2 的基础上加入与全量的等价关系,全量的两种等价关系是命题的合取和存在量化的否定,这主要与穷尽性解读有关。笔者用表示等价的双箭头将这两种关系包括进来,用圆形表示关系,如图 9.3 所示。

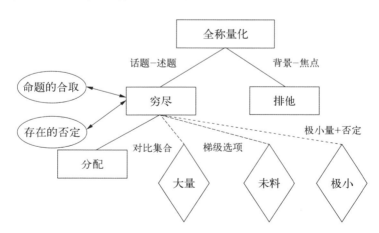

图 9.3 全称量化子效应、与全称量化部分相关的
效应及全称量化的等价形式

最后,我们需要说明,在分配性用法中,还有研究在这种量化义中拆分出了一个针对名词域的最大化操作,来解释全称量化所含的有定性或存在性。如图 9.4 所示,笔者将这个部件以内框的形式嵌入分配性用法中,从而最终形成了较完整的以全称量化为中心的概念空间。

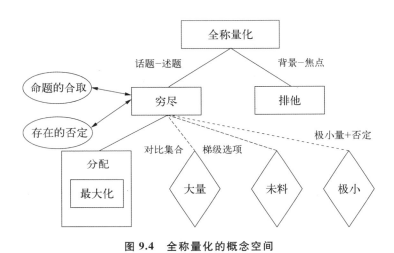

图 9.4　全称量化的概念空间

图 9.4 含有全称量化的子效应、相关效应、等价形式以及内部语义部件。这是一个由语义理论概念所驱动的概念关系图,其作用在于引导我们在跨语言调查中考虑这些意义和效应,从而为全称量化范畴的实现形式以及类似成分的意义辨析提供重要的参考。

9.4　本章小结

本章在前文量化现象个案研究的基础上探讨如何将量化理论的内部视角和类型学研究的外部视角相互融合,以增进对于自然语言量化范畴的理解。笔者认为可以将量化研究与语义地图理论相结合,以构建量化概念空间为突破口,用量化理论驱动类型学考察,并以类型学考察检验量化理论的解释力。本章仔细梳理了全称量化关系所产生的各种子效应、相关效应、等价形式及其内部语义部件,对量化概念空间的构建做了初步尝试,为从跨语言的角度考察这种量化范畴的实现形式提供了一个理论出发的模板。

附录

三本重要的量化研究论文集述评

在附录中,笔者对量化理论研究中三部重要的文集《广义量化词：语言学与逻辑学的路径》(*Generalized quantifier: Linguistic and logical approaches*, Peter Gärdenfors ed. 1987),《自然语言中的量化》(*Quantification in natural languages*, Emmon Bach et al. eds. 1995),《量化的策略》(*Strategies of quantification*, Kook-hee Gil et al. eds. 2013)的主要研究思路和研究内容做简要的回顾。这三部文集发表于不同的时期,非常直接地反映出各个时期量化理论的研究重点,与萨博尔茨(Szabolcsi 2010)所归纳的量化研究的三个主要阶段形成了映射关系。这三部文集中的观点启发了本书诸多章节的研究思路,令笔者获益良多。因此,笔者希望借由回顾和评论经典文集的主要内容和理论意义来展现该领域的发展路径,尤其是说明一些目前仍热议的问题(如量化成分的非量化分析等)的历史源流,从而为确定量化成分个案研究所要运用的方法、所要考虑的问题以及量化研究后续的发展方向提供参考①。

1.《广义量化词：语言学与逻辑学的路径》(*Generalized quantifier*: *Linguistic and logical approaches*, Peter Gärdenfors ed. 1987)

从论文集标题就可以看出,书中内容专门针对广义量化词理论在自然语言意义解释中的应用。这本书出版于广义量化词理论推出的早期,根据萨博尔茨所划分的三个研究阶段,属于由广义量

---

① 这三部论文集中包含了很多论文,在本书正文中引用的那部分会列入参考文献中,仅在附录中所提及并述评的论文则不列入参考文献中。

化词理论驱动的"统一性阶段",不过,其实书中内容也并非全都是支持广义的名词短语意义解释方案的研究,其中不少研究更倾向于认为,广义量化词理论的统一处理方案是一种可能而非必须的分析,书中包含了很多基于自然语言量化词个性表现而产生的对于广义量化词解释的反思。

本书第一章提到过,广义量化词理论的先驱学者巴怀士和库珀在提出理论的同时,也不否认名词短语之间在语义类型和意义解释上可能存在的差异,这种对于理论的时刻反思也充分体现在这本论文集中。萨博尔茨(Szabolcsi 2010)题为《量化》(*Quantification*)的专著中,曾提出一个问题"广义量化词理论到底是被奉为圭臬的经典还是已经成为老生常谈的守旧思想?"(Generalized quantifiers-heroes or old fogeys?),并在相关章节中仔细分析了广义量化词理论的问题和影响。她指出,在很长一段时间里,广义量化词理论一直被默认为名词短语的主流意义解释方案,但学界也慢慢发现它并非"万能灵药",慢慢地从试图应用该理论转变为讨论该理论的局限,看上去经典的广义量化词理论似乎要变为过去式。不过,萨博尔茨进一步分析道,其实大部分所谓的广义量化词理论的局限并不对理论本身构成挑战,其中一部分问题是可以通过对理论加以调整[比如引入一些其他理论工具,如对于复数性(plurality)的形式表征]便能解决的,而另一部分则可能根本不是广义量化词理论本身所特有的局限,而是整个学科所面临的共通难题,因此也无法就此认为该理论已经失去了其价值(Szabolcsi 2010:第五章)。笔者非常认同这样的评价,在回顾这部1987年出版的广义量化词理论萌发期的论文集时,更是深有感触。从这本论文集中可以发现,萨博尔茨(Szabolcsi 2010)所提到的二三十年后对该理论构成"挑战"的诸多议题,20世纪80年代时学界就已经开始关注和反思,他们也为理论跟一些语言现象(也包括问题)的融合做出了尝试,以提升广义量化词理论的解释力。这种一开始就非常包容的研究态度,也许是广义量化词理论一直未退出历史舞台的重要原因。

这部论文集的主要议题可分为两类。一类是探讨如何增强广义量化词理论的解释力,比如如何通过实现其他理论工具与广义量化词理论的融合来解释一些巴怀士和库珀(Barwise & Cooper 1981)未关注或者无法解释的语言现象,或者顺着巴怀士和库珀(Barwise & Cooper 1981)的思路在广义量化词理论的框架内分析一些类型更复杂的量化词(比如约束二元关系变量的高阶量化词等)。另一类则是基于语言事实以及一些当时语义理论的研究成果反思广义量化词理论在解释力上的局限和可能的替代方案。

先来看第一类研究,其中包括广义量化词理论与机器学习理论、动态语义理论、情境语义学、篇章语境因素的融合,以及将广义量化词理论思想运用于自然语言分叉量化机制和自然语言高阶量化词分析的尝试。

凡·本特姆(Van Benthem 1987)尝试将广义量化词理论中运用集合间关系的表征方案分解为若干可计算的步骤,以便将之和自动机(automaton)理论相结合,从而令机器能够计算和学习相关概念。而鲁特(Rooth 1987)旨在将广义量化词理论和动态语义的奠基性理论[即海姆(Heim 1982)所提出的文档变换语义学(File change semantics)和坎普(Kamp 1981)的话语表征理论(Discourse representation theory)]相互融合。

库珀(Cooper 1987)从名词短语与内涵性动词的互动出发,确认单数名词短语如 *a unicorn* 在此类情况下的表现适合处理为广义量化词;并引入情境语义学(situation semantics)理念,将名词短语的广义量化词解释(即表达属性的集合)转化为表达情境的集合的解释,以更好地刻画相关成分与内涵性环境的互动。约翰逊(Johnsen 1987)则关注巴怀士和库珀(Barwise & Cooper 1981)中提到的一个语言现象,即名词短语与存现 *there-be* 结构的兼容性问题,并从篇章语境的角度给予更细致的分析,指出:能够出现于此类结构内的量化短语不可以是篇章回指语(discourse anaphor),

而这种篇章层面的限制则与名词短语如何选择其量化域所关联的集合(evaluation set)有关。有定短语之所以无法出现于存现 *there-be* 结构,其根源在于此类短语选择原先旧语境中的集合作为评价其语义的参照集合。

魏达格(Westerståhl 1987)关注自然语言中的分叉量化结构(branching quantification)(亦参考 Hintikka 1974),给了参与分叉量化的量化词一个普遍的定义,并归纳认为分叉量化结构中的量化词都具有连续性(continousness)。所谓"分叉量化"指的是一句话中的若干量化成分在意义解释上处于相对"独立"的状态,互相都不在对方的辖域中,这些量化成分所约束的变量的赋值之间也不互相受影响。魏达格所关注的分叉量化是一种新的辖域机制。一般而言,若一个句子中含有多个量化成分,我们往往需要从辖域关系的角度去分析其解读,而含有分叉量化的命题虽然也包含多个量化限定词,但其各自的辖域区不互相包含。魏达格讨论的分叉量化机制涉及的都是常见的<1,1>型量化词,这些量化词也是巴怀士和库珀(Barwise & Cooper 1981)的主要关注对象,这类量化词限制的是两个个体集合之间的关系,"<1,1>"中的"1"指的是一元的个体变量。相比之下,基南(Keenan 1987)则讨论了自然语言中相对更"另类"的 n-nary 量化词(其中 n > 1)[亦称为 polyadic quantifier(高阶量化词)]。基南(Keenan 1987)及其此前的研究(Keenan & Moss 1985;Keenan & Stavi 1986)指出语言中含有更高阶的量化词,此类量化词可以同时约束两个(或以上)变量,并对两个变量的赋值之间的关系进行限制,换言之,它们约束的不仅仅是个体变量,还可能是更抽象的个体之间的二元关系。例如,(1)中包含<1,1,2>型的复合量化限定词(*every*,*different*),该复合量化限定词吸收三个论元:学生的集合、书的集合以及阅读关系的集合。前两个是 1 型的个体集合,而最后一个则是 2 型的有序对的集合,是更高阶的类型。需要注意,*different* 所限制的阅读关系必须以二元的形式表征以保证学生和书之间的匹配关系符合"不同"的要求,这种关系在逻辑上无法还原为有关两个一元变量的关系。

(1) Every student read a different book.

需要注意的是,基南将(1)中的 *every* 和 *a different* 的语义贡献当作一个复合高阶量化词,在整体上把握和定义其语义关系,而按照现在的分析思路,则会更倾向于将 *every*、*a*、*different* 的语义贡献拆分开来解释,不过更精细的分析思路也不会影响我们对于自然语言高阶量化关系的确定。

再来看另一类质疑广义量化词理论适用范围的研究。巴怀士(Barwise 1987)认为单数名词短语(如 *a*-NP、*the*-NP、专名)与典型的量化短语(如 *some*-NP、*no*-NP、*every*-NP)在指称性以及构建回指关系方面有差异(亦参考 Barwise & Perry 1983)。基于这种差异,他认为这些单数名词短语应当适用不同于广义量化词解释的方案,这一研究体现出广义量化词理论创立者对于理论适用范围的反思。

林克(Link 1987)从复数性相关的语义问题出发评估广义量化词理论的解释力,复数性问题一直是林克的主要研究对象。广义量化词理论以集合论为表征工具,而集合中的元素往往是单数个体。林克所提出的复数逻辑系统,通过 ⊕ 操作构建复数体(plural sum),并运用 *-操作将谓词复数化,从而令名词域内的复数体与复数化的谓词相匹配。由此,在林克的系统中,个体域(domain of individuals)可能包含单数个体和复数体,两者具有相同的语义类型,而在集合论的视角下,个体元素和含有若干元素的复数性集合则构成"属于"关系。在个体域引入复数体的好处在于可以解释名词域与集合性谓语的匹配,也有利于表征针对复数体的量化操作。林克对于复数的研究也推进了对于基数式名词短语(如 *three men*)语义的探索。广义量化词理论认为基数式名词短语属于量化词,其中包含存在量化。林克则认为数词本身不含存在量化,更像是修饰语,在句法上可能对应 NUM 而非限定词的位置,而基数式量化词在句中是获得存在性还是类指性/全量性的解读则取决于其所在句子的具体环境。林克对于基数式量化词的看法与坎普(Kamp 1981)及海姆(Heim 1982)对于无定名词短语意义的看法异曲同工,他们认为这类名词短语本质上是谓词性的,不是真正意义上的量化词。

林克还谈到另一个值得关注的问题,即 *all*-短语与某些集合性谓词匹配的问题,若认为 *all* 的全称量化会激发分配性解读,那么(2)的语义解释会有困难,因为集合性谓语 *came together* 显然无法关联单数性个体,所以认为 *all* 针对个体的集合进行量化似乎不合适。

(2)All the men came together to discuss the problem.

对此,林克提出可以运用"参与"(partaking)的概念来解释个体与集合性谓语之间的匹配,即并非每个个体都 *came together*,而是参与"集合到一起"而已。此外,林克也反思 *all* 是否一定要被定义为典型的全称量词,他提出可以将其意义分为三个部件:定冠词、全部(totality)以及全称量化(或者说分配)。此处的全称量化的量化域不一定是个体,也可以是复数体,这个细节上的调整也有助于解释为何 *all* 可以与集合性谓语进行匹配。林克对于 *all* 的意义拆分(虽然从现在的眼光来看不是非常注重组合性)和如今量化研究的内部分解视角有相似的地方,他对于量化短语和谓词的匹配限制、分配性与集合性谓语的区分的讨论也相当有启发性,可以说林克在文中提到的很多议题之后都变为形式语义研究的热点问题。

勒布纳(Loebner 1987)则从有定性、无定性的角度反思自然语言名词短语与广义量化词理论所倡导的统一处理方案之间的匹配度,还注重区分逻辑语义、语境、心理机制等不同层面对于自然语言成分量化解读的影响,这说明即使是在量化研究的早期,就有如勒布纳这样的学者发现量化在自然语言中的实现机制是多维的。他指出名词短语的三个子类,有定、无定及(狭义)的量化名词短语中,只有第三类应该作为广义量化词来处理。狭义的量化名词短语都可以插入 *the* 等成分转化为表达部分指称的短语,如 *all students* 可转化为 *all the students*;对于有定短语,若其语义只部分满足谓语语义,则无法判断其真值,如(3a)所示。而若将有定短语换成通常认为与其意思相当的量化短语,则所得的句子就可以有确定的真值,如(3b)所示。这说明有定短语与典型量化短语不构成类比,应该适用不同的语义解释。

(3) 对于某群特定的孩子(其中有男有女):

    a. The children are boys/girls.

    b. All children are boys/girls.

勒布纳认为无定名词短语也不是典型量化词,因为这类短语除了可以有量化解释,也可以有谓词性的解释。后一种解释方案显然是受了坎普(Kamp 1981)以及海姆(Heim 1982)的观察和分析的影响,二者基于无定名词短语 a(n)+N 在驴子句、跨句回指以及受副词量化成分约束等方面的表现,认为此类短语不是量化词,而是在表达话语指称(discourse referent)。从形式语义的角度看,此类短语引入了有待约束的自由变量,短语中名词 N 的语义贡献则是限制该变量的赋值。在此基础上,勒布纳进一步将这种非量化的分析扩展到由其他限定词(如 *two*、*many*)引导的无定名词短语,认为这些限定词应该和 N 一样都具有限制变量赋值的属性,指示这些是有关数量的而已。

更有趣的是,勒布纳从计数机制的角度分析了无定名词短语两种解读(量化解释和谓词解释)的差异。他认为,此类短语中的限定词(如 *two*)可以激发计数或估计的心理过程,计数过程涉及两个谓词,充当背景的谓词表示计数域(counting domain),里面所含的个体是可能需要被计数的成员,另一个谓词则充当前景,对应被计数域(counted domain),表示真正需要被计数的个体所要满足的条件。当无定名词短语作量化词解释时,与量化词组合的名词提供计数域,而句子谓语部分提供被计数域;作谓词解释时,句子谓语部分提供计数域,而与量化词组合的名词则提供被计数域。从心理过程的角度分析无定名词短语的意义,有助于解释此类短语获得不同解释的时候相关句子所呈现出的不同重音形式,以及与上下文的互动(如名词短语是否允许关联语境中已知的集合并获得部分解读)。当然,勒布纳也强调在心理或概念层面区分计数域和被计数域,不意味着在逻辑解释的层面需要用集合间的二元关系来刻画相关成分的意义,因为心理层面的论元数目可以多于语义句法层面所允许的数目。在语义层面,他将无定名词短语中的数词等成分称为"名词前成分"(prenoun),认为其本质上还是有关数量的一阶谓词,而一些含有此类短语的句子所获得的量化解释是心理层面的计数机制与上下文、句子环境等因素互动而得到的综合结果,不能仅仅归因于无定名词短语本身。

对于 all、each、most、more than half 等引导的所谓典型量化短语,勒布纳也指出了其中细微的差别。他区分了类指与非类指量化。所谓类指量化,指的是量化域是概念层面的集合,其范围可以是无限的或者说模糊的,而非类指则指的是量化域具有指称性,是一个有限的个体域。如(4)所示,(4a)可以改述为(4b)或(4c),(4a)中 all apples 中的 apples 可以解释为某一个特定集合中的苹果,即(4b),或泛指苹果这个类别,即(4c)。

(4) a. All apples are sour.

b. The apples are all sour.

c. Apples are always sour.

与广义量化词理论的设想不同,勒布纳呼吁关注名词短语之间的个性差异,不赞同广义量化词解释与名词短语的语义−句法对应关系,认为广义量化词理论所设想的二元关系本质上是一个意义范畴,这种意义范畴可以通过句法手段来实现,也可以通过数词和语境信息等因素的互动来实现,由此,将量化这个意义范畴与名词短语这一句法范畴加以脱钩,促使量化研究跳脱名词短语的句法范畴限制,去发现语言中更多样也更典型的量化逻辑体现。

伦宁(Lønning 1987)关注复数性名词短语的意义解释对于广义量化词理论的影响,分析了复数性名词短语与谓语匹配时所体现出的集合性、累积性和分配性解读对于量化分析的理论意义,所提出的议题都非常具有前瞻性。他主张有定或无定复数性短语都可以表达复数体,而非广义量化词,有定短语表达的复数体是确定的,而无定短语指称的复数体则需要更多语境信息才能明确。尤其是对于由 *and* 构成的并列名词短语如 *John and Mary*,*two men and three women*,其中 *and* 对应布尔代数中的"并"(join)操作,吸收两个个体输出一个复数体,而复数体可以很容易地作为集合性谓语的论元与之组合。伦宁认为,如果 *two men* 等短语作广义量化词解释,表达集合的集合,则不适用布尔代数的并操作,对于形如 *two men and three women* P 的句子,*and* 需要扩展为命题之间的合取操作,而相应地,句子也转化为 *two men* P *and three women* P,这样的分析只能够得出分配性解读,不支持对于并列名词短语的集合性解读。由此,伦宁总结道,名词性短语在集合性解读方面的表现构成对于广义量化词解释的反对性证据,有一些名词短语如 *each*/*every* N 总是支持分配性解读,这些短语可以适用广义量化词解释,而更多其他的短语则允许集合性与分配性两种解读,因此广义量化词解释没有之前预想的那么"广义"。

在论证了设置非广义量化词解释的必要性后,伦宁进一步指出,有定短语相对谓语的分配性解读可以通过假设隐形分配算子 D 来解释,因此无须赋予有定短语量化分析以解释相关句子的分配性解读。伦宁还讨论了一类看似有分配性解读的例子,如(5)

所示。(5)的宾语是复数性短语,则似乎句子显示出一定的分配性,假设有若干男孩,而他们每个都各自搬了一些石头,显然(5)句为真。

(5) The boys lifted the stones.

但伦宁则认为不需要因为此类"分配"解读而特意赋予有定短语量化词解释,(5)的核心语义还是集合性的,即表示男孩的复数体与石头的复数体之间形成"搬"的关系,而在具体情境下每个男孩搬了多少并不是句子真值条件所明确的,集合性解读的模糊性令我们在具体情境下得到了类似"分配"的解读。他还发现,往往有定短语作句子的主语时,相对于动词可以获得分配性的解读,而宾语位置的有定复数短语的分配性则并不重要,甚至很难获得,如(6)中,我们就无法得到石头被不同男孩搬动的分配性解读。

(6) A boy lifted the stones.

伦宁所讨论的集合性解读在后来的研究中,更多地被称为累积性解读,累积性、集合性和分配性解读的分野到底为何,分配性到底是相对于谓语还是动词来考量的,这些至今都是学界的研究热点。

伦宁认为有定复数性短语表达复数体,而相对而言,无定复数性短语的情况则更复杂,有一些时候还是需要依赖广义量化词解释才能获得合适的解读。对于(7a)而言,如果认为无定短语表复数个体,那么再借助分配算子 D,可以得到大致如(7b)的分配性解读。但(7a)的意思和(7b)是有差别的,(7a)不仅仅引入一个奇数的男孩的复数个体,而且要求买船的男孩总数为奇数。这么看来,(7a)的解读似乎还是需要诉诸广义量化词理论。

（7）a. An odd number of boys bought boats in the shop yesterday.

　　b. There was an odd number of boys and each of them bought boats in the shop yesterday.

伦宁对于无定复数性短语（即不含有全量限定词以及 *the* 的复数性名词短语）意义解释比较模棱两可,说明此类短语不适用一个非常统一的解释。的确,这类短语在单调性、分配性解读、辖域表现、是否允许特定性解读(specific reading)等方面都有差异,这凸显出名词短语个性研究的重要性。

综上所述,可以看出:在广义量化词理论提出的早期,量化研究的视野就是很开放的,这本以广义量化词为主题的论文集彰显了广义量化词理论对于自然语言意义解释的很多用处,这也说明关于该理论的进一步扩展常常是吸收了同时期其他语义、篇章和逻辑研究的洞见的。此外,不少文章对名词短语统一处理方式提出了质疑与反思。动态语义理论促使语义学家思考有定或无定名词短语与含有逻辑量化词的短语之间的个性差异,动词和名词域的复数性研究及其代数结构的研究,则有助于对量化结构限定域和核心域的匹配性、量化域的构成(到底是含有单数个体还是复数体)、分配性和集合性解读以及一些介于两者之间的解读有更细致的刻画;相对"另类"的量化现象,如分叉量化、复杂量化词是否可以还原为简单的针对个体的二元量化关系,则有助于揭示更复杂的量化现象与广义量化词理论所关注的相对"简单"的量化现象之间的逻辑共性。

2.《自然语言中的量化》(*Quantification in natural languages*, Emmon Bach et al. eds. 1995)

广义量化词理论也是基于英语名词短语的相关现象提出的,《广义量化词:语言学与逻辑学的路径》(Gärdenfors ed. 1987)主要讨论的也是英语名词短语和量化限定词,极少涉及其他语言,对于英语的其他量化手段(如副词量化)也讨论得不多,仅有的一些有关副词量化的讨论也是从副词与限定词的关系出发的(如描写

限定词 *all* 与副词 *all* 的转换关系）。而《自然语言中的量化》
（Bach et al. eds 1995）则在研究对象的丰富度上有本质的提升，这
从文集标题里"natural languages"的复数化就可见一斑。同时，文
集在研究的体量上也大幅增加，收集了 20 篇研究性论文。这说
明，当时量化研究已经从形式语义的奠基性议题转化为长期的热
点议题，成为了形式语义研究彰显其普遍性解释力的重要角度。
这本论文集主要关注的自然语言量化议题可分为四个子部分：自
然语言中的量化手段有哪些；在这些手段中，语言在结构和意义上
的共性和个性分别如何体现；各种语言在量化手段上的差异与其
他方面的跨语言差异是否有联系；量化这个源于逻辑研究的概念
范畴是不是人类语言中的一个原始的、独立的范畴。

　　加登福什所编论文集（Gärdenfors ed. 1987）受到蒙太格
（Montague 1973）等早期研究的影响，相当注重说明如何构建表征
语言的形式系统，因此其中不少文章开篇都会先介绍为了表征文
中语言现象而设置的逻辑系统包含哪些规则；而巴赫等人的研究
（Bach et al. eds. 1995）则体现出视角的转换，形式逻辑概念及规
则系统是语言意义分析理论的基础，是开展研究所需的背景知识
储备。自然语言和逻辑语言的同构关系当然还是形式语言学家的
理想追求，但不再是量化研究者执着于在具体研究中所展示的方
面。相对的，语言现象的描写和分析则被移到前景位置，源于逻辑
研究的形式分析手段则是作为工具被时时运用，而那些形式系统
中与语言现象的解释关联不那么紧密的细节则可以适当地加以省
略。由量化逻辑驱动，但又跳脱了对于形式系统的过分执着，因此
巴赫等人 1995 年的研究中更容易看到自然语言量化现象的丰富
表现以及与其他语言模块（如句法、语用等）的互动。

　　就语言事实的层面而言，巴赫等人（Bach et al. eds. 1995）指
出，自然语言结构中的诸多位置上的成分都可以由量化概念来表
征，除了传统的限定词以外，还包括时体标记、表重叠的标记、助动
词、副词、情态成分，除了形态学手段以及单个的词，有时候量化还

可以由条件句、冠词+形容词等特定的句法结构来表达。由此，量化算子，也不再是限定词所对应的意义范畴，而是一个跨越词内、词、词之间等不同形态-句法层面的意义范畴，因此若要真正了解自然语言量化，就必须仔细观察语言结构中多种不同的位置。就量化理论构建的层面而言，巴赫等人的研究（Bach et al. eds 1995）更注重解释量化理论与其他语义理论和语言模块的互动，例如，其中一个典型的议题就是逻辑上允许的量化辖域歧义为什么在自然语言中不一定有体现，而这种辖域歧义上的限制和其他句法/语义现象呈现什么样的关系。广义量化词理论所提出的量化结构（即算子、限定域、核心域三个部分）也逐渐促进了量化研究之中对于限定域和核心域这些量化结构子部分更细致的考察，由此，关于可数性、复数性、整体性、分配性等与量化限定域和核心域的构成及两者的匹配关系的讨论也更多了。在巴赫等人的论文中，很多时候，巴怀士和库珀（Barwise & Cooper 1981）仅仅出现在很多文章的参考文献里，但这些文章的思考路径和关注现象在本质上源于或至少受到了这一经典理论的影响。作为量化研究"多样性阶段"的代表性文集，巴赫等所编文集既体现出理论和事实层面的多样性，也包含着对于经典理论思想的传承。

巴赫等人的多篇论文考察了英语以外的其他语言中的量化手段，由此反思广义量化词理论中以名词短语为中心的语言普遍性思维，以及量化研究中主流的 A -量化与 D -量化的两分法。名词短语为中心的量化研究以及副词和限定词为两种主要量化手段的观念都是基于英语的语言事实所形成的。而与英语的情况不同，这部论文集所考察的语言不少属于形态构成上非常复杂的多式综合语，有的语言据研究显示没有明显的名词动词之分。这些语言类型上的差异对于传统广义量化词理论以名词短语为中心的统一性分析视角构成了一定的挑战。由于形态句法结构的特殊性，量化手段的 A/D 之分对一些语言也无法直接适用。有关于这些在形态句法结构上相对"另类"的语言的考察，一方面促进了我们对于自然语言量化实现机制多样性与句法形态上类型差异性之间的关系的认识,另一方面也可以加深我们关于 A -量化和 D -量化这两类手段的本质差异的理解。

巴克(Baker 1995)考察莫霍克(Mohawk)语后指出这种语言不含类似英语 *everyone*、*nobody* 这样的典型的不具有指称性的量化名词短语。这是因为莫霍克语属于类似耶利内克(Jelinek 1984)所说的代词性论元语言,充当论元的名词短语不直接参与句子意义组合,而是通过与代词性的词缀形成共指(coreference)关系才得以参与构建句子论元结构。这就要求名词短语具有指示性,从而阻碍了不具指示性的全量及否定名词短语的出现。而有趣的是,莫霍克语含有表示 *someone* 或 *something* 的短语,这似乎侧面表示 *some* NP 与典型的逻辑量化短语之间在是否具有指称性的问题上有差异。

法尔茨(Faltz 1995)考察代词性论元语言的句法结构,指出这类语言中论元并不直接补全谓词所表达的语义关系,在论元参与语义组合之前,代词性词缀已经依附于表达谓词的动词上,而充当论元的名词短语则通过与代词的同指关系来参与语义组合。动词在与代词词缀组合以后所得的已经是完整的句子,因此也无法作为谓词性成分来充当名词短语的论元。这种特殊的句法结构导致的结果是,名词短语的广义量化词解释在此类语言中无法适用。广义量化词理论起初以英语为考察对象,而其所提出的语义句法映射关系是否具有普遍性,在语言类型比较的时候就成了一个突出的问题。

耶利内克(Jelinek 1995)关注海峡萨利希(Straits Salish)语的量化手段,这种语言在形态上没有名动之分,传统意义上的名词和动词在萨利希语中都以词根的形式出现,在所能搭配的词缀类型上也无区别。萨利希语也属于前文提到的代词性论元语言,词根与代词性的词缀组合,而实际提供论元的表达并不占据论元位置,这为量化词辖域以及语义组合都带来了影响,也促使耶利内克相信此类语言中没有典型的 D -量化手段,而只有 A -量化手段。

维埃拉(Vieira 1995)考察阿苏里尼(Asurini)语的量化手段,与萨利希语类似,阿苏里尼语也是一种代词性论元语言,维埃拉总结认为该语言和萨利希语一样不含有 D -量化手段,*all*、*many*、*two* 等量化概念都不是通过限定词来表达的,而是通过副词、动词和名词等范畴来表达。

比特纳(Bittner 1995)考察爱斯基摩(Eskimo)语,认为其量化手段也可以分为 A -量化和 D -量化两类。虽然分类相同,但由于这种语言含有丰富的形态学手段,爱斯基摩语允许分裂式的量化结构,其中量化成分在句法位置上与其量化对象相对独立,量化关系及量化辖域是通过与量化成分同标的词缀来标记的,这种相对"另类"的量化结构对于实现意义表征的组合性要求提出了关键性的挑战。

巴赫(Bach 1995)考察海斯拉(Haisla)语(一种多式综合语)中的量化手段,将其从形态学角度分为两类——由词根表达的量化手段和由词缀表达的量化手段。虽然这种语言没有词汇层面的动名区分,但巴赫的研究则试图联通形态学层面的量化手段和词汇层面的量化手段,认为海斯拉语中的词根型量化手段类似英语等语言中的限定词量化手段,而词缀型量化手段则可与我们更熟悉的副词量化手段形成类比。之所以认为海斯拉语词缀型量化类似英语副词量化,是因为这种语言中词缀在功能上只能被理解为修饰语、附加语或者函项,但是无法为函数提供论元,在意义贡献上更类似副词;而词根型量化手段则在功能上对应限定词,有时则对应于表达广义量化词的名词短语。可见,对于没有明确名动之分的语言,量化手段的 A / D 之分也可能对分析这类语言的量化手段分类有所启发。

这本文集中有一些研究探讨量化范畴在自然语言中的本质,指出了量化——这一在逻辑研究中具有独立地位的概念范畴,在自然语言中可能具有不同的本质,并不一定是原生的独立范畴。

埃文斯(Evans 1995)考察玛雅利(Mayali)语中的 A－量化手段,指出有些含有量化义的词缀在辖域表现是具有选择性的,只能约束特定位置上的变量,而不是如英语中的量化副词那样可以约束辖域内所有的自由变量。埃文斯认为这种差异的根源是:这些词缀除了量化逻辑语义之外,还含有词汇义(如表示"在一起同时同地行动"),而此类词汇义在施动性上的差异则导致了其关联对象上的差异。埃文斯的分析提示我们关注量化研究中很重要但是不一定受到充分重视的问题:量化意义的认知基础是什么?逻辑学中,量化是一个具有特定表现的、独立的概念范畴;而玛雅利语量化现象兼具逻辑义和词汇义,这似乎说明,人类认知中,量化并不一定是一个独立的原生范畴,而是从穷尽性、完全性、协同努力等认知概念中生发出来的(即 nascent quantification)。埃文斯所提出的涌现主义的视角与催生量化研究的理性主义视角不同,关注从具体意义到抽象量化义的发展过程,对于这类过程的探索可以为自然语言量化成分意义本质的分析提供重要线索。

哈斯普马特(Haspelmath 1995)从语法化的角度考察 all 和 every 及其在其他语言中对应形式的语义演变。他认为意为 all 的量化义来源于表示 whole 的形容词,后者和前者都有全部、完整的意思,而后者主要形容单一事物的全部,前者则进而表示集合的全部,遂有了逻辑上的全量义。此外,all 的全量义还可能源自聚集义、至 x 的尽头的意思[亦参考黄瓒辉(2021)对于"都"的分析]。every 与 all 的主要差别在于前者不与复数名词短语搭配,every 义的表达,其来源有三,一个是来源于任选义,由 which 加表示 also、even、or 的成分发展而来;一个是源于表示 along、through out、all over 等处所义的介词,处所义进而扩展至表示地点或者时间间隔与某个含有多个部分的事件之间的分配关系,而后表示我们更熟悉的基于个体的全量分配义;另一个则是由 all 发展而来。对于量化表达,一种常见的争议便是某个参与表达量化解读的成分是否真的在逻辑上对应量化算子,在从形式化理论上无法解决争议时,也许历史语言学的视角可以为我们提供重要的线索。

该文集中对允许量化解读但又似乎不含有显性量化算子的成分或者结构也给予了充分的关注,相关的研究旨在探讨这些结构或者成分的量化解读的根源是什么,是本身就含有量化算子,还是句中其他部分所含的量化算子(如存在封闭)导致了相关成分或结构具有量化解释,又或者含有这些成分和结构的句子并不具有真正的量化解读,只是在一些情况下在解读上类似量化句而已?

基耶尔基亚(Chierchia 1995)关注意大利语的无人称(impersonal)主语 si 的用法。si 可以表类指,在阶段性(episodic)的环境中则可表存在义,且与英语复数名词不同,si 不能与表示与表种属义的谓词(kind-level predicate)搭配;si 在与代词构成回指关系时也受限制,只能由反身代词回指,而不能允许非反身代词以及零形式 PRO回指,此外,它还可以控制不定式从句中 PRO 的意义解释,并充当 si 的先行词;在条件句中,si 的解读则可随条件句后件中所含量化副词而变。基于上述表现,基亚尔基亚认为 si 的语义贡献主要是充当算子,其功能是对主语位置的论元进行存在封闭,并将论元的赋值范围限制为某一个由人组成的复数集(该集合可能是语境中的某个人的集合,也可能是所有人的集合),其赋值范围的任意性由下标 arb 标记,si 的这种定义方案使得它与正常的 NP 从形式表征上得以区分。基耶尔基亚的分析可以自然地解释 si 的存在解读,而其类指解读则是由约束情境的类指算子所赋予的,因为 si 所输出的是基于个体的存在量化,因此它本身与类指义谓词不匹配。回指上的限制则由 si 所约束的变量具有任意性这一点来解释,因为非反身代词本质上含有指称性,与任意性不兼容,当然无法与之形成回指关系;而反身代词只是表示构成语义关系的两个实体是相同的,不具有指称性,不定式从句中的 PRO 亦不具有指称性,因此与 si 所约束变量的任意性要求不冲突。表面上 si 可以回指前文出现的 si,而基耶尔基亚则认为这只是表象,后出现的 si 还是表存在量化,而回指关系则是因为两者约束的变量都具有任意性而产生的意义相似性导致的。而在量化副词约束环境下的 *si* 所显示出的多义性则是因为量化副词具有取消存在封闭的能力。基耶尔基亚对于量化意义可变性（quantificational variability）的分析借鉴了海姆（Heim 1982）的 DRT 理念，但是 *si* 却不需要遵守海姆所提出的无定名词需要引入新个体（novelty condition）的理念，这点还是由 *si* 所约束变量所含的特殊要求来解释，其约束的是某个语境决定的人的集合，而不轻易引入新的集合。基耶尔基亚的分析虽然吸收了动态语义的理念，但其形式化表征上还是非动态的，并不复杂。形式化分析的根本目的是为解释语言现象提供可行方案，而不是只求形式系统本身的面面俱到，这一点巴怀士和库珀（1981）曾强调过，在基耶尔基亚的分析方案中也得到了体现。此外，基耶尔基亚的分析也说明，一个量化成分可能具有多种用法和复杂的句法、语义、语用表现，而我们不需要因此就认为该成分允许多种形式化定义，而是应当尽量地从其语言表现中剥离出不同层面的因素以更有效地发现出其意义的本质。

达亚尔（Dayal 1995）探讨印地语关系从句的量化语义解释。印地语的关系从句，是通过句子左缘的相互关联结构（correlative structure）与主句中代词形成关联来实现的。达亚尔提出，该相互关联结构含有全称量化，与所关联的代词形成算子-变量的约束关系；同时，此类结构还带有隐含的最大化算子，取出符合条件的最大的（单数或复数性）个体，而针对该最大化个体所施加的全称量化则可以产生全量或者唯一性的表达效果。除了全称量化解读，此类关系从句还呈现出量化多样性，达亚尔认为，此类结构中的算子-变量约束关系中默认的算子是全量算子，但若句中其他成分也可以施展量化力，则全量算子可以被该算子替代，从而呈现出多样的量化解读。达亚尔所关注的量化现象是由特殊的句子结构所带来的，而这类结构并不含有显性的量化算子，这就从一定程度上拓展了量化理论的适用范围。当然，此类结构的意义解释中是否必须假设一个隐含的全量算子，唯一性或者有定性是否一定需要全量算子来表征,还是仅靠最大化算子就可以得到,这一点是有争议的。有定性与全称量化的关系,这一问题也是语义中的经典争论。

雅各布森(Jacobson 1995)考察英语自由关系从句(free relative)的意义解释。和有定短语一样,自由关系从句似乎含有全称量化义,在一些情况下可以以全量短语替换句中的疑问词保持句义不变。然而,雅各布森指出,该结构的"全量"义并不是由逻辑上的全量算子导致的,由疑问词引导的关系从句并不表达量化关系,而是表达最大化,从相应的名词域中取出一个最大化的复数实体,因此乍看之下含有全部、唯一性的意思。雅各布森虽然关注的是关系从句,但其实探讨的是一个量化理论中一直以来的热点问题,即表有定的成分到底具不具有全称量化义,而雅各布森的研究显然认为此类成分或结构并不表达完整的量化关系,而是仅含有一元的针对名词域的最大化操作。最大化操作和全量关系常常被不同的学者用来定义同一个语言表达,这种争议促使我们思考两个概念之间的关系和差异,也让我们在定义看似表达"全部"的意思的成分时要更谨慎,要考虑是否用更简单的一元关系刻画其用法。

波特纳(Portner 1995)发现动名词作主语时,和复数名词一样,在不同的环境下允许不同的解读,而两者的差异在于主语位置的动名词短语,而非后者可以获得有定的解读。对此,波特纳认为两者本身都不含有量化力,复数名词的初始位置在 VP 内部,因此其引入的变量可以受到 VP 所含存在封闭的约束,从而获得无定的解读。而动名词并不产生于 VP 内,而是在表层主语位置原始生成的,因此无法受存在封闭的约束,在语义上主语位置的动名词可以充当话题,从而带上了有定的解读。动名词中还可分为两个子类,ACC-*ing* 型(*John kissing Mary*)以及 Poss-*ing* 型(*John's kissing Mary*),两种动名词充当动词补足语时,若句中存在量化副词(如 *always*),则 Poss-*ing* 型的补足语可以映射到量化结构的限定域,而 Acc-*ing* 型的,则被映射到核心域并受到 VP 中存在封闭的约束。由此,波特纳认为 Poss-*ing* 型的动名词本身具有有定性,而其所含的预设则被映射到了限定域中。虽然动名词本身不含有量化力,却能通过被句中显性或隐含的量化算子约束而获得量化解读,而其与量化副词的互动,则说明了明确量化结构映射方式的重要性。

《自然语言中的量化》这本论文集中还有一些针对某一类量化词的个案研究,深入探讨量化与一些其他的语义概念(如有定性、可数性、分配性等)的关系。

比特纳和哈勒(Bittner & Hale 1995)关注瓦尔皮利(Warlpiri)语中类似数词和"很多"的量化手段,发现此类意义在瓦尔皮利语中通过名词性的表达来实现。瓦尔皮利语中的数词可以获得无定、谓词性以及有定三种解读,无定解读和谓词性解读(若假设表示数的名词性表达修饰一个隐形名词短语)比较容易解释,而数词表达获得有定性解读则显得相对特异,因为相比而言,英语中的 *one* 是无法表示 *the one* 的意思的。对此,比特纳和哈勒假设瓦尔皮利语的数词本身具有名词性,但允许语义类型转化,可以从<e, t>类型转换为<e>类型,并针对其语义类型转换提出如下的限制:对于 a 类型的句法范畴 x,如果 x 范畴的成分也可以表达类型 b 的意义,则这类范畴可以转化为语义类型 b。因为瓦尔皮利语的数词是名词性表达,属于<e, t>类型,而该语言中具有<e>类型的专名也属于名词,这种范畴上的共通之处促使数词可以被转化为<e>类型,从而获得有定的指称性解读。与瓦尔皮利语不同,英语数词在范畴上更类似形容词,因此不允许从<e, t>到<e>的类型转换,也无法获得有定性的解读。由此,可以看出,比特纳和哈勒并不认为英语数词以及 *many* 是典型量化限定词,它们更类似于形容词的表达。还有一个重要的启示有关语义类型转换,作为一种为了语义顺利组合而设置的操作,语言类型转换操作不是随选随用的,而是应该考虑其所适用的具体条件。虽说比特纳和哈勒认为 *one* 只具有形容词性解释,不具有名词性解释,这一点在学界可能有争议,但他们为语义类型转换设置条件的做法是值得学习的。

吉尔(Gil 1995)从语言类型比较的角度考察全称量化与分配性的关系。此处的"分配性"指的是量化成分相对于谓语是否只允许分配性的解读,是否不与集合性谓语相容。吉尔认为英语非全量的量化词在分配性上没有要求,都可以与集合性谓语相容,相比之下,分配性与全量的联系则更紧密。而基于英语及其他语言的考察,吉尔根据在分配性上的表现将全量成分分为两类,一类对分配性无要求,一类则与集合性谓语或者谓语的集合性解读不相容,因此具有分配性,而这类量化成分根据其关联对象还可以继续分为两个子类,一类与分配关系中的分配关键词(sorting key)关联,而另一类与分配关系中的分配成分(distributed share)关联。吉尔认为分配关系是一种有标记的语义关系,往往需要显性的词、形态标记或者特殊结构来实现,特殊结构包括重叠式以及带有特殊标记的数词等。分配性与全量的关系是一个重要的议题,吉尔的类型学考察显示分配性是全量的一个子类;同时,也有语义研究运用全量逻辑来定义分配性。那么怎么区分分配性全量成分和对分配性无要求的全量成分(即可以与分配性或集合性谓语兼容的全量成分)呢? 可能的解决方案是给分配性全量成分一个更严格的定义,如定义清楚该成分针对什么样的实体继续分配,基于单数个体,复数个体还是单复数个体都允许。吉尔的研究还引出一个问题:如果说分配关系是一种有标记的语义关系,那么怎么解释一些句子在分配上的歧义呢(即允许集合性解读以及分配性解读)? 这种情况下的分配性解读是无标记的,一般需要通过假设隐性分配算子来获得,又或许我们可以认为,在没有显性标记的情况下,在有些语境下浮现出的分配性解读并不是句子的真值条件义。

希金博特姆(Higginbotham 1995)试图在针对可数和不可数名词域的量化手段之间建立联系,指出不可数名词域不适用基数式(cardinal)的量化手段,但是其他的量化手段可以针对这种特殊的名词域进行操作,并且通过设置测量(measure)这一函数建立起不可数名词域和可数名词域中对应的量化手段之间的联系。广义量化词理论原本只关注由个体组成的集合之间的关系,自然不适用于不可数名词域,但希金博特姆的研究说明,这种局限并不足以推倒广义量化理论,只要引入分体论的理念来表征不可数名词的意义再加上测量函数的映射,就可以将不可数名词域转化为与可数名词域类似的对象,并允许量化算子对之施加类似的操作。

此外,这本论文集中还有多篇研究着重讨论了量化逻辑与其他因素的互动关系,包括除了量化词以外的部分词汇语义、相关句子的形态–句法结构、信息结构、预设信息、语境信息等,说明量化逻辑结构为句子提供了解释的框架,而量化结构中的具体内容的填充和句子最终解读的获得则需要考虑上述诸多因素的综合作用。

科摩罗夫斯基(Comorovski 1995)关注 there-be 结构中 be 动词后名词短语的意义限制,指出,there-be 结构有两种用法:一种表示存在,这种情况下,there-be 结构中内嵌的名词短语及剩余部分通过合取的方式组合起来,然后接受 there-be 结构所表达的存在量化的约束,存现句中名词短语的限制主要取决于量化理论里一直在讨论的强弱之分;另一种则表示存现(presentative),在这种情况下,be 与内嵌结构尾端的成分先组合为复杂的谓词,而谓词再与 be 后的名词短语组合,这导致该名词短语属于我们一般所说的新信息,因此其意义需要满足能够引入新实体的要求。在广义量化词理论中,there-be 结构与名词短语的兼容问题一直被看作测试量化词强弱特性的方法,而这项对于该经典测试结构的深入研究则促进对这一结构本身的特点与量化义之间的关系做更多考量,所涉及的因素包括语义组合顺序、信息结构映射以及结构中除去 there-be 以及名词短语之外的部分的意义贡献等。

德·霍普(De Hoop 1995)亦关注量化词的强弱之分与 there-be 结构的关系。量化词强弱一般可用是否与 there-be 结构兼容来确定,而强弱之分的意义本质是什么,对此,学界也从是否在话语中引入新的实体,是否会导致永真句或矛盾(Barwise & Cooper 1981)、是否含有存在性(Keenan 1987)等角度去刻画。德·霍普认同量化限定词本身的强弱在很大程度上决定了其与 *there-be* 类结构是否兼容,但她也指出了量化限定词的强弱与量化词的强弱解读的差异,前者关乎逻辑本质,独立于语境信息,而后者则与语境关系紧密。她用语言事实说明一般认为的弱量化词(如 *some* N)也可以有强量化解读,而强量化词在某些环境下也可以转化为弱解读。在她的讨论中,强量化解读对应部分解读(partitive reading,如 *some of the* N),而弱量化解读则对应谓词性的解读,在语义上仅引入变量。此外,她还基于荷兰语与英语的对比,指出强弱解读的允准还与句法环境有关。德·霍普的分析一定程度上解释了为何强弱之分的边界有时候不甚明晰,其根本原因在于这牵涉句法、语义和语用层面的综合因素。由此可见,强弱之分因形式语义研究而受人关注,而这方面的深入研究则体现了语义与其他模块的交互关系,是逻辑语义研究与语言学体系深度融合的体现。

帕蒂(Partee 1995)详细讨论了量化结构映射与组合性的关系,她认同海姆(Heim 1982)的观点,认为三分结构(tripartite structure)可以作为一种统一 D-量化和 A-量化的量化结构表征方式。所谓三分结构,即算子(operator)、限定域(restrictor)、核心域(nuclear scope),本书也沿用了这套量化结构术语。三分结构作为量化理论的抽象表征,要令其有语言学意义,就必须说明其与自然语言之间如何建立映射关系。而帕蒂(Partee 1995)基于英语、瓦尔皮利语、美国手语、萨利希语的已有研究,对映射关系的建立提出了各种不同的策略,按照语言形态、句法结构、语境信息、信息结构等关系对映射方式进行梳理,尤其她指出三分结构映射除了广义量化词理论所关注的这种 D-量化的映射方式外,结构中的算子和限定域部分可以是由隐性成分提供的,其中限定部分可由句子信息以及预设包容(presupposition accommodation)的机制共同提供,而算子则可能是由于变量需要被约束的强迫性需求

(coercion)而出现的,此外,三分结构还可以由句子的背景-焦点结构以及话题-述题结构所决定。帕蒂对三分结构的讨论为考察量化意义和语言结构的关系提供了一个非常具有可操作性的理论模板,本书多次提到汉语"都"的不同量化结构映射方式与其显示出的各种意义解释之间的关系,可以说是帕蒂这项研究的延续探索。帕蒂还强调一般认为算子相对其他两个部分占据句法上更"高"的位置,但在有些句子中(如条件句中)其实限定域在表层占据更高的句法位置,而且限定域的内容往往受到预设、话题、语境等因素的影响,而这些影响并不由约束限定域的算子来决定,例如"*Cats land on their feet.*"中,限定域并不是所有的猫,而是往下跳的猫,这是人们在解读句子时补充的信息,与约束猫的量化算子无关。量化域的选择注定是要和语用因素缠绕在一起,这也说明自然语言量化研究不可能是单靠逻辑表征就能解决的语言问题。

彼得罗尼奥(Petronio 1995)考察美国手语的量化手段,说明量化解读与动词意义类型以及形态标记间的关系,也指出量化解读一定程度上也受语境限制。

罗伯茨(Roberts 1995)从动态语义视角指出量化结构的限定域往往无法仅由句法结构或者量化算子所关联的成分本身的语义来决定,而是需要考虑语境因素。此处的动态语义视角,主要是指从共识建立与更新的角度去看待限定域中所涉及的语境因素。具体而言,会话双方共识的建立取决于言者对于限定域的相关预设是否能被听者顺利地基于语境信息提取出来。预设可能是规约化的,也可能是话语中某些信息所隐含的需要推理才能提取到的。尤其在(含有模态算子的)非真实语境之后若续接表达真实情况的句子,且该句中含有代词回指前文,此时模态算子约束的无定短语在逻辑上并不表示真实世界中存在相关实体,因此要顺利理解类似话语的意义,听者就必须通过预设包容的机制将相关实体的真实存在添加到共识中。量化只有跳脱逻辑的局限,充分考虑语用层面的意义贡献,才能更准确地把握量化句的意义。

综上所述,《自然语言中的量化》这部论文集突破了从英语事实出发的量化研究视角,也跳脱了广义量化理论所建立的名词短语为中心以及 D-量化手段为中心的研究范围,考虑到更多的语言类型、语言因素和语义概念,所得的研究成果加深了读者对于量化范畴的自然语言实现机制的认识,也有助于促进跨语言视角下对于当时已有的有关英语的量化研究成果的再认识。

3.《量化的策略》(*Strategies of quantification*, Kook-hee Gil et al. eds. 2013)

吉尔等人编的《量化的策略》进一步反映了量化研究与自然语言的深度融合,文集分为两大主题,其一是量化手段的跨语言考察,凸显了不同语言中量化手段各自的特异性,是对于量化手段普遍性的深度反思;其二是自然语言量化现象的界面研究,强调对于量化成分以及极性敏感成分的形态学构成以及量化手段的句法实现方式与句法限制,凸显句法、语义与形态三者在表达量化关系时的交互作用。

马修森(Matthewson 2013)考察利鲁艾特语(Lillooet 语又称 St'át'imcets 语,是内陆萨利希语族的一种语言)中的量化手段,认为广义量化词解释不适用于这种语言,由于其量化手段的特殊句法组合方式,量化在这种语言中可以拆分为量化关系的表达以及量化域的确定两个子过程。马修森还基于跨语言的观察,指出广义量化词理论"(限定词+名词)+谓语"的句法-语义分析并不具有普适性,并非所有语言都含有限定词,有些语言中表达量化关系的成分与限定词短语而非名词相组合。鉴于量化并非一个整体的、统一的、原始不可分割的概念,也许对于量化的跨语言考察不应从整体上着眼于所有量化手段,而是应针对个别子类(如全称量化手段)开展更细致的对比,如此会生发出更深的理论意义。

齐默尔曼(Zimmermann 2013)考察豪萨(Hausa)语的量化手段,指出其中的强弱量化词具有不同的句法分布,而这种差异源自其语义差异,强量化词表达典型的广义量化关系,而弱量化词本质上则是谓词性的,起到修饰的作用。齐默尔曼在探讨豪萨语种量化词的强弱之分时,称"二元量化关系"与"修饰语/谓词"这种区分为"现有的语义理论"(existing semantic theories),由此可见当时名词短语的广义量化词解释并非绝对具有普适性这一点已经得到广泛的认可。齐默尔曼也描写了豪萨语中特殊的表达全量义的手段,即 *wh*-成分+析取性成分 *koo*,全量义产生的机制为 *wh*-成分产生选项,而析取性成分的功能则相当于布尔代数中的"并"(join)操作,能够将选项合并为一个集合,从而产生全部的意义。齐默尔曼没有进一步探讨此类结构对于分配性的影响,因此我们无法确定这种表达方式所产生的"全部"的意思是不是典型的带有分配性要求的全量关系(即能否通过全称量化来构建集合中的成员与谓语语义之间的匹配关系),还是属于更简单的操作,即仅仅将选项加合在一起组成"最大化"的复数性集合。无论是哪种"全部"的意思,豪萨语的全量表达都为我们进一步拆解全量关系提供了启示。

巴卢苏和贾赛兰(Balusu & Jayaseelan 2013)探讨达罗毗荼语系(Dravidian family)语言中重叠式的量化意义。其中,巴卢苏指出泰卢固(Telugu)语用数词重叠表达分配义,此类结构所表达的分配关系中的分配关键词可以是时间间隔、空间间隔或个体所组成的集合。为了赋予这三种分配关系一个较为统一的解释,巴卢苏认为泰卢固语的分配关系是基于事件来构建的,数词重叠会促使引入一个分配算子,事件可以按照时间或空间维度划分为若干子事件以充当分配关键词。一般而言,事件需要划分为多于一个子部分,以构建分配关系;一些情况下,数词引入的分配性可以是平凡的(即事件的划分本身是平凡的,并未分成多于一个子部分),此时谓语部分所含的分配算子可以进一步在这个唯一的事件内部形成分配关系,将主语所表达的复数集合中的成员分别与谓语语义相关联,从而在事件的内部形成个体性成员与谓语语义的分配关系。在巴卢苏的分析中,分配关系是由全量算子来表征的,而分配关系的建立需要事件这种实体来加以协调。这提示我们，当量化域为隐形时（比如说涉及时间、空间这样没有在句子里显性表达出来的维度），可能需要引入事件来表征隐含的量化关系。巴卢苏的分析中数词重叠式相当于 *each*，本身就具有分配义，因此若要得到有关个体的分配解读，必须假设重叠式的分配性是平凡的，并再假设一个由谓语引入的分配算子来构建事件层面内部的分配关系。这只是一种分析方法，我们也可以假设：重叠式本身不具有分配性，只是由于引入了分配成分而激发了谓语部分的分配算子，如此便不需要对同一个句子分别假设两个分配算子了。贾赛兰考察马拉雅拉姆（Malayalam）语中表分配的重叠式回指成分 *awar-awar*，该成分与一个在句法上控制它的复数性成分形成回指关系，由此复数性成分会充当分配关系中的分配关键词，贾赛兰认为 *awar-awar* 是类似 *each* 的成分，本身具有量化义。回指性成分引发的分配解读不允许时间或空间间隔充当分类关键词，若要得到相应的解读，则要使用表达分配的数词结构。此处的问题和泰卢固语的分析一样，我们似乎无法确认分配性的数词结构或重叠式回指结构到底本身含有量化义，还是仅起到标记分配关系中的参与者，从而激发分配解读的作用。若是后者，则也许分配关系是由谓语部分隐含的分配算子来主导的。

坦克雷迪和 Yamashina（2013）分析日语 *wh-mo*（も）结构的意义。不同于克拉策和霜山纯子（Kratzer & Shimoyama 2002）基于选项语义学和广义量化理论的分析，坦克雷迪和 Yamashima 认为も并不具有完整的全称量化义，而是基于疑问词所引入的集合构造复数体，这有助于解释为什么当句中存在其他非全量的量化副词时，疑问短语所引入的个体可以被非全量的量化副词所约束，而不一定受到全量算子的约束；而当句中不存在其他量化成分时，句子所浮现出的全量解读也不是も本身的意义贡献，这种量化解读来源于隐形的分配算子。

加斯特（Gast 2013）分析对焦点敏感的量化成分的意义分析，

认为含有此类成分的句子,其意义可以分为两个命题:焦点敏感算子辖域内命题(亦称为 prejacent),以及焦点敏感算子引发的量化命题(亦称为 annex)。而根据量化命题属于句子的预设还是断言,可以将算子分为非断言型(non-assertive)与断言型(assertive)。由此,焦点敏感的量化算子可以从三方面来分析其意义,包括:算子本身所含量化力为何,其量化域是否有梯级性要求,其量化命题是否属于断言(亦参考 Horn 1996,Hole 2004、2006)。此外,加斯特也试图构建焦点敏感算子与经典量化词对当方阵间的关系,指出有一些成分可以直接表达 NOT ALL,NOT SOME 这样的意义,而不需要诉诸否定成分。焦点敏感的量化算子的研究显示出量化现象可以影响意义的不同层面,包括我们熟悉的真值条件义层面,也可以涉及预设的层面,而量化域的构成方式也比传统熟悉的个体域要复杂,可以是梯级选项,而量化域的成员的性质也可能令量化关系在语言的实际使用中带上更丰富的意味。

郑礼姗和詹纳基杜(Cheng & Giannakidou 2013)考察汉语疑问词的非疑问用法,将其分为两大类,即内涵性与非内涵性疑问词。内涵性疑问词本身含有一个有待约束的可能世界变量,因此无法出现在表达真实的偶发事件的肯定语境(episodic positive context),同时根据约束变量的量化算子不同,相关句子可以呈现出不同的量化义。鉴于此类疑问词的出现常常伴随"都",郑礼姗和詹纳基杜认为"都"并非全量成分,而是针对疑问词所引入的个体域的最大化操作,而句子所呈现出的全量解读则是由隐性分配算子引起的。汉语疑问词的分布及"都"与之共现,其理论解释不止一种,本书第六章已对这一问题以及她们二者所讨论的问题做了详细的分析。无论郑礼姗和詹纳基杜的分析是否能够解释汉语疑问词以及"都"的意义本质,其中体现的将全量关系分解为量化域限定操作以及分配操作的思路都值得关注,这种思路在"都"以及其他语言的类似成分的分析中都有提出,这意味着不少学者都开始觉得广义量化词并不是原始不可分割的概念。

　　吉尔和楚拉斯(Gil & Tsoulas 2013)试图从最简方案理论内部解释为何一些语言(如韩语、日语、马拉雅拉姆语等)中疑问词+合取成分的结构常与否定成分共现。对此,他们认为此类结构并不是对否定敏感,而是与否定成分构成了否定协同。此类结构含有否定特征,可以与句内否定成分形成探针(probe)与目标(goal)的一致性关系;此外,此类结构也可以被情态成分的Mood特征所允准,这种情况下,则是后者与前者形成探针-目标的关系。吉尔和楚拉斯基于否定协同的句法分析存在一个问题:虽然此类结构的确可以与否定共现,也可以不需要否定和情态而独立出现,并浮现出全称量化义,但这种句法驱动的分析的解释力有所不足。

　　上田由纪子(Ueda 2013)在最简方案的框架内讨论另一个量化理论的经典议题——辖域歧义。经典的句法理论使用量词提升来构造语义解释与句法结构之间的对应关系。上田由纪子提出了基于语段的方案,通过量化特征的匹配以及语段不可穿透条件(phase impenetrability condition)来解释辖域歧义的句法机制。如若量化短语的量化特征匹配与量化短语的成分统制关系一致,则相关句子没有辖域歧义,而若两者不一致,则句子会显出辖域歧义。最简方案的框架不受制于语言是否允许量词提升这一参数设置,因此从跨语言的角度看更简洁。

　　渡边明(Watanabe 2013)关注极性敏感成分的内部语义构成,极性敏感成分倾向于出现在某些量化算子的辖域内,因此在量化研究中常常会触及这一问题,而一般往往也是从允准环境这个外部视角去考察极性敏感成分的表现,即认为某种量化算子的辖域是极性敏感成分的诸多允准环境中的一种。而渡边明则主张从内部视角研究极性敏感成分,观察其形态学构成,如其中哪个部件决定了其对否定或肯定环境敏感或呈现出梯级性。此外,极性敏感成分也可能与形态学构成与之类似的否定协同成分形成竞争关系,而表现出特殊的极性敏感现象。这提示我们在考察极性敏感现象时,需要更关注相关成分的形态学构成,以及与其他类似成分之间的系统关系,也预示着量化研究与语言中其他现象之间的深度交织。

戴维斯·H.(Davis H. 2013)考察萨利希语中的量化手段,他赞同耶利内克(Jelinek 1995)的经典分析认为萨利希语因其特殊的形态学类型特征而缺乏典型的广义量化词,但是萨利希语的确含有嫁接到 DP 上的表量成分,不过他认为此类成分的语义并非表达二元量化关系,而是通过最大化操作来达到类似全量的效果。此外,他也对萨利希语中 A -量化手段的复杂性或者说异质性进行了研究,指出:有的 A -量化手段包含句法层面的位移,而有的则不包;量化词对其约束的变量的意义类型可能具有选择性,而非不加选择地约束所有辖域内的变量,比如只约束个体变量而非事件变量;量化词和其量化域在表层句法上的分裂,可以通过假设 LF 层面上量化域的位移来解释。

斯托厄尔(Stowell 2013)探讨 *each* 的各种用法之间的联系,尤其关注位于 VP 内无定名词短语后的 *each*(又称 binominal *each*,即关联名词性成分的 *each*),如(8a)所示。对于此类结构的生成机制,有研究认为(8a)和(8b)一样都属于以 *the boys* 为量化对象的量化词 *each* 向右漂移的结果,也有研究认为(8a)的 *each* 是在其联合的名词短语内部基础生成的。

（8）a. The boys have read three books each.

b. The boys have each read three books.

斯托厄尔认为 binominal *each* 和(8b)的 floated *each* 在句法上具有相似性,两者都处于 VP 的外层。之所以导致(8a)的表层结构,首先是无定名词短语左移,而后,VP 余下的部分 *read* 也左移,最后导致 *each* 位于线性顺序上的末位。至于为何无定名词短语会左移,是受到功能性投射 DistP 的驱动,无定名词短语需要左移占据 DistP 的标志语位置以充当分配成分。斯托厄尔(Stowell 2013)也注意到 binominal *each* 的出现往往需要特定名词短语的允准（主要是无定名词短语），对此，他认为在其他 *each* 的用法中，隐形的事件论元可以充当分配成分以占据 DistP 的 spec，但是事件论元不是 VP 的组成部分，无法标记 VP 剩余部分的位移，因此在这种用法中，*each* 不会出现在句尾。斯托厄尔基于分配性功能投射的分析主要是为了解释 *each* 各种句法分布之间的关系，但从语义的角度看，他的分析也提示我们分配关系的分析要注意各个部件所含的是什么类型的实体，这方面的因素可能会限制分配关系在语言中的体现，也可能会影响有关分配成分的句法-语义解释。

参 考 文 献

陈振宇 2019 《间接量化——语用导致的全称量化》,《东方语言学》第十辑,上海教育出版社。

崔希亮 2001 《语言的认知与理解》,北京语言文化大学出版社。

冯予力 2016 《论"大部分/大多数"的多重语义类型及其形式化定义》,第五届中国句法语义论坛报告,同济大学 2016 年 10 月 28 日—30 日。

冯予力 2018a 《语言、逻辑与意义:论语言中数量表达的语义刻画》,复旦大学出版社。

冯予力 2018b 《最大化操作在语义研究中的解释力——兼论其应用于汉语时的问题》,《外国语》第 5 期。

冯予力 2019 《全称量化逻辑与英汉全量限定词的语义刻画——以 every 和"每"为例》,《外语教学与研究》第 2 期。

冯予力 2022a 《汉英对比视角下全量表达的"非全量"用法》,《外语教学与研究》第 1 期。

冯予力 2022b 《跨语言对比视角下"哪+CL+N"短语的意义本质》,《复旦外国语言文学论丛》第 2 期。

冯予力 潘海华 2017 《集盖说一定必要吗?——谈集盖说在语义研究中的应用及其局限性》,《当代语言学》第 3 期。

冯予力 潘海华 2018 《再论"都"的语义:从穷尽性和排他性谈起》,《中国语文》第 2 期。

何自然 冉永平 2002 《语用学概论》(修订本),湖南教育出版社。

黄瓒辉 2021 《从集合到分配——"都"的语义演变探析》,《当代语言学》第 1 期。

黄瓒辉 石定栩 2013 《量化事件的"每"结构》,《世界汉语教学》第 3 期。

蒋静忠 潘海华 2013 《"都"的语义分合及解释规则》,《中国语文》第 1 期。

蒋严 1998 《语用推理与"都"的句法／语义特征》,《现代汉语》第 1 期。

蒋严 2009 《梯级模型与"都"的语义刻画》,载程工、刘丹青编《汉语的形式与功能研究》,商务印书馆。

蒋严 2010 《形式语义学导论：导读》,载罗尼·卡恩（Ronnie Cann）著《形式语义学导论》,世界图书出版社。

蒋严 2011 《"都"的形式语用学》,载蒋严编《走进形式语用学》,上海教育出版社。

蒋勇 2015 《"都"允准任选词的理据》,《当代修辞学》第 5 期。

李宝伦 张蕾 潘海华 2009a 《分配算子"各"及相关问题》,《语言暨语言学》第 2 期。

李宝伦 张蕾 潘海华 2009b 《汉语全称量化副词／分配算子的共现和语义分工：以"都""各""全"的共现为例》,《汉语学报》第 3 期。

李昊泽 2019 《分配意义的制约：论汉语分配词"各"》,复旦大学中文系报告。

李文山 2013 《也论"都"的语义复杂性及其统一刻画》,《世界汉语教学》第 3 期。

李文浩 2013 《"都"的指向识别及相关"都"字句的表达策略》,《汉语学报》第 3 期。

李小凡 张敏 郭锐 2015 《汉语多功能语法形式的语义地图研究》,商务印书馆。

李行德 徐烈炯 魏元良 1989 《上海话 ze 的语义及逻辑特点》,《中国语文》第 4 期。

刘丹青 徐烈炯 1998 《焦点与背景、话题及汉语"连"字句》,《中国语文》第 4 期。

吕叔湘 1980《现代汉语八百词》,商务印书馆。

马真 1983《关于"都/全"所总括的对象的位置》,《汉语学习》第 1 期。

潘海华 2006《焦点、三分结构与汉语"都"的语义解释》,《语法研究与探索》(十三),商务印书馆。

潘海华 胡建华 黄瓒辉 2009《"每 NP"的分布限制及其语义解释》,载程工、刘丹青主编《汉语的形式与功能》,商务印书馆。

裘荣棠 1999《"多"与"少"语法功能上的差异性》,《中国语文》第 6 期。

尚新 2011《集盖、事件类型与汉语"都"字句的双层级量化》,《外语教学与研究》第 3 期。

沈家煊 2015《走出"都"的量化迷途:向右不向左》,《中国语文》第 1 期。

苏培成 1984《有关副词"都"的两个问题》,《语言学论丛》第十三辑,商务印书馆。

王还 1983《"All"与"都"》,《语言教学与研究》第 4 期。

王还 1988a《再谈谈"都"》,《语言教学与研究》第 2 期。

王还 1988b《再谈谈"都"》,《世界汉语教学》第 2 期。

吴平 莫愁 2016《"都"的语义与语用解释》,《世界汉语教学》第 1 期。

徐杰 1985《"都"类副词的总括对象及其隐现、位序》,《汉语学习》第 1 期。

徐烈炯 2007《上海话"侪"与普通话"都"的异同》,《方言》第 2 期。

徐烈炯 2014《"都"是全称量词吗?》,《中国语文》第 6 期。

袁毓林 2005《"都"的加合性语义功能及其分配性效应》,《当代语言学》第 7 期。

袁毓林 2007《论"都"的隐形否定和极项允准功能》,《中国语文》

第 4 期。

袁毓林 2012《汉语句子的焦点结构和语义解释》,商务印书馆。

张蕾 潘海华 2019《"每"的语义的再认识——兼论汉语是否存在限定性全称量化词》,《当代语言学》第 4 期。

张蕾 2022《现代汉语全称量化词研究》,上海教育出版社。

张敏 2010《"语义地图模型":原理、操作及在汉语多功能语法形式研究中的运用》,《语言学论丛》第四十二辑,商务印书馆。

周韧 2019《"都"字的句法、语义和语用研究》,学林出版社。

周永 吴义诚 2020《汉英全称量化对比研究》,《现代外语》第 3 期。

邹崇理 2007《从逻辑到语言——Barbara H. Partee 访谈录》,《当代语言学》第 2 期。

Aloni, M. and A. Port 2010 Epistemic indefinites crosslinguistically. In E. Elfner and M. Walkow (eds.), *Proceedings of NELS*, Vol. 41, 1–14.

Alonso-Ovalle, L. and P. Menéndez-Benito 2010 Modal indefinites. *Natural Language Semantics* 18, 1–31.

Alonso-Ovalle, L. and P. Menéndez-Benito 2013 Two views on epistemic indefinites. *Language and Linguistics Compass* 7(2), 105–122.

Alonso-Ovalle, L. and P. Menéndez-Benito (eds) 2015 *Epistemic indefinites: Exploring Modality Beyond the Verbal Domain*. USA: Oxford University Press.

van der Auwera, J. and V. A. Plungian 1998 Modality's semantic map. *Linguistic Typology* 2(1), 79–124.

van der Auwera, J. and A. Malchukov 2005 A semantic map for depictive adjectivals. In Nikolaus P. Himmelmann & Eva Schultze-Berndt (eds.), *Secondary Predication and Adverbial Modification: The Typology of Depictive Constructions*, 393–

423. Oxford: Oxford University Press.

Bach, E. 1986 The algebra of events. *Linguistics and Philosophy* 9 (1), 5 – 16.

Bach, E. 1989 *Informal Lectures on Formal Semantics.* New York: State University of New York Press.

Bach, E., E. Jelinek, A. Kratzer, and B. H. Partee (eds.) 1995 *Quantification in Natural Languages.* Dordrecht: Kluwer.

Balusu, R. and K. A. Jayaseelan 2013 Distributive quantification by reduplication in dravidian. In Gil et al. (eds.), *Strategies of Quantification*, 60 – 86.

Barker, C. and C. Shan 2008 Donkey anaphora is in-scope binding. *Semantics and Pragmatics* 1, 1 – 42.

Barwise, J. 1978 Monotone quantifiers and admissible sets. In J. E. Fenstad et al. (eds.), *Generalized Recursion Theory II*, 1 – 38. Amsterdam: Elsevier.

Barwise, J. 1987 Noun phrases, generalized quantifiers and anaphora. In Gärdenfors (ed.), *Generalized Quantifier: Linguistic and Logical Approaches*, 1 – 29.

Barwise, J. and R. Cooper 1981 Generalized quantifiers and natural language. *Linguistics and Philosophy* 4, 159 – 219.

Barwise, J. and J. Perry 1983 *Situations and Attitudes.* Cambridge, MA: The MIT Press.

Beaver, D. and B. Clark 2003 Always and only: Why not all focus-sensitive operators are alike. *Natural Language Semantics* 11 (4), 323 – 362.

Beghelli, F. and T. Stowell 1997 Distributivity and negation. In A. Szabolcsi (ed.), *Ways of Scope Taking*, 71 – 108. Dordrecht: Kluwer.

Beltagy, I. and K. Erk 2015 On the proper treatment of quantifiers in probabilistic logic semantics. In *IWCS*, 140－150, London, UK.

Beltagy, I., C. Chau, G. Boleda, D. Garrette, K. Erk, and R. Mooney 2013 Montague meets Markov: Deep semantics with probabilistic logical form. In *Proceedings of the Second Joint Conference on Lexical and Computational Semantics* (*SEM－2013), 11－21.

Brasoveanu, A. 2008 Donkey pluralities: plural information states versus nonatomic individuals. *Linguistics and Philosophy* 31 (2), 129－209.

Brisson, C. 2003 Plurals, all, and the nonuniformity of collective predication. *Linguistics and Philosophy* 26, 129－184.

Brooks, P. J. and I. Sekerina 2005 Shortcuts to quantifier interpretations in children and adults. *Language Acquisition* 13 (3), 177－206.

Champollion, L. 2010 *Parts of a Whole: Distributivity as a Bridge Between Aspect and Measurement*. The University of Pennsylvania dissertation.

Champollion, L. 2011 Quantification and negation in event semantics. *Baltic International Yearbook of Cognition, Logic and Communication*: Vol. 6. https://doi.org/10.4148/biyclc. v6i0.1563

Champollion, L. 2016a Covert distributivity in algebraic event semantics. *Semantics and Pragmatics* 9(15), 1－66.

Champollion, L. 2016b Overt distributivity in algebraic event semantics. *Semantics and Pragmatics* 9(16), 1－65.

Champollion, L. and M. Krifka 2016 Mereology. In M. Aloni & P. Dekker (eds.), *The Cambridge Handbook of Formal Semantics* (*Cambridge Handbooks in Language and Linguistics*) 369－388. Cambridge: Cambridge University Press.

Chen, Li 2013 *Chinese Polarity Items*. City University of Hong Kong dissertation.

Chen, L. P. 2004 Dou-(dis) harmony in Chinese, *NELS* 35, Connecticut University, October 22 - 24, 2004

Chen, L. P. 2008 *Dou: Distributivity and Beyond*. Ph.D dissertation, Rutgers University.

Chen, Z. 2021 *The Non-uniformity of Chinese Wh-indefinites through the Lens of Algebraic Structure*. City University of New York dissertation.

Cheng, L. L. -S. 1991 *On the Typology of Wh-questions*. MIT PhD dissertation.

Cheng, L. L. -S. 1995 On *dou*-quantification. *Journal of East Asian Linguistics* 4(3), 197 - 234.

Cheng, L. L. -S. 2009 On every type of quantificational expressions in Chinese. In A. Giannakidou & M. Rather (eds.), *Quantification, Definiteness and Nominalization*, 53 - 75. Oxford: Oxford University Press.

Cheng, L. L. -S. and A. Giannakidou 2013 The non-uniformity of wh-indeterminates with polarity and free choice in Chinese. In Gil et al. (eds.), *Strategies of Quantification*, 44 - 123.

Chierchia, G. 2004 Scalar implicatures, polarity phenomena, and the syntax/pragmatics interface. In *Structures and Beyond*, 39 - 103. Oxford: Oxford University Press.

Chierchia, G. 2006 Broaden your views. Implicatures of domain widening and the "Locality" of language. *Linguistic Inquiry* 37, 535 - 90.

Chierchia, G. 2013 *Logic in Grammar: Polarity, Free Choice, and Intervention*. Oxford: Oxford University Press.

Choe, J. -W. 1987 *Anti-quantifiers and a Theory of Distributivity*.

University of Massachusetts at Amherst dissertation.

Chomsky, N. 1957 *Syntactic Structures*. The Hague: Mouton.

Comorovski, Il. 1995 On quantifier strength and partitive noun phrases. In Bach et al. (eds.), *Quantification in Natural Languages*, 145 – 177.

Constant, N. and C. C. Gu 2010 Mandarin 'even', 'all' and the trigger of focus movement. *University of Pennsylvania Working Papers in Linguistics* 16.

Cooper, R. 1975 *Montague's Semantic Theory and Transformational Syntax*. University of Massachusetts at Amherst dissertation.

Cooper, R. 1979 Variable binding and Relative Clauses. In F. Guenthner & S. J. Schmidt (eds.), *Formal Semantics and Pragmatics for Natural Languages*, 131 – 169. Dordrecht: Reidel.

Cooper, R. 1983 *Quantification and Syntactic Theory*. Dordrecht: Reidel.

Cooper, R. 1987 Preliminaries to the treatment of generalized quantifiers in situation semantics. In Gärdenfors (ed.), *Generalized Quantifier: Linguistic and Logical Approaches*, 73 – 92.

Croft, W. 2003 *Typology and Universals*, 2nd edition. Cambridge: Cambridge University Press.

Davidson, D. 1969 The individuation of events. In *Essays in Honor of Carl G. Hempel*, 216 – 234. Netherlands: Springer.

Davidson, Donald 1985 Reply to Quine on events. In E. LePore & B. P. McLaughlin (eds.) *Actions and Events: Perspectives on the Philosophy of Donald Davidson* 172 – 176. Oxford: Blackwell.

Davis, H. and L. Matthewson 2009 Issues in Salish Syntax and Semantics. *Language and Linguistics Compass* 3(4), 1097 – 1166.

Davis, H. 2010 Salish languages lack generalized quantifiers after all. SALT 20 conference presentation, Cornell University, April 29 – May 1, 2010.

Dayal, V. 1997 Free choice and -ever: identity and free choice readings. In *Proceedings of Semantics and Linguistic Theory VII*. Ithaca, NY: Cornell University Press.

Dayal. V. 1998 Any as inherently modal. *Linguistics and Philosophy* 21, 433 – 476.

Dayal, V. 2004 The universal force of free choice *any*. *Linguistic Variation Yearbook 4.1*, 5 – 40. Amsterdam: John Benjamins Publishing Company.

Deng, D. 2013 *The Syntax and Semantics of Event Quantifiers in Mandarin Chinese*. The University of Wisconsin-Madison dissertation.

Domingos, P., S. Kok, D. Lowd, H. Poon, M. Richardson, and P. Singla 2008 Markov logic. In L. De Raedt, P. Frasconi, K. Kersting & S. Muggleton (eds.), *Probabilistic Inductive Logic Programming*, 92 – 117. New York: Springer.

Drozd, K. and E. van Loosbroek 1999 Weak quantification, plausible dissent, and the development of children's pragmatic competence. In A. Greenhill, H. Littlefield & Ch. Tano (eds), *The Proceedings of the 23d Annual Boston University Conference on Language Development*, 184 – 195. Somerville MA: Cascadilla Press.

Evans, N. 1995 A-quantifiers and scope in Mayali. In Bach et al. (eds.), Quantification in Natural Languages, 207 – 270.

Fălăuş, A. 2009 *Polarity Items and Dependent Indefinites in Romanian*. University of Nantes dissertation.

Fălăuş, A. 2014 (Partially) Free choice of alternatives. *Linguistics and Philosophy* 37(2), 121 – 173.

Feng, Y. 2014 *A Semantic Study on Distributive Effects in Mandarin Chinese*. City University of Hong Kong dissertation.

Feng, Y. 2018 A new look at the semantic properties of Chinese which-phrases — A non-free-choice perspective. Presentation in the 8th International Conference on Formal Linguistics, November 23 – 25, 2018, Hangzhou, China.

Feng, Y. and H. Pan 2022 Remarks on the maximality approach to Mandarin dou and other related issues. *Language and Linguistics* 23(2), 274 – 312.

Feng, Y and H. Pan 2023 Chinese *dou* quantification. *Oxford Research Encyclopedia of Linguistics*. New York: Oxford University Press.

Fiengo, Robert 2007 *Asking Questions: Using Meaningful Structures to Imply Ignorance*. Oxford: Oxford University Press.

Frege, G. 1892 Über sinn und bedeutung. In *Zeitschrift für Philosophie und Philosophische Kritik* 100. 25 – 50.

Gast, V. 2013 At Least, Wenigstens, and Company. In Gil et al. (eds), *Strategies of quantification*, 101 – 122.

Gärdenfors, Peter (ed). 1987 *Generalized quantifier: Linguistic and Logical Approaches*. Dordrecht: Springer.

Geurts, B. 2003 Quantifying kids. *Language Acquisition* 11, 197 – 218.

Geurts, B. 2007 Existential import. In I. Comorovski and K. von Heusinger (eds.), *Existence: Semantics and Syntax*, 253 – 271. Dordrecht: Springer.

Giannakidou, A. 1998 *Polarity Sensitivity as (Non) Veridical Dependency*. Amsterdam: John Benjamins.

Giannakidou, A. 2001 The meaning of free choice. *Linguistics and*

Philosophy 24(6), 659 – 735.

Giannakidou, A. and L. L. -S. Cheng 2006 (In) definiteness, polarity, and the role of wh-morpholgy in free choice. *Journal of Semantics* 23, 135 – 183.

Gil, D. 1995 Universal quantifiers and distributivity. In Bach et al. (eds.), *Quantification in Natural Languages*, 321 – 362.

Gil, K. -H., S. Harlow, and G. Tsoulas (eds) 2013 *Strategies of Qualification.* Oxford: Oxford University Press.

Gillon, B. S. 1992 Towards a common semantics for English count and mass nouns. *Linguistics and Philosophy* 15, 447 – 480.

Grimm, R. M., Lee, C., Poortman, E. B., and Winter, Y. 2014 Evidence for non-existential readings of locative indefinites. In *Proceedings of Semantics and Linguistic Theory* Vol. 24, 197 – 212.

Hackl, M. 2001 *Comparative determiners.* MIT dissertation.

Haspelmath, M. 1995 Diachronic Sources of 'All' and 'Every'. In Bach et al. (eds.), *Quantification in natural languages*, 363 – 382.

Haspelmath, M. 1997 *Indefinite Pronouns (Oxford Studies in Typology and Linguistic Theory).* Oxford: Oxford University Press.

Heim, I. 1982 *The semantics of Definite and Indefinite Noun Phrases.* University of Massachusetts at Amherst dissertation.

Hendriks, H. 1993 *Studied Flexibility: Categories and Types in Syntax and Semantics.* University of Amsterdam dissertation .

Heim, I. and A. Kratzer 1998 *Semantics in Generative Grammar.* Oxford: Blackwell.

Herburger, E. 1997 Focus and Weak Noun Phrases. *Natural Language Semantics* 5, 53 – 78.

Hole, D. 2004 Focus and background marking in mandarin chinese: System and theory behind cái, jiù, dōu and yě. *Asian Linguistics* 5. London: Routledge Curzon.

Hole, D. 2006 Mapping VPs to restrictors: anti-Diesing effects in Mandarin Chinese. In K. von Heusinger & K. P. Turner (eds.), *Where Semantics Meets Pragmatics*, 337 – 380. Oxford: Elsevier.

Horn, L. 1997 All John's children are as bald as the king of France: existential import and the geometry of opposition. In *CLS33*, 155 – 175.

Hua, D. 2000 *On Wh-quantification*. City University of Hong Kong dissertation.

Huang, C. -T. J. 1982 Move WH in a language without WH movement. *Linguistic Review* 1, 369 – 416.

Huang, S. -Z. 1996 *Quantification and Predication in Mandarin Chinese: A Case Study of Dou*. University of Pennsylvania dissertation.

Huang, Z. and Y. Jiang. 2009 The function of měi in měi-NPs. In *Proceedings of 21th North American Conference on Chinese Linguistics*, 304 – 322.

Iatridou, S. 2003 Two constructions in Greek and what we can learn from them. In *International Conference of Greek Linguistics 6*, Rethymno: University of Crete.

Jacobson, P. 1995 The quantificational force of English free relatives. In E. Bach et al. (eds.), *Quantification in Natural Languages*, 451 – 486.

Jayaseelan, K. A. 2005 Comparative morphology of quantifiers. Paper presented at *Strategies of Quantification*, July 15 – 17, 2004, University of York. CIEFL, Hyderabad.

Janssen, Theo M. V. 2020 Montague Semantics. In Edward N. Zalta
(ed.), *The Stanford Encyclopedia of Philosophy* (Spring 2020
Edition).

Jelinek, E. 1984 Empty categories, case, and configurationality.
Natural Language and Linguistic Theory 2: 39 – 76.

Jelinek, E. 1995 Quantification in Straits Salish. In E. Bach et al.
(eds.), *Quantification in Natural Languages*, 487 – 540.

de Jong, F. and H. Verkuyl 1985 Generalized quantifiers: the
properness of their strength. In J. van Benthem & A. ter Meulen
(eds.), *Generalized Quantifiers in Natural Language*, 21 – 43.
Dordrecht: Foris.

Kamp, H. 1981 A theory of truth and semantic interpretation. In J.
Groenendijk, T. Janssen, and M. Stokhof (eds.), *Formal
Methods in the Study of Language*. Amsterdam: Mathematical
Centre Tracts 135, Part 1, 277 – 322.

Kaplan, D. 1968 Quantifying In. *Synthese*, *19*(1/2), 178 – 214.

Kay, Paul 1990 Even. *Linguistics and Philosophy* 13, 59 – 111.

Keenan, E. L. 1987a A semantic definition of "Indefinite NP". In E.
Reuland and A. ter Meulen (eds.), *The Representation of (In)
definiteness*, 286 – 317. Cambridge, MA: MIT Press.

Keenan, E. L. 1987b Unreducible N-ary Quantifiers in Natural
Language. In Gärdenfors (ed.), *Generalized Quantifier:
Linguistic and Logical Approaches*, 109 – 150.

Keenan, E. L. 2003 The definiteness effect: semantic or pragmatic?.
Natural Language Semantics 11, 187 – 216.

Keenan, E. L. and L. S. Moss 1985 Generalized Quantifiers and the
Expressive Power of Natural Language. In J. van Benthem and
A ter Meulen (eds.), *Generalized Quantifiers*, 73 – 124.
Dordrecht: Foris.

Keenan, E. L. and J. Stavi 1986 A Semantic Characterization of Natural Language Determiners, *Linguistics and Philosophy* 9, 253 – 326.

Keenan, E. and D. Paperno (eds.) 2012 *Handbook of Quantifiers in Natural Language*. Dordrecht: Springer.

Keenan, E. and D. Westerståhl 1997 Generalized quantifiers in linguistics and logic. In J. Van Benthem & A. Ter Meulen (eds.), *Handbook of Logic and Language*, 837 – 893. Amsterdam: Elsevier.

Kobuchi-Philip, M. 2008 Presuppositional compositionality with Japanese 'mo'. In T. Friedman & S. Ito (Eds,), *Proceedings of SALT* Vol. 18, 496 – 509.

Kratzer, A. 1981 The notional category of modality. In H. -J. Eikmeyer & Rieser H. (eds.), *Words, Worlds, and Contexts New Approaches to Word Semantics*, 38 – 74. Berlin: de Gruyter.

Kratzer, A. and J. Shimoyama 2002 Indeterminate pronouns: the view from Japanese. In Y. Otsu (ed.), *The Proceedings of the Third Tokyo Conference on Psycholinguistics*, 1 – 25. Tokyo: Hituzi Syobo.

Krasikova, S. 2011 On proportional and cardinal 'many'. *Generative Grammar in Geneva 7*, 93 – 114.

Krifka, M. 1989 Nominal reference, temporal constitution and quantification in event semantics. In Bartsch, R., van Benthem, J., & P. van Emde Boas (eds.), *Semantics and Contextual Expression* 75 – 115. Dordrecht: Foris.

Krifka, M. 1992 Definite NPs aren't quantifiers. *Linguistic Inquiry* 23(1), 156 – 163.

Krifka, M. 1995 Common nouns: a contrastive analysis of Chinese and English. In G. Carlson & F. J. Pelletier (eds.), *The Generic Book*, 398 – 411. Chicago: Chicago University Press.

Krifka, M. 1998 The origins of telicity. In S. Rothstein (ed.), *Events and Grammar* 197 – 235. Dordrecht: Kluwer.

Krifka, M. 1995 Common nouns: a contrastive analysis of Chinese and English. In G. Carlson & F. J. Pelletier (eds.), *The Generic Book* 398 – 411. Chicago: Chicago University Press.

Krifka, M. 1999 At least some determiners aren't determiners. In K. Turner (ed.), *The Semantics/Pragmatics Interface from Different Points of View. Current Research in the Semantics / Pragmatics Interface* 1, 257 – 291. Oxford: Elsevier.

Krifka, M. 2008 Different kinds of count nouns and plurals. Handout distributed at Syntax in the Worlds Languages III.

Kuroda, S. -Y. 1965 *Generative Grammatical Studies in the Japanese Language*. MIT dissertation.

Labov, W. 1984 Intensity. In D. Schiffrin (ed.), *Meaning, Form, and Use in Context: Linguistic Applications*, 43 – 70. Washington, DC: Georgetown University Press.

Labov, W. 1985 The several logics of quantification. In Proceedings of the Eleventh Annual Meeting of the Berkeley Linguistics Society, 175 – 195.

Ladusaw, W. A. 1979 *Negative Polarity Items as Inherent Scope Relations*. University of Texas at Austin Dissertation.

Ladusaw, W. A. 1980 On the notion affective in the analysis of negative-polarity items. *Journal of Linguistic Research* 1, 1 – 16.

Ladusaw, W. A. 1996 Negation and polarity items. In S. Lappin (ed.), *The Handbook of Contemporary Semantic Theory*, 321 – 341. Oxford: Blackwell.

Lakoff, G. 1991 Cognitive versus generative linguistics: How commitments influence results. *Language & Communication* 11 (1), 53 – 62.

Landman, F. 1989 Groups. I. In *Linguistics and Philosophy* 12 (5), 559 – 605.

Landman, F. 1996 Plurality. In S. Lappin (ed.), *The Handbook of Contemporary Semantic Theory*, 425 – 457. Oxford: Blackwell.

Landman, F. 2000 *Events and Plurality*. Dordrecht: Kluwer.

Landman, F. 2004 *Indefinites and the Type of Sets: Explorations in Semantics*. Oxford: Blackwell.

Landman, F. 2013 Advanced semantics class notes, https://www. tau.ac.il / ~ landman / online-class-notes.html.

Lappin, S. and T. Reinhart 1988 Presuppositional effects of strong determiners: a processing account. *Linguistics* 26, 1021 – 1037.

Lasersohn, P. 1995 *Plurality, Conjunction and Events*. Dordrecht: Kluwer.

Lee, H. -T. 1986 *Studies on Quantification in Chinese*. UCLA PhD dissertation.

Lee, P. -L. 2012 Cantonese particles and affixal quantification, *Studies in Natural Language and Linguistic Theory 87*. Dordrecht: Springer.

Lee, P. -L., and H. Pan 2008 Are affixal quantifiers D-quantifiers or A-quantifiers? A two-step process approach to quantification in natural language. The 18th International Congress of Linguists (CIL – 18), Seoul, South Korea.

Lewis, D. 1970 General semantics. *Synthese* 22, 18 – 67.

Li, H. and J. H. -K Law 2017 At least some distributive operators aren't distributive operators. In *Proceedings of NELS – 46*, GSLA.

Li, Y. -H A. 1992 Indefinite wh in Mandarin Chinese. *Journal of East Asian Linguistics* 1(2), 125 − 155.

Liao, H. -C. D. 2011 *Alternatives and Exhaustification: Non-interrogative Uses of Chinese WH-words.* Harvard University dissertation.

Liao, H. -C. D. 2018 Event counting with Chinese ci. *Concentric: Studies in Linguistics* 44(2), 31 − 68.

Lin, J. -W. 1996 *Polarity Licensing and Wh-phrase Quantification in Chinese.* University of Massachusetts at Amherst dissertation.

Lin, J. -W. 1998a Distributivity in Chinese and its implication. *Natural Language Semantics* 6, 201 − 243.

Lin, J. -W. 1998b On existential polarity-*wh*-phrases in Chinese. *Journal of East Asian Linguistics* 7(3), 219 − 255.

Lin, J. -W. 2014 *Wh*-Expressions in Mandarin Chinese. In C. -T. J. Huang, Y. -H. A. Li and A. Simpson (eds.), *The Handbook of Chinese Linguistics*, 180 − 207. Hoboken: Wiley.

Lin, T. -H. 1998 On *ge* and other related problems. In L. J. Xu (ed.), *The Referential Properties of Chinese Noun Phrases* 209 − 253. Paris: CRLAO.

Lin, T. -H. 2001 *Light Verb Syntax and the Theory of Phrase Structure.* University of California at Irvine dissertation.

Lindström, P. 1966 First order predicate logic with generalized quantifiers. *Theoria* 32, 186 − 195.

Link, G. 1983 The logical analysis of plurals and mass terms: a lattice theoretical approach. In R. Bauerle, C. Schwarze and A. von Stechow (eds.), *Meaning, Use and Interpretation of Language*, 303 − 323. Berlin, Germany: de Gruyter.

Link. G. 1987 Generalized Quantifiers and Plurals. In Gärdenfors (ed.), *Generalized Quantifier: Linguistic and Logical Approaches*,

151 – 180.

Liu, F. -Hi. 1990 *Scope Dependency in English and Chinese.* University of California at Los Angeles dissertation.

Liu, M. 2017 Varieties of alternatives: Mandarin focus particles. *Linguistics & Philosophy* 40(1), 61 – 75.

Loebner, S. 1987 Natural language and generalized quantifier theory. In Gärdenfors (ed.), *Generalized Quantifier: Linguistic and Logical Approaches*, 180 – 201.

Luo, Q. -P. 2011 *Mei* and *dou* in Chinese: a tale of two quantifiers. *Taiwan Journal of Linguistics* 9(2), 110 – 157.

Malamud, S. 2006 *Semantics and Pragmatics of Arbitrariness.* University of Pennsylvania dissertation.

May, R. 1977 *The Grammar of Quantification.* MIT dissertation.

May, R. 1985 *Logical Form, Its Structure and Derivation.* Cambridge, Mass.: MIT Press.

Milsark, G. 1977 Toward an explanation of certain peculiarities in the existential construction in English. *Linguistic Analysis* 3, 1 – 30.

Moltmann, F. 1997 *Parts and Wholes in Semantics.* New York: Oxford University Press.

Moltmann, F. 2004 The semantics of together. *Natural Language Semantics* 12, 289 – 318.

Montague, R. 1970a Universal Grammar, *Theoria* 36, 373 – 398.

Montague, R. 1970b English as a formal language. In B. Visentini (ed.), *Linguaggi nella Societá e nella Tecnica*, 189 – 224. Millan: Edizioni di di Comunità.

Montague, R. 1973 The proper treatment of quantification in ordinary English. In K. J. J. Hintikka, J. M. E. Moravcsik, & P. Suppes (eds.), *Approaches to Natural Language*, 221 –

242. Dordrecht: Reidel.

Mostowski, A. 1957 On a generalization of quantifiers. *Fundamenta Mathematica* 44 (1), 12 – 36.

Mourelatos, A. P. D. 1978 Events, Processes, and States. *Linguistics and Philosophy* 2, 415 – 434.

Nakanishi, K. 2007 Event quantification and distributivity. In J. Dölling, T. Heyde-Zybatow & M. Schäfer (eds.), *Event Structures in Linguistic Form and Interpretation*, 301 – 326. Berlin: Walter de Gruyter.

Pan, H. 2000 Implicit arguments, collective predicates, and dou quantification in Chinese. Presentation handout at the 74 th Annual Meeting of the Linguistic Society of America, Chicago, IL.

Pan, H. 2005 On *mei* and *dou*. Paper presented at 2005 Annual Research Forum of Linguistic Society of Hong Kong, City University of Hong Kong.

Pan, H. and Y. Feng, Y. 2016 Quantification. In R. Sybesma (ed.), *Encyclopedia of Chinese Language and Linguistics*. Leiden: Brill.

Pan, H. and Y. Feng 2017 Chinese semantics. *Oxford Research Encyclopedia of Linguistics*. New York: Oxford University Press.

Paperno, D. and E. Keenan (eds). 2017 *Handbook of Quantifiers in Natural Language Volume II*. Dordrecht: Springer.

Partee, B. H. 1973 Some transformational extensions of Montague grammar. *Journal of Philosophical Logic* 2, 509 – 534.

Partee, B. H. 1975 Montague grammar and transformational grammar. *Linguistic Inquiry* 6: 203 – 300.

Partee, B. H. (ed.) 1976 *Montague Grammar*. New York: Academic

Press.

Partee, B. 1986 Ambiguous pseudoclefts with unambiguous be. NELS 16 presentation.

Partee, B. H. 1987 Noun phrase interpretation and type-shifting principles. In P. Portner and B. Partee (eds.), *Formal Semantics: The Essential Readings*, 357 – 381. Oxford: Blackwell.

Partee, B. H. 1995 Quantificational Structures and Compositionality. In Bach et al. (eds.), Quantification in Natural Language, 541 – 601.

Partee, B. H. 1999 Weak NP's in HAVE sentences. In J. Gerbrandy, M. Marx, M. de Rijke and Y. Venema (eds.), *JFAK [a Liber Amicorum for Johan van Benthem on the occasion of his 50th Birthday; CD – ROM]*, 282 – 291. Amsterdam: University of Amsterdam.

Partee, B. H. 2013 The starring role of quantifiers in the history of formal semantics. In V. Punčochář and P. Švarný (eds.), *The Logica Yearbook 2012*, 113 – 136. London: College Publications.

Pesetsky, D. 1987 Wh-in-situ: Movement and unselective binding. In E. Reuland and A. ter Meulen (eds.), *The Representation of (In)definiteness*, 98 – 129. Cambridge, MA: MIT Press.

Peterson, P. L. 2000 *Intermediate Quantifiers: Logic, Linguistics, and Aristotelian Semantics*. Aldershot: Ashgate Publishing Ltd.

Peters, S. and D. Westerståhl 2006 *Quantifiers in Language and Logic*. Oxford: Oxford University Press.

Portner, P. 2002 Topicality and (non) specificity in Mandarin. *Journal of Semantics* 19, 275 – 287.

Potts, C. 2007 The expressive dimension. *Theoretical Linguistics* 33, 165 – 197.

Quine, W. 1956 Quantifiers and Propositional Attitudes. *The Journal of Philosophy*, 53(5), 177 – 187.

Rooth, M. 1992 A theory of focus interpretation. *Natural Language Semantics* 1, 75 – 116.

Rothstein, S. 1988 Conservativity and the syntax of determiners. *Linguistics* 26, 999 – 1019.

Rothstein, S. 2008 Telicity, atomicity and the Vendler classification of events. In S. Rothstein (ed.), *Theoretical and Crosslinguistic Approaches to the Semantics of Aspect*, 43 – 78. Amsterdam: John Benjamins.

Rullmann, H. 1995 *Maximality in the Semantics of Wh-constructions*. University of Massachusetts at Amherst dissertation.

Ruys, E. G. and Y. Winter 2011 Quantifier scope in formal linguistics. In D. M. Gabbay et al. (eds.), *Handbook of Philosophical Logic*, 159 – 225. Dordrecht: Springer.

Schein, B. 1993 *Plurals Events*. Cambridge, MA: MIT Press.

Schwarzschild, R. 1996 *Pluralities*. Dordrecht: Kluwer.

Soh, H. -L. 1998 Object scrambling in Chinese: a closer look at the postduration/cardinality phrase position. In *Proceedings of NELS* vol. 28, 197 – 211.

Soh, H. -L. 2005 Mandarin distributive quantifier Ge 'each', the structures of double complement constructions and the verb-preposition distinction. *Journal of East Asian Linguistics* 14(2), 155 – 173.

Stalnaker, R. 1978 Assertion. *Syntax and Semantics* 9, 315 – 332.

Stanley, J. and Z. G. Szabó 2000 On quantifier domain restriction. *Mind & Language* 15, 219 – 261.

Stowell, T. 2013 Binimonal *each*. In Gil et al. (eds), *Strategies of Quantification*, 260 – 294.

Strawson, P. F. 1950 On referring. *Mind* 59, 320 – 344.

Strawson, P. F. 1974 *Subject and Predicate in Logic and Grammar.* London: Mentheun.

Sutton, M. 1993 *Binominal "each".* University of California at Los Angeles Master Thesis.

Szabolcsi, A. 2010 *Quantification.* Cambridge: Cambridge University Press.

Szabolcsi, A. 2011 Certain verbs are syntactically explicit quantifiers. *The Baltic International Yearbook of Cognition, Logic and Communication, Vol. 6. Formal Semantics and Pragmatics: Discourse, Context, and Models.* http://cognition.lu.lv/symp/6-call.html

Szabolcsi, A., J. D. Whang, and V. Zu 2014 Quantifier words and their multifunctional (?) parts. *Language and Linguistics* 15 (1), 115 – 155.

Tancredi C. and M. Yamashina 2013 The Interpretation of Indefinites in the Japanese wh-mo Construction. In Gil et al. (eds.), Strategies of Quantification, 87 – 100.

Ueda, Y. 2013 A Cross-Linguistic Approach to Mysterious Scope Facts. In Gil et al. (eds.), *Strategies of Quantification*, 173 – 188.

Watanabe, A. 2013 Ingredients of Polarity Sensitivity. In Gil et al. (eds), *Strategies of Quantification*, 189 – 213.

Westerståhl, D. 1985 Determiners and context sets. In J. van Benthem and A. ter Meulen (Eds.), *Generalized Quantifiers in Natural Language*, 45 – 71. Dordrecht: Foris.

Westerståhl, D. 1987 Branching Generalized Quantifiers and Natural Language. In Gärdenfors (ed.), *Generalized Quantifier: Linguistic and Logical Approaches*, 269 – 298.

Westerståhl, D. 2007 Remarks on scope ambiguity', in E. Ahlsén et al. (eds.), *Communication – Action – Meaning*, 43 – 55. Department of Linguistics, University of Gothenburg.

Westerståhl, D. 2019 Generalized Quantifiers. In E. N. Zalta (ed.), *The Stanford Encyclopedia of Philosophy* (Winter 2019 Edition). https://plato.stanford.edu/archives/win2019/entries/generalized-quantifiers.

Winter, Y. 2001 *Flexible Principles in Boolean Semantics*. Cambrige, MA: MIT Press.

Winter, Y. 2002 Atoms and sets: A characterization of semantic number. *Linguistic Inquiry* 33(3), 493 – 505.

Wolter, L. 2006 *That's That: the Semantics and Pragmatics of Demonstrative Noun Phrases*. University of California at Santa Cruz dissertation.

Wu, J. X. 1999 A minimal analysis of dou-quantification. University of Maryland at College Park dissertation.

Xiang, M. 2008 Plurality, maximality and scalar inferences: A case study of Mandarin *dou*. *Journal of East Asian Linguistics* 17 (3), 227 – 245.

Xiang, Y. 2020 Function alternations of the Mandarin particle *dou*: Distributor, free choice licensor, and ' even '. *Journal of Semantics* 37(2), 171 – 217.

Yabushita, K. 1989 The semantics of plurality quantification: The proportion problem is a pseudo-problem. In *ESCOL*, 301 – 321.

Yang, R. 2000 Chinese NPs: Quantification and Distributivity. In *Proceedings of Semantics and Linguistic Theory* Vol. 10, 273 – 289.

Zhang, N. N. 1997 *Syntactic Dependency in Mandarin Chinese*. University of Toronto dissertation.

Zhang, N. N. 2008 Encoding exhaustivity. *UST Working Papers in*

Linguistics 4, 133 − 143.

Zimmermann, M. 2002 *Boys Buying Two Sausages Each: On the Syntax and Semantics of Distance-distributivity.* University of Amsterdam dissertation.

Zucchi, S. 1995 The Ingredients of Definiteness and the Definiteness Effect. *Natural Language Semantics* 3, 33 − 78.

Zwarts, J. 2010 Semantic map geometry: two approaches. *Linguistic Discovery* 8(1).

图书在版编目（CIP）数据

汉语量化现象研究 / 冯予力著. — 上海：上海
教育出版社，2024.11. —（国际语言学前沿丛书）.
ISBN 978-7-5720-2934-9

Ⅰ. H146.2

中国国家版本馆CIP数据核字第2024C680W2号

责任编辑　殷　可
封面设计　周　吉

国际语言学前沿丛书
胡建华　主编
汉语量化现象研究
冯予力　著

出版发行　上海教育出版社有限公司
官　　网　www.seph.com.cn
地　　址　上海市闵行区号景路159弄C座
邮　　编　201101
印　　刷　上海展强印刷有限公司
开　　本　640×965　1/16　印张 24.25　插页 5
字　　数　318 千字
版　　次　2024年11月第1版
印　　次　2024年11月第1次印刷
书　　号　ISBN 978-7-5720-2934-9/H·0090
定　　价　148.00 元

如发现质量问题，读者可向本社调换　电话：021-64373213